Eugen Drewermann
Heimkehrer aus der Hölle

… als die Männer zurückkehrten aus dem Krieg … Da war es …, als hätten sie nicht zu sterben aufgehört, und sie fragten, was alle Sterbenden fragen: wohin, ach, wohin haben wir unser Leben vertan? Was hat uns in solche Leerheit hineingestellt und dem Nichts anheimgegeben? Ist das wirklich des Menschen Bestimmung und sein Los? Soll unser Leben wirklich keinen anderen Sinn als diesen Nicht-Sinn haben?

Hermann Broch: *Stimmen*, in: Kurt Fassmann (Hg.): *Gedichte gegen den Krieg*, 149

Eugen Drewermann

Heimkehrer aus der Hölle

Märchen von Kriegsverletzungen und ihrer Heilung

Patmos

Der Text der Märchen ist in der Fassung der Grimmschen »Kinder- und Hausmärchen« (KHM) von 1857 wiedergegeben:
Das blaue Licht (KHM 116), *Des Teufels rußiger Bruder* (KHM 100), *Der Bärenhäuter* (KHM 101).

FSC
Mix
Produktgruppe aus vorbildlich bewirtschafteten Wäldern und anderen kontrollierten Herkünften
www.fsc.org Zert.-Nr. GFA-COC-001278
© 1996 Forest Stewardship Council

Für die Schwabenverlag AG ist Nachhaltigkeit ein wichtiger Maßstab ihres Handelns. Wir achten daher auf den Einsatz umweltschonender Ressourcen und Materialien.
Dieses Buch wurde auf FSC-zertifiziertem Papier gedruckt. FSC (Forest Stewardship Council) ist eine nicht staatliche, gemeinnützige Organisation, die sich für eine ökologische und sozial verantwortliche Nutzung der Wälder unserer Erde einsetzt.

Bibliografische Information der Deutschen Nationalbibliothek
Die Deutsche Nationalbibliothek verzeichnet diese Publikation in der Deutschen Nationalbibliografie; detaillierte bibliografische Daten sind im Internet über http://dnb.d-nb.de abrufbar.

www.patmos.de

Umschlaggestaltung/Gestaltung: Finken & Bumiller, Stuttgart
Gesamtherstellung: Patmos-Verlag, Ostfildern
Hergestellt in Deutschland

ISBN 978-3-491-72568-3

Inhalt

Einleitung

Es ist nicht gerade offensichtlich, daß ausgerechnet Märchen über eine Menschengruppe etwas Wesentliches sagen möchten und zu sagen haben, die scheinbar mehr als alle anderen sich der »Realität« verschrieben haben: Soldaten.

Gerade in diesen Tagen findet speziell in Deutschland mit großem Propagandaaufwand eine Art Umerziehung statt. Nach dem Desaster des Zweiten Weltkriegs mit mehr als 20 Millionen getöteter Menschen allein auf russischer Seite, etwa 2 Millionen Gefallener auf deutscher Seite und etwa 500 000 Bombentoter in den Trümmerruinen der Großstädte, schließlich auch der Dörfer und der Weiler[1], war der Bevölkerung, nicht zuletzt unter dem Eindruck einer schweren kollektiven Schuld, die Idee neuer Kriege moralisch wie politisch nicht ohne weiteres zumutbar. Als schon 1955 dann doch die Bundeswehr aufgestellt wurde, geschah das folglich in Form eines paradoxen Splittings des Begriffs Verantwortung: Besonders die katholische Kirche erklärte kategorisch, daß im Falle der Abwehr eines ungerechtfertigten Angriffs kein Katholik das Recht habe, den Wehrdienst zu verweigern[2]; der göttliche Gerechtigkeitswille schließe sogar den Einsatz von Atomwaffen nicht aus[3]. Demnach gab es eine Pflicht, Soldat zu sein. Aber das Problem des massenweisen Tötens? Aber das Hinmorden völlig unbekannter Menschen zu Hunderten und Tausenden? Aber die Planspiele des Pentagons mit 50–150 Millionen Toten bei einem atomaren Erstschlag zur Ouvertüre des Dritten Weltkriegs?[4] Gottes Wille? Das war zu viel. Man erklärte den Soldaten der Bundeswehr (und ihren Angehörigen), man übe auf den Kasernenhöfen all die ungeheuerlichen Dinge moderner Kriegsführung nur, um ein Drohpotential glaubwürdiger Abschreckung entwickeln zu können; nur eine starke und optimal gerüstete Armee sei imstande, einen möglichen Gegner von einem Angriff abzuhalten, militärische Schwäche hingegen lade ihn geradezu ein; ergo: man müsse Soldat sein, um nicht tun zu müssen, was Soldaten tun.

In der gesamten Zeit des Kalten Krieges, 45 Jahre lang, stand dieses künstliche Konstrukt in Geltung: man hielt sich eine Armee zur Vermeidung des »Ernstfalls«. Diese Zeiten sind vorbei.

Als 1989 das Sowjetimperium zusammenbrach, aktualisierte Michail Gorbatschow einen alten Gedanken der russischen Außenpolitik: Auflösung des Warschauer Paktes parallel zur Auflösung der NATO und Konvertierung der riesigen wirtschaftlichen und technischen Ressourcen in zivile Zielsetzungen. Doch an die Stelle eines Modells europaweiter Zusammenarbeit trat das Konzept der »einzig verbliebenen Weltmacht«, der USA, von der NATO-»Osterweiterung«[5]. Nicht weniger – *mehr* Militär! 35 Milliarden Euro geben inzwischen die Deutschen pro Jahr nur für Rüstung aus[6], die USA das 20fache: 700 Milliarden Dollar[7]; und ein Kriegseinsatz reiht sich inzwischen an den anderen: Irak, Somalia, Serbien, Kosovo, Afghanistan, und wieder: Irak, im Fadenkreuz bereits: Jemen, Iran, Syrien, Georgien … Kein Zweifel: Es geht nicht mehr um Abschreckung, es geht um Krieg. Und die Deutschen stehen in der »Pflicht« der Bündnistreue gegenüber der NATO. Seit dem Mauerfall 1989 üben deutsche Soldaten das Töten von Menschen nicht mehr, um es zu verhindern, sondern um es – »notfalls« – auszuüben. Schritt für Schritt seither wurde die deutsche Öffentlichkeit an diese neue Wirklichkeit herangeführt.

Als 1991 der Krieg am Golf bewußt vom Zaun gebrochen wurde, bei dem über 200 000 Iraker das Leben lassen sollten, waren über 50 Nationen daran beteiligt, – die Deutschen noch nicht; sie zahlten sich frei – »Scheckbuchpolitik« hieß das damals[8]: man unterstützte finanziell den Krieg der anderen, und man hatte erste Schuldgefühle dafür zu entwickeln, daß man daran nicht selber aktiv teilnahm, ein Ablaßhandel, der zustande kam unter systematisch erzeugtem schlechten Gewissen, nicht selber Kampftruppen in den *Desert Storm* zu schicken[9]. Doch als George Bush sen. 1992 in Somalia den Clanchef Mohammed Farah Aidid jagen ließ, standen zum ersten Mal Deutsche als Sanitäter »im Feld«[10]. Und 1999 bereits war es dann soweit: Der grüne Außenminister »Joschka« Fischer zeigte der deutschen Öffentlichkeit den »Hufeisenplan« des serbischen »Diktators« Slobodan Milošević zur Vertreibung der Albaner aus dem Kosovo; einen solchen »Hufeisenplan« hat es nie gegeben[11], doch Fischer erklärte, er habe an Auschwitz gelernt – nicht nur: nie wieder Krieg, sondern vor allem: nie wieder Völkermord! Zum ersten Mal beteiligten sich deutsche Bomber an Luftangriffen – ausgerechnet auf das vor 55 Jahren von Nazitruppen verwüstete Belgrad[12]. Immerhin zeigte sich auch, daß man die Deutschen (noch) belügen mußte, um ihnen diese neue Form der »sittlichen Verantwortung« beizubringen. Das sollte sich ändern: 2001, nach den Anschlägen auf die Twin towers, als die Amerikaner ihre Jagd auf al-Qaida nicht, wie wohl richtiger, in Saudi-Arabien eröffneten, sondern den globalen Antiterrorkrieg als erstes nach Afghanistan hineintrugen, rief Gerhard Schröder die »unbedingte Solidarität« Deutschlands zu den USA aus, und sein Verteidigungsminister Peter Struck verkündete, nunmehr werde die Freiheit und die Sicherheit Deutschlands am Hindukusch verteidigt[13]. Das war erkennbar falsch; aber die Deutschen sollten auch (noch) nicht wirklich Krieg führen, sie sollten an der Seite ihrer kriegführenden Verbündeten lediglich Aufbauhilfe leisten und zum notwendigen Schutz dieser ihrer Aufbauhilfe beitragen, und das auch nur in dem für sicher ausgegebenen Gebiet im Norden, im Raum Kundus.

Doch Krieg ist, was er immer war; er schert sich nicht um moralische Splittings und filigrane Mandatsformulierungen zur Selbstberuhigung. Die Mär vom guten Nicht-Krieg zerbarst spätestens am Freitag, dem 4. September 2009, als um 1.08 Uhr zwei amerikanische F-15-Jagdbomber auf Anforderung des deutschen Obersten Georg Klein zwei gestohlene Tanklaster der Taliban mit zwei Bomben des Typs GBU-38 angreifen, jede etwa 250 kg schwer, und diese GPS-gesteuert ins »Ziel« lenken; über 140 Menschen kommen ums Leben, darunter viele Zivilisten, auch Kinder; andere sind durch schwerste Verletzungen und Brandwunden für immer gezeichnet[14]. Es herrschten »kriegsähnliche Zustände«, erklärt zögernd, doch »mutig«, der neue Verteidigungsminister Karl-Theodor Freiherr von und zu Guttenberg; trotz Vorlage aller relevanten Berichte erklärt er den Einsatz zunächst für militärisch »angemessen«, um dieses Urteil schließlich unter öffentlichem Druck in »nicht angemessen« umzuwandeln[15]. Seitdem schwelt ein Skandal, die »Aufklärung« beginnt erst ... Wahrscheinlich ging es um die gezielte Tötung des Taliban-Führers Abdul Rahman, und *die* war schon mal angemessen für 140 Tote ...

Doch wie nun? Ein Großteil der Bevölkerung hat die Täuschungen, die Ausreden, die Zweideutigkeiten leid und plädiert – noch im Februar 2010 – zu 70 Prozent für einen sofortigen Abzug aus Afghanistan[16]. Gleichzeitig aber haben die Medien, regierungskonform wie immer, sich aus allen Rohren auf die neue Lage eingeschossen. Vom »Ende der Unschuld« spricht *Der Spiegel*[17]; »Krieger, denk mal!« titelt *Die Zeit* und verkündet auf ihrer ersten Seite, daß wir ordnungspolitischen und humanitären Notwendigkeiten zum Kriege oblägen, auf die man nicht mit den fundamentalpazifistischen Reflexen der Nachkriegszeit antworten könne noch dürfe[18]. Als ob »Pazifismus« nichts sei als die Resignation über einen ruinös verlorenen Angriffskrieg und nicht der moralische Abscheu gegenüber jedem Krieg! Als ob sich »Moral« als eine zeitbedingte Stimmungsschwankung abtun ließe, statt als absolute sittliche Forderung und Gesinnung begriffen zu werden! Als ob die »ordnungspolitischen und humanitären Notwendigkeiten« zum Kriege auf ethischen Überzeugungen basierten und sich nicht ganz einfach als neokoloniales Hegemonialstreben des Westens gegenüber dem Rest der Welt zu erkennen gäben[19]! Wenn Gerhard Schröder 2001 erklärte, es gelte, unsere »Werte« zu verteidigen, meinte er ersichtlich nicht die Inhalte der Menschlichkeit, die da für alle gelten, – solche müßten allenfalls von der UNO, nicht der NATO und der US-Army durchgesetzt werden; der deutsche Kanzler meinte schlicht die Sicherung unserer »vitalen« Interessen: Erdöl, Handelsplätze, Absatzmärkte ... Der Krieg ist, was er immer war, nur seine Vorwände wechseln wie umlaufende Winde mit dem Klima und der Zeit ...

Jetzt aber also sind wir in der »Realität« angekommen. Jetzt aber also müssen wir lernen, uns (wieder und endlich) dem »militärischen Kerngeschäft« zu widmen: dem Töten von Menschen. Jetzt aber also müssen wir begreifen, daß Frieden ein Zustand ist, der nur durch

Krieg und Kriegsbereitschaft herzustellen ist. Alles andere ist, wie man weiß und ab sofort zu wissen hat, ein bloßes Wunschdenken, reiner Populismus, feige Drückebergerei, unverantwortliche Sentimentalität – im deutschen Bundestag ganz sicher: eine »Märchenstunde«. Der Friede braucht aktives Handeln, verrät ein Erzbischof »seinen« Soldaten soeben in der Kaserne von Augustdorf[20] – die Weihnachtsbotschaft der Engel: »Herrlichkeit Gott in den Höhen (ist nur, wenn) Frieden auf Erden den Menschen seiner Huld« (Lk 2,14)[21], eine uneingestandene Utopie, widerlegt durch die »Wirklichkeit«[22].

Tatsächlich brauchen wir die Literaturgattung der Märchen schon deshalb, weil sie Visionen und Diagnosen, Aussichten und Einsichten bezüglich der menschlichen Wirklichkeit in einer Weise enthält, die das Diktat der Mächtigen, was nun für »Realität« zu gelten habe, ins Wanken bringen kann. Märchen treiben keine Politik, sie geben keine Antwort auf die Frage, ob man Krieg führen »muß« oder nicht, sie enthalten nicht einmal moralische Maßstäbe zur Orientierung in derlei Kalamitäten. Doch dafür erzählen sie überraschend oft davon, was aus Menschen wird, mit denen man Krieg macht. Was geht in ihnen vor sich, wenn sie »Soldaten« werden? Und was passiert mit ihnen, wenn sie Soldaten sind? Und als was kehren sie zurück, wenn sie getan haben, was sie unter Befehl zu tun hatten?

Die Stärke der Erzählform der Märchen ist ihre psychologische Hintergründigkeit, ihre souveräne Sicherheit in der Konstruktion symbolischer Handlungsabfolgen, ihre intime Vertrautheit mit der unbewußten Seite des menschlichen Antriebserlebens. Keines der drei nachstehenden Märchen läßt sich verstehen, ohne Stelle um Stelle sich die Frage vorzulegen, was die betreffenden Akteure wohl empfinden und fühlen werden, wie sie sich selber vorkommen, wie ihnen die Menschen an ihrer Seite erscheinen. So muß man bei der Interpretation verfahren, weil gerade die Märchen es lieben, Soldaten so zu schildern, wie man sie in der Öffentlichkeit nur allzu gern sieht und wohl auch sie sich selber: als heitere Gesellen und unerschrockene Spaßvögel, die darauf aus sind, partout dem Teufel einen Knoten in den Schwanz zu legen; doch die Märchen kennen auch den »Abgrund« (den Brunnenabstieg im Märchen *Das blaue Licht*), die »Hölle« (im

Märchen *Des Teufels rußiger Bruder*), die völlige Entfremdung (im Märchen *Der Bärenhäuter*), die hinter all der Heiterkeit verborgen liegt.

Was könnte schon ein Soldat seinen nächsten Angehörigen erzählen, wenn er aus dem Kriege heimkommt? O ja, man wird ihn wohl, wie 1991 nach dem Zweiten Golfkrieg, mit Konfetti überschütten und für ihn zwischen New York und Los Angeles Siegesparaden abhalten, die länger dauern als der ganze Krieg. We were heroes, soll er sagen[23], und er soll keine Skrupel mehr empfinden für das, was er getan hat. Es war richtig, es war notwendig, es war »angemessen«, und: er hat nur seine Pflicht erfüllt! Auf solche Leute wie ihn kann und muß man stolz sein. Er hat sein Leben eingesetzt und seine Knochen hingehalten zum Schutz von Frieden, Freiheit, Recht und Ordnung ... Wirklich?

Zur Zeit steht die US-Armee vor dem Dilemma, daß mehr als 300 000 GIs im Irak und in Afghanistan an Posttraumatischem Stress-Disorder (PTSD) erkrankt sind[24], – auch die Bundeswehr wird sich bald schon mit demselben Problem auseinandersetzen müssen. Es ist nicht nur die ständige Angst um das eigene Leben, welche die Soldaten »verrückt« macht, es ist vor allem die Erfahrung, daß sie Dinge tun müssen, die sich gegen alle Normen richten, die im zivilen Leben eine selbstverständliche Geltung beanspruchen. »Aus uns sind gefährliche Tiere geworden«, schrieb ERICH MARIA REMARQUE in der wohl berühmtesten, weil aussagestärksten Darstellung des sogenannten Ersten Weltkriegs: *Im Westen nichts Neues*. »Wir kämpfen nicht, wir verteidigen uns vor der Vernichtung. Wir schleudern die Granaten nicht gegen Menschen, was wissen wir im Augenblick davon, dort hetzt mit Händen und Helmen der Tod hinter uns her, wir können ihm seit drei Tagen zum ersten Mal ins Gesicht sehen, wir können uns seit drei Tagen zum ersten Mal wehren gegen ihn, wir haben eine wahnsinnige Wut, wir liegen nicht mehr ohnmächtig wartend auf dem Schafott, wir können zerstören und töten, um uns zu retten, um uns zu retten und zu rächen. – Wir hocken hinter jeder Ecke, hinter jedem Stacheldrahtgestell und werfen den Kommenden Bündel von Explosionen vor die Füße, ehe wir forthuschen. Das Krachen der Handgranaten schießt kraftvoll in unsere Arme, in unsere Beine, geduckt wie Katzen laufen wir, überschwemmt von dieser Welle, die uns trägt, die uns grausam macht, zu Wegelagerern, zu Mördern, zu Teufeln meinetwegen, dieser Welle, die unsere Kraft vervielfältigt in Angst und Wut und Lebensgier, die uns Rettung sucht und erkämpft. Käme dein Vater mit denen drüben, du würdest nicht zaudern, ihm eine Granate gegen die Brust zu werfen.«[25] Doch kann man davon auch nur ein Sterbenswörtchen der eigenen Mutter, der eigenen Frau, den eigenen Kindern erzählen? REMARQUES Gefreiter Paul Bäumer kann es nicht; er sehnt sich im Heimaturlaub sogar nach seinen Kameraden, vor denen er wenigstens nicht wie zu Hause ständig lügen muß.

In dieser Lage können Märchen helfen, das Soldatsein ehrlicher zu sehen und den notorischen Galgenhumor als das zu erkennen, was er ist: als einen makabren Scherz über den latenten oder sogar manifesten Nihilismus, der mit »Krieg« einhergeht. Generation um Generation läßt sich in den Krieg schicken, zieht treu und ergeben in den Krieg und gibt sich stets zu spät erschüttert und entsetzt über das, was sie dann an der »Front« und im »Gefechtsfeld« erleben muß. »So hab' ich mir das nicht vorgestellt«, lautet immer von neuem der Kommentar. Doch die Wahrheit ist: man *konnte* und man *hätte müssen*, doch man *durfte* sich nicht vorstellen, was Krieg bedeutet, sonst wäre man niemals bereit gewesen, bei dem organisierten Abschlachten von Menschen mitzumachen.

Zumindest können Märchen, die so alt sind wie die Geschichten der Gebrüder Grimm, dazu verhelfen, nachdenklich zu werden und bei Zeiten, noch bevor »es losgeht«, sich FRANCISCO GOYAS *Koloß (Tafel 1)* richtig anzusehen[26]: als ein monströses Ungeheuer, das, einmal »auferstanden«, die ganze Welt bis hin zum Horizont in ein Heerlager von Flüchtlingen verwandelt, den Himmel verdüsternd, die Menschen zu einem insektengleichen Gewimmel erniedrigend, sich selber setzend als die eine und die einzige Gewalt, deren Macht allein in dem liegt, was sie als Krieg verkörpert: Schock und Schrecken (amerikanisch: shock and awe, so hießen 2003 die ersten Militärschläge gegen den Irak[27]). Man braucht nur dieses Wort: Krieg, auszusprechen, und man fällt um Jahrtausende Kulturentwicklung zurück in die Handlungsgewohnheiten der Steinzeit; nicht Menschlichkeit – der Überlebenskampf der eigenen Horde, der Interessenegoismus der sozialen, religiösen oder wirtschaftlichen Bezugsgruppe gibt jetzt die Norm des Handelns vor, und man verpflichtet sich zu der Verblendung, daß der »Iwan«, daß der »Franzmann«, daß der »Talib(an)«, daß der »Typ da drüben« »auszuschalten« ist, – er ist kein Mensch mehr; er ist ein Unmensch, den man töten muß, um die richtigen Menschen zu retten. Doch niemals ist das Töten von Menschen das Retten von Menschen. Es gibt aus der Blutmühle ewiger Kriege kein Entrinnen, es sei denn: den Stillstand. Irgendwann muß Schluß sein. Nein, nicht erst irgendwann. Jetzt. Unbedingt jetzt. Jetzt oder nie!

So kann, so muß man Märchen lesen, – in jedem Falle die drei folgenden, die dieser Band enthält. Sie malen in der einfachen, doch höchst komplexen Sprache, in der das »Volk« erzählt, wie schwer Menschen sich tun, als Soldaten »heimzukehren«. Der russische Maler ILJA JEFIMOWITSCH REPIN hat sich dieses Themas: *Rückkehr in die Heimat* (1878) angenommen *(Tafel 2)*[28]: Vor einem grauen Himmel, am Ufer eines Flusses, inmitten eines Niemandslandes, bedeckt mit Schnee und Schlamm, bevölkert nur von Raben, steht da, klobig in seinen breiten Stiefeln, gestützt auf einen Stock, umhüllt vom braunen Militärmantel, den leeren Rucksack umgebunden, ein noch ganz junger Mann, kaum zwanzig Jahre alt; er steht da wie zum Portraitmalen angetreten, jedoch sein Blick geht richtungslos ins Irgend- und ins Nirgendwo, nicht einmal suchend – dieser Mann weiß nicht, wohin. Er kehrt zurück in seine Heimat, nur um zu finden, daß es keine Heimat gibt. Die Landschaft wird sich kaum geändert haben, doch in ihm selbst hat scheinbar alles sich verändert. So sehen keine Helden aus, wohl aber heimatlos Gewordene, Enttäuschte, Ausgehöhlte – Vertreter einer Jugend, über die der Winter fiel, eh' daß sie hätte blühen können.

Märchen sind keine Sagen, und so ist es unmöglich, in ihnen den »Archetyp« des »Kriegers« portraitiert zu finden, wie er in Heldendichtungen verbreitet werden mag. »Wie erkennt der Krieger, wieviel Aggressivität einer Situation angemessen ist?« fragen ROBERT MOORE und DOUGLAS GILLETTE, und sie geben zur Antwort: »Durch klares Denken, durch Unterscheidungsfähigkeit. Der Krieger ist stets auf der Hut, stets wach. Niemals verschläft er das Leben. Er weiß, wie er Körper und Geist auf ein Ziel richtet. Er ist, was der Samurai ›achtsam‹ nennt … Ein Krieger weiß, was er will und wie er es bekommt. Die Klarheit des Denkens macht ihn zum Strategen und Taktiker. Er kann die herrschenden Bedingungen richtig bewerten und sich dann der ›Situation auf dem Boden‹, wie wir sagen, anpassen.«[29] Ja, die Autoren empfehlen allen Ernstes den amerikanischen General George Patton als Vorbild: »in vollem Kampfanzug und mit perlmuttbesetzten Revolvern an den Hüften … Patton ermahnt seine Soldaten, daß er von Stellunghalten im Kampf nichts hören wolle. Er sagt: ›Schickt mir keine Meldungen, daß ihr eure Stellung haltet … Wir rücken ununterbrochen vor … Halten wollen wir gar nichts – außer den Feind! Wir werden ihn an der Nase festhalten und in den Hintern treten! wir werden ihn windelweich prügeln und durch ihn durchmarschieren wie Scheiße durch eine Gans!‹ Angemesse Aggressivität zur rechten Zeit – unter Umständen, die strategisch günstig sind für das gesteckte Ziel – ist schon der halbe Sieg.«[30]

Eine solche Darstellung entspricht zweifellos der buchstäblich sagenhaften Verehrung, die General Patton als Kriegsheld und Haudegen in den patriotisch-konservativen Kreisen der USA bis heute genießt. Doch einen »Archetyp« des Menschseins verkörpert dieser Dauercowboy mit seinen zwei unerläßlichen Revolvern an den Hüften keinesfalls: – der Mann brauchte den Krieg zur Selbstbestätigung wie ein Süchtiger den Whisky, und er verfiel sofort in schwere Depressionen, die bis zum Selbstmord reichten, als der Krieg zu Ende war. Töten, um sich nicht selbst zu töten, – wieviel »angemessene Aggressivität« steckt in der Seele eines solchen Menschen? Schon daß er den »Feind« – Tausende von »Krauts« – als eine Einheit zeichnete, die es wie eine Bestie zu bändigen gelte, verrät eine erschreckende Entpersönlichung der Wahrnehmung: die »Gegner« sind da keine Individuen mehr, ja, sie sind auch keine Lebewesen mehr, sie sind nichts als die Brust, der Bauch, das Bein jenes dämonischen »Kolosses«. Vor allem die Inszenierung des selbstentscheidenden, höchst individuierten »Samurai« hat sich gerade in Japan selbst als eine ungeheure Lüge desavouiert: die kaiserliche Truppe, die im Jahre 1938 die chinesische Stadt Nanking einnahm und in wenigen Tagen 200 000 Menschen mordete[31], bestand sie noch aus Menschen mit einem eigenen Gewissen? »Ich hätte nicht geglaubt, daß sechs Wochen Ausbildung ausreichen würden, um mich dahin zu bringen«, sagte im deutschen Fernsehen ein alter Mann zu seinen Erinnerungen an diese Zeit. »In Tokio verkündeten sie einen Sieg so hoch wie der Himmel. Aber da war eine Frau mit einem Kind auf dem Arm; ich habe sie mit dem Bajonett durchstochen, wie ich es gelernt hatte, als spalte man eine Melone. Wir töteten und töteten. Es gab kein Gut und Böse mehr.«

An dieser Stelle irrte FRIEDRICH NIETZSCHE groß. Er hielt es für seine Pflicht, 1870 in den Krieg gegen Frankreich zu ziehen[32], den Bismarck vom Zaun gebrochen hatte, um die Deutschen in Blut und Eisen zusammenzuschweißen. Der Philosoph lag nervlich zerrüttet im Lazarett, und doch schrieb er: »Meine Brüder im Kriege! Ich liebe euch von Grund aus, ich bin und war euresgleichen.« »Euren Feind sollt ihr suchen, euren Krieg sollt ihr führen und für eure Gedanken! … Ihr sollt den Frieden lieben als Mittel zu neuen Kriegen. Und den kurzen Frieden mehr als den langen … Ihr sagt, die gute Sache sei es, die sogar den Krieg heilige? Ich sage euch: der gute Krieg ist es, der jede Sache heiligt.«[33]

Sätze wie diese begleiteten die kriegsbegeisterten Landser 1914 nach Tannenberg und an die Marne, bis ihnen die Augen in den »Stahlgewittern«[34] aufgingen, – wieder zu spät.

Mit *Märchen* läßt sich Heldenkult nicht treiben. Sie taugen schon als Gattung auch nicht zur Remythisierung des Kriegers oder des Jägers, mithin des »Soldaten.« »Unser Tod wartet, und gerade die Handlung, die wir jetzt tun, mag unsere letzte Schlacht auf Erden sein«, erklärte feierlich CARLOS CASTANEDA durch den Mund seines Indianer-Schamanen Don Juan. »Ich nenne es eine Schlacht, weil es ein Kampf ist. Die meisten Menschen schreiten ohne inneren Kampf und ohne Nachdenken von Handlung zu Handlung. Ein Jäger dagegen beurteilt jede seiner Handlungen; und da er seinen Tod genau kennt, handelt er wohlüberlegt, als wäre jede Handlung seine letzte Schlacht … Ein Jäger zollt seiner letzten Schlacht die Achtung, die er ihr schuldet. Es ist nur natürlich, daß er mit seiner letzten Handlung auf Erden sein Bestes geben will. Auf diese Weise ist sie vergnüglich. Sie nimmt seiner Angst die Schärfe.«[35]

In einer Welt, in der der Tod ein Jäger ist, muß demnach jeder Mensch sich selbst als »Jäger« oder »Samurai« begreifen; er darf nicht »ohne Nachdenken« handeln. Da ist was dran. Jede Handlung kann unsere letzte sein, und es gilt, so zu handeln, daß wir dieser Wirklichkeit standhalten. Doch diese quasi religiöse Forderung hat nichts gemein mit der Realität eines Soldaten. Wenn diesem etwas *nicht* zueignet, so ist es die Entfaltung einer individuellen Persönlichkeit mit eigener Existenz, mit eigener Angst, mit eigener Verantwortung. Im Gegenteil, wie man das »Nachdenken« beseitigt, stellt die Hauptschwierigkeit beim Training von Soldaten dar, – wie wir noch sehen werden.

Diese Feststellung trifft keinesfalls erst auf den Schock der Materialschlachten des Ersten Weltkriegs oder des Massenschlachtens im Zweiten Weltkrieg zu; sie trifft im Grunde noch weit mehr auf denjenigen Soldatentyp zu, der in den Grimmschen Märchen standesgemäß auftaucht: den Söldner in den Händen irgendwelcher anonymen Feudalherren. Knapp fünfzehn Jahre nach der Französischen Revolution kennt man in deutschen Landen seinerzeit noch keine »Bürgerarmee«, wie sie die neu gewonnene »Demokratie« heraufführen wird; man hält sich Leute, die für Geld das Kriegshandwerk erlernen und auf Kommando alles tun, was ihnen aufgetragen wird, und naturgemäß denken sie dabei so wenig nach wie die entmenschte Soldateska im Dreißigjährigen Krieg, die GRIMMELSHAUSEN in der Schlacht bei Wittstock[36] beschreibt, oder wie die Truppen Tillys bei dem Gemetzel und der Plünderung von Magdeburg[37]. So handeln Söldner, die wie selbstverständlich damit einverstanden sind, sich wechselseitig totzuschlagen, wenn nur am Schluß die Kasse stimmt. Man könnte denken, das sei jetzt schon fast 400 Jahre her und habe höchstens noch historische Bedeutung; doch weit gefehlt: mehr als ein Drittel der Truppen, die im Irak derzeit unter US-amerikanischem Befehl Dienst tun, etwa 30 000 Mann, sind Mitglieder von Privatarmeen, angeworben, ausgebildet, ausgerüstet von solch nationalstolzen Idealisten wie dem zum Katholizismus konvertierten Erik Prince mit seiner Militärfirma Blackwater[38]. Krieg als Geschäft, das war schon immer so; doch daß es allen hehren Versicherungen zuwider vor aller Augen noch – und schon wieder – in unseren Tagen derartig kraß hervortreten würde, war bis vor 20 Jahren vielleicht in Ländern der sogenannten Dritten Welt, doch nicht bei »uns«, der Ersten Welt, der freien Welt, zu gewärtigen. Den drei Soldaten-Märchen der Gebrüder Grimm in diesem Band, die ausnahmslos den Söldner als Soldaten kennen, verleiht gerade dieser Umstand indessen noch zusätzlich eine traurige Aktualität.

Da hat jemand für Geld im Auftrag seines Königs sich am Krieg beteiligt; der Krieg ist aus, und er steht auf der Straße – so die Einleitung der Erzählung *Das blaue Licht*; doch was er nicht erwartet und was doch auf ihn wartet, sind jetzt ganz rätselhafte Auseinandersetzungen mit einer »alten Frau« und mit dem »König« selbst, – mit seiner eigenen Mutter und mit seinem Vater, um es vorweg zu sagen: Warum nur ist man denn Soldat geworden? Und wie sieht man sich selber Frauen gegenüber? Was alles muß geschehen, ehe Geist und Intellekt sich mit den Regungen von Wertschätzung und Wärme für sich selbst und andere verpaaren können? Von derlei Dingen erzählt das erste der drei Märchen.

Des Teufels rußiger Bruder dann ist wie die nachgeholte Offenbarung eines Lebens, das im Soldatsein angelegt ist als ein Teufelspakt, bei dem sich erst im nachhinein die Wut, der Haß zu Worte melden, die ständig niedergehalten werden mußten: Wie sieht es aus, wenn sich eine Posttraumatische Belastungsstörung ausagiert?

Und wie lernt man nach allem, was man selber als Soldat gewesen und geworden ist, – die Liebe? Wie lernt man eine Frau kennen, die in dem Unhold, als der man sich selbst vorkommt, den Menschen wiederfindet, der man – in Resten – doch geblieben ist? Davon erzählt zum dritten das Märchen von dem *Bärenhäuter.*

Alle drei Märchen möchten dazu beitragen, sich als Menschen wiederzuentdecken, indem man erkennt, was das Soldatseinmüssen aus einem selbst gemacht hat. Denn nur nach einer solchen Einkehr in sich selbst ist so etwas wie Heimkehr möglich. Der Weg dahin hängt freilich ganz entscheidend von der Art und Weise ab, wie die jeweilige Kultur *die Rollen von Mann und Frau* im Verhältnis zueinander definiert: als was wird eine Frau ihren heimkehrenden Mann erwarten, – wie *möchte* sie ihn sehen und was möchte sie selber für ihn sein, wenn sie ihn wiedersieht?

Weit verbreitet ist das Schema einer Aufgabenteilung, bei dem die Frau im wesentlichen als Mutter gesehen wird, der die Versorgung der Kinder zukommt, während dem Mann als Jäger und Krieger die Besorgung von Nahrung und ein wirksamer Schutz der »Reviergrenzen«[39] obliegt. Zum Stereotyp des »guten« Soldaten gehört es unter solchen Rollenzuschreibungen, daß er das Bild seiner Frau und Kinder bei sich trägt und mit deren Anblick sich tröstet in Augenblicken schlimmster Gefahr. In der Tat: Für Frau und Kind in den Krieg zu ziehen gehört gewiß zu den ältesten und stärksten Motiven eines Soldaten. Manche Kulturen wie die der mittelamerikanischen Azteken gingen sogar so weit, den Tod eines Kriegers im Kampf und den Tod einer Mutter im Kindbett einander gleichzustellen und deren Seelen in den Sternen des Ost- und des Westhimmels repräsentiert zu finden[40]. Doch ist die Rolle des Kriegers mitnichten nur eine männliche. Von Walküren erzählt die germanische Sage – Kriegerinnen, die zur Liebe nur fähig waren gegenüber einem Mann, der im Kampf sie zu bezwingen vermochte, wie Siegfried, als er die Waberlohe durchschritt und Brunhild im Kräftemessen besiegte[41]; die griechische Mythe erzählt von Amazonen, die, um beim Bogenschießen erfolgreich zu sein, die Hälfte ihrer Weiblichkeit opferten; die Briten ehren noch heute Boudicca, die in den Tagen Neros sich gegen Suetonius Paulinus erhob und getötet wurde[42]. So phantastisch derlei Geschichten auch anmuten, sie sind auf verzweifelte Weise modern, – man denke nur an Dolores Ibárruri, genannt La Pasionaria, die kämpferische Ikone des spanischen Bürgerkrieges auf seiten der Republikaner[43], und an ihren begeisternden Aufruf aus dem Jahre 1934 »no pasaran« – sie werden nicht durchkommen – an die 200 000 Arbeiter in Madrid; gar nicht zu sprechen von all den unbekannten Frauen des »großen vaterländischen Krieges«, die ab 1941 in den Weiten Rußlands als Partisanen den Nachschub der Großdeutschen Wehrmacht zu stören versuchten und dafür jederzeit mit erbarmungslosen Bestrafungen rechnen mußten. Nicht zuletzt dürfte die weibliche Emanzipationsbewegung im

20. Jahrhundert. wohl erst richtig Fahrt aufgenommen haben durch all die Jahre der Kriege, als die Frauen an der »Heimatfront« die Männer an der Kriegsfront in jeder Weise zu ersetzen hatten. In dem TV-Film *Die Frau des Heimkehrers*[44] läßt Christine Neubauer den Zuschauer in ergreifender Weise die Schwierigkeiten, Mißverständnisse und möglichen Tragödien nachempfinden, die ein spätes Wiedersehen nach Jahren der Trennung zu überschatten drohen.

Was kann ein Mann den eigenen Angehörigen erzählen, wenn er vom Krieg nach Hause kommt? Hoffentlich auch etwas, das dem gleichsieht, was eine Frau nicht ohne Stolz als eine Kriegserinnerung ihres Vaters zu berichten wußte: Zu einem Spähtrupp eingeteilt, war er auf allen vieren, dicht an den Boden gedrückt, unter feindlichem Beschuß beständig Deckung suchend, auf eine Anhöhe zugerobbt, von deren Kamm aus er das Gelände besser einsehen zu können glaubte; oben angelangt, hob er eben den Kopf, als er in das Gesicht eines russischen Soldaten schaute, der von der anderen Seite her sich demselben Punkt genähert hatte. Sofort hätten beide versuchen müssen, einander zu töten, und es wäre nur die Frage gewesen, wer dem anderen dabei zuvorgekommen wäre. »Ich habe voller Schrecken ihn irgendwie recht hilflos angelächelt«, erzählte dieser Mann, »und auch der Russe hat mich angelächelt, und wir sind beide wieder von der Anhöhe zurückgekrochen.« Auf ein solches Verhalten, wohlgemerkt, auf »Feigheit vor dem Feind«, stand die Strafe standrechtlicher Erschießung. Da hatte ein deutscher Soldat in das Weiße des Auges seines Gegners geblickt – und ein Auge zugedrückt statt den Revolver abgedrückt. Tatsächlich, nichts Geringeres war da geschehen, als daß jemand seine Pflicht als Soldat vergaß, um sich daran zu erinnern, wer er als Mensch im Gegenüber eines anderen Menschen war. – Um solcher »Erinnerungen« und Evidenzen willen lohnt es sich, die nachstehenden drei Märchen durchzugehen, schon um auf die Heldenfassade des Soldatseins in der öffentlich verbreiteten Außenansicht nicht mehr hereinzufallen und um den Punkt zu finden, an dem die Unvereinbarkeit des Kriegs mit den elementaren Forderungen und Voraussetzungen eines kulturellen Zusammenlebens nicht mehr zu übersehen ist.

Beginnen wir mit der Geschichte *Das blaue Licht.*

I. Das blaue Licht oder: Hintergründe

Es war einmal ein Soldat, der hatte dem König lange Jahre treu gedient; als aber der Krieg zu Ende war und der Soldat, der vielen Wunden wegen, die er empfangen hatte, nicht weiter dienen konnte, sprach der König zu ihm: »Du kannst heimgehen, ich brauche dich nicht mehr; Geld bekommst du weiter nicht, denn Lohn erhält nur der, welcher mir Dienste dafür leistet.« Da wußte der Soldat nicht, womit er ein Leben fristen sollte, ging voll Sorgen fort und ging den ganzen Tag, bis er abends in einen Wald kam. Als die Finsternis einbrach, sah er ein Licht, dem näherte er sich und kam zu einem Haus, darin wohnte eine Hexe. »Gib mir doch ein Nachtlager und ein wenig Essen und Trinken«, sprach er zu ihr, »ich verschmachte sonst.« »Oho!« antwortete sie, »wer gibt einem verlaufenen Soldaten etwas? Doch will ich barmherzig sein und dich aufnehmen, wenn du tust, was ich verlange.« »Was verlangst du?« fragte der Soldat. »Daß du mir morgen meinen Garten umgräbst.« Der Soldat willigte ein und arbeitete den folgenden Tag aus allen Kräften, konnte aber vor Abend nicht fertig werden. »Ich sehe wohl«, sprach die Hexe, »daß du heute nicht weiter kannst; ich will dich noch eine Nacht behalten, dafür sollst du mir morgen ein Fuder Holz spalten und klein machen.« Der Soldat brauchte dazu den ganzen Tag, und abends machte ihm die Hexe den Vorschlag, noch eine Nacht zu bleiben. »Du sollst mir morgen nur eine geringe Arbeit tun, hinter meinem Hause ist ein alter, wasserleerer Brunnen, in den ist mir mein Licht gefallen, es brennt blau und verlischt nicht, das sollst du mir wieder heraufholen.« Den andern Tag führte ihn die Alte zu dem Brunnen und ließ ihn in einem Korb hinab. Er fand das blaue Licht und machte ein Zeichen, daß sie ihn wieder hinaufziehen sollte. Sie zog ihn auch in die Höhe, als er aber dem Rand nahe war, reichte sie die Hand hinab und wollte ihm das blaue Licht abnehmen. »Nein«, sagte er und merkte ihre bösen Gedanken, »das Licht gebe ich dir nicht eher, als bis ich mit beiden Füßen auf dem Erdboden stehe.« Da geriet die Hexe in Wut, ließ ihn wieder hinab in den Brunnen fallen und ging fort.

Der arme Soldat fiel, ohne Schaden zu nehmen, auf den feuchten Boden, und das blaue Licht brannte fort, aber was konnte ihm das helfen? Er sah wohl, daß er dem Tod nicht entgehen würde. Er saß eine Weile ganz traurig, da griff er zufällig in seine Tasche und fand seine Tabakspfeife, die noch halb gestopft war. »Das soll dein letztes Vergnügen sein«, dachte er, zog sie heraus, zündete sie an dem blauen Licht an und fing an zu rauchen. Als der Dampf in der Höhle umhergezogen war, stand auf einmal ein kleines schwarzes Männchen vor ihm und fragte: »Herr, was befiehlst du?« »Was habe ich dir zu befehlen?« erwiderte der Soldat ganz verwundert. »Ich muß alles tun«, sagte das Männchen, »was du verlangst.« »Gut«, sprach der Soldat, »so hilf mir zuerst aus dem Brunnen.« Das Männchen nahm ihn bei der Hand und führte ihn durch einen unterirdischen Gang, vergaß aber nicht, das blaue Licht mitzunehmen. Es zeigte ihm unterwegs die Schätze, welche die Hexe zusammengebracht und da versteckt hatte, und der Soldat nahm so viel Gold, als er tragen konnte. Als er oben war, sprach er zu dem Männchen: »Nun geh hin, bind die alte Hexe und führe sie vor das Gericht.« Nicht lange, so kam sie auf einem wilden Kater mit furchtbarem Geschrei schnell wie der Wind vorbeigeritten, und es dauerte abermals nicht lang, so war das Männchen zurück. »Es ist alles ausgerichtet«, sprach es, »und die Hexe hängt schon am Galgen.« »Herr, was befiehlst du weiter?« fragte der Kleine. »In dem Augenblick nichts«, antwortete der Soldat, »du kannst nach Haus gehen; sei nur gleich bei der Hand, wenn ich dich rufe.« »Es ist nichts nötig«, sprach das Männchen, »als daß du deine Pfeife an dem blauen Licht anzündest, dann stehe ich gleich vor dir.« Darauf verschwand es vor seinen Augen.

Der Soldat kehrte in die Stadt zurück, aus der er gekommen war. Er ging in den besten Gasthof und ließ sich schöne Kleider machen, dann befahl er dem Wirt, ihm ein Zimmer so prächtig als möglich einzurichten. Als es fertig war und der Soldat es bezogen hatte, rief er das schwarze Männchen und sprach: »Ich habe dem König treu gedient, er aber hat mich fortgeschickt und mich hungern lassen, dafür will ich jetzt Rache nehmen.« »Was soll ich tun?«, fragte der Kleine. »Spät abends, wenn die Königstochter im Bett liegt, so bring sie schlafend hierher, sie soll Mägdedienste bei mir tun.« Das Männchen sprach: »Für mich ist das ein leichtes, für dich aber ein gefährliches Ding, wenn das herauskommt, wird es dir schlimm ergehen.« Als es zwölf geschlagen hatte, sprang die Türe auf, und das Männchen trug die Königstochter herein. »Aha, bist du da?« rief der Soldat. »Frisch an die Arbeit! Geh, hol den Besen und kehr die Stube.« Als sie fertig war, hieß er sie zu seinem Sessel kommen, streckte ihr die Füße entgegen und sprach: »Zieh mir die Stiefel aus«, warf sie ihr dann ins Gesicht, und sie mußte sie aufheben, reinigen und glänzend machen. Sie tat aber alles, was er ihr befahl, ohne Widerstreben, stumm und mit halbgeschlossenen Augen. Bei dem ersten Hahnenschrei trug sie das Männchen wieder in das königliche Schloß und in ihr Bett zurück.

Am andern Morgen, als die Königstochter aufgestanden war, ging sie zu ihrem Vater und erzählte ihm, sie hätte einen wunderlichen Traum gehabt. »Ich ward durch die Straßen mit Blitzesschnelle fortgetragen und in das Zimmer eines Soldaten gebracht, dem mußte ich als Magd dienen und aufwarten und alle gemeine Arbeit tun, die Stube kehren und die Stiefel putzen. Es war nur ein Traum, und doch bin ich so müde, als wenn ich wirklich alles getan hätte.« »Der Traum könnte wahr gewesen sein«, sprach der König, »ich will dir einen Rat geben, stecke deine Tasche voll Erbsen und mache ein klein Loch in die Tasche, wirst du wieder abgeholt, so fallen sie heraus und lassen die Spur auf der Straße.« Als der König so sprach, stand das Männchen unsichtbar dabei und hörte alles mit an. Nachts, als es die schlafende Königstochter wieder durch die Straßen trug, fielen zwar einzelne Erbsen aus der Tasche, aber sie konnten keine Spur machen, denn das listige Männchen hatte vorher in allen Straßen Erbsen verstreut. Die Königstochter aber mußte wieder bis zum Hahnenschrei Mägdedienste tun.

Der König schickte am folgenden Morgen seine Leute aus, welche die Spur suchen sollten, aber es war vergeblich, denn in allen Straßen saßen die armen Kinder und lasen Erbsen auf und sagten: »Es hat heut nacht Erbsen geregnet.« »Wir müssen etwas anderes aussinnen«, sprach der König, »behalt deine Schuh an, wenn du dich zu Bett legst, und ehe du von dort zurückkehrst, verstecke einen davon; ich will ihn schon finden.« Das schwarze Männchen vernahm den Anschlag, und als der Soldat abends verlangte, er (sc. es, d. V.) sollte die Königstochter wieder herbeitragen, riet es ihm ab und sagte, gegen diese List wüßte es kein Mittel, und wenn der Schuh bei ihm gefunden würde, so könnte es ihm schlimm ergehen. »Tue, was ich dir sage«, erwiderte der Soldat, und die Königstochter mußte auch in der dritten Nacht wie eine Magd arbeiten; sie versteckte aber, ehe sie zurückgetragen wurde, einen Schuh unter das Bett.

Am andern Morgen ließ der König in der ganzen Stadt den Schuh seiner Tochter suchen; er ward bei dem Soldaten gefunden, und der Soldat selbst, der sich auf Bitten des Kleinen zum Tor hinausgemacht hatte, ward bald eingeholt und ins Gefängnis geworfen. Er hatte sein Bestes bei der Flucht vergessen, das blaue Licht und das Gold, und hatte nur noch einen Dukaten in der Tasche. Als er nun, mit Ketten belastet, an dem Fenster seines Gefängnisses stand, sah er einen seiner Kameraden vorbeigehen. Er klopfte an die Scheibe, und als er herbeikam, sagte er: »Sei so gut und hol mir das kleine Bündelchen, das ich in dem Gasthaus habe liegen lassen, ich gebe dir dafür einen Dukaten.« Der Kamerad lief hin und brachte ihm das Verlangte. Sobald der Soldat wieder allein war, steckte er seine Pfeife an und ließ das schwarze Männchen kommen. »Sei ohne Furcht«, sprach es zu seinem Herrn, »geh hin, wo sie dich hinführen, und laß alles geschehen, nimm nur das blaue Licht mit.« Am anderen Tag ward Gericht über den Soldaten gehalten, und obgleich er nichts Böses getan hatte, verurteilte ihn der Richter doch zum Tode. Als er nun hinausgeführt wurde, bat er den König um eine letzte Gnade. »Was für eine?« fragte der König. »Daß ich auf dem Weg noch eine Pfeife rauchen darf.« »Du kannst drei rauchen«, antwortete der König, »aber glaube nicht, daß ich dir das Leben schenke.« Da zog der Soldat seine Pfeife heraus und zündete sie an dem blauen Licht an, und wie ein paar Ringel von Rauch aufgestiegen waren, so stand schon das Männchen da, hatte einen kleinen Knüppel in der Hand und sprach: »Was befiehlt mein Herr?« »Schlag mir da die falschen Richter und ihre Häscher zu Boden, und verschone auch den König nicht, der mich so schlecht behandelt hat.« Da fuhr das Männchen wie der Blitz, zickzack, hin und her, und wen es mit seinem Knüppel nur anrührte, der fiel schon zu Boden und getraute sich nicht mehr zu regen. Dem König ward angst, er legte sich auf das Bitten, und um nur das Leben zu behalten, gab er dem Soldat das Reich und seine Tochter zur Frau.

Wer diese nicht gerade volkstümlich bekannte Geschichte vom *Blauen Licht* zum ersten Mal liest, wird davon denken, was er denken soll: daß hier jemand als rechter Kerl sein Glück gemacht hat. Ihm mußte nur zur rechten Zeit ein »Licht« aufgehen: Das »zivile« Leben zu Hause vollzieht sich offenbar nicht anders als das unzivilisierte Leben im Krieg. Wird da nach Herzenslust betrogen und gelogen, erschlagen und gehenkt und gilt als »richtig« einzig, was Erfolg im Kampf ums Überleben hat, so muß man ganz genauso vorgehen, wenn man privat zu etwas kommen will. Die Mächtigen, wie jeder weiß, sind an die Macht gelangt, weil sie trickreich und skrupellos genug sind, sich der geeigneten Methoden im Konkurrenzvergleich um Einfluß, Geld und Geltung zu bedienen; da kann der kleine Mann nur in die Lehre gehen, wenn aus ihm etwas werden soll. Und unser Ex-Soldat geht in die Lehre – ganz nach dem Vorbild seines »Königs«, ganz nach den Vorgaben der »Hexe«, und siehe da: er schafft es. Am Ende ist er selber »König« und im Besitz der »Königstochter«. Eine Erfolgsgeschichte also, märchenhaft! – Doch Achtung! Märchen spielen nie nur an der Oberfläche. Im Untergrund begibt sich ein ganz anderes, und das versteht sofort, wer hinter all den launigen Aktionen danach fragt, was in diesem Soldaten vor sich geht, wenn er so vorgeht, wie es hier geschildert wird. – Die ersten Zeilen schon enthalten in gewisser Weise die Erklärung alles Weiteren.

1. Entlassung oder: Vom Dank des Vaterlandes

»Es war einmal ein Soldat, der hatte dem König lange Jahre treu (im Krieg) gedient.« Mit zwei kleinen Adjektiven gelingt es den Gebrüdern Grimm, den Einsturz einer ganzen Lebenseinstellung zu intonieren. Schon das Wort »treu« sagt alles. Da also »war einmal« ein Mann gewesen, der für »seinen« »König« durch dick und dünn zu gehen hatte, der niemals Zweifel hegte an dem, was ihm befohlen wurde, der sich, gleich unter welchen Umständen, auch nicht entfernt erdreistet hätte, einen Auftrag nicht prompt auszuführen. Es könnte taktisch oder gar strategisch eine Katastrophe werden? – Ach was, der König hat's befohlen! Es könnte Unrecht oder sogar ein Verbrechen sein? – Nicht doch, der König selber ist das Recht, er garantiert auch die Gerechtigkeit des Krieges, den er führt, einschließlich aller Mittel, die nun einmal nötig sind, um ihn zum Sieg zu führen. »Treu« – das heißt hier: loyal, bedingungslos ergeben, kritiklos einverstanden. »Treu« als Soldat – das heißt: es wird nicht diskutiert, es wird pariert. – »Befehl ist Befehl«. »That's an order!« »Der König hat's gesagt.« Gegenüber einer Person, oder richtiger: gegenüber einem Amtsträger, der als »König« Gottes Güte, Macht und Weisheit selbst repräsentiert, wär' es Vermessenheit und Majestätsbeleidigung und Rebellion, anders denken, anders urteilen, anders handeln zu wollen, als die Oberste Befehlsgewalt es will.

Und selbst wenn es keine »Könige« gäbe, – zum Soldaten gehört der »unbedingte Gehorsam«, wie ihn ab 1935 die Rekruten der Großdeutschen Wehrmacht auf ihren »Führer« zu schwören hatten. »Unsere Ehre ist Treue«, lautete der Wahlspruch der SS, und fast wortgleich versteht sich heute die Fremdenlegion der Grande Nation Frankreich; »semper fidelis« – immer treu, lautet das Motto der US-Marines. Nicht *was* man tut, ist da zu werten als ehrenvoll oder als schändlich, nur daß es getan wird in letzter Bindung an die Hierarchie der Vorgesetzten, entscheidet über richtig oder falsch. Wer Menschen töten soll, verlangt nach einer solchen Dienstauffassung; das Ungeheuerliche seines Tuns erfordert eine absolute Rechtfertigung. Was bloße Not gebietet, mag von Augenblick zu Augenblick sich wandeln, was das moralische Empfinden sagt, mag als allzu persönlich und allzu beliebig angesehen werden; was aber die Korporativperson des Volkes sagt (oder ihre »demokratische« Mehrheit im Parlament!), das muß der Einzelne ansehen als rechtsgültig, richtig und verbindlich. Davon darf er auf keinen Fall sich distanzieren.

Ein solcher Dienst der Treue des Soldaten gegenüber seinem »König« bedingt oder bewirkt die Preisgabe der eigenen Person. Nicht wer man ist als Mensch, steht jetzt zur Debatte, – die »Moral« der Truppe ist der Kampfeswille und die Disziplin eines jeden im Verband. Das Individuelle löst sich auf im Gleichschritt aller, es macht sich unsichtbar in Uniform, es delegiert sich an den Korpsgeist; was einmal Ich war, wird identisch mit dem Souverän, als dessen Fuß und Arm und Schwert die Soldateska in Aktion tritt[1]. Und wenn die Brüder Grimm mit einem zweiten Adjektiv betonen, daß diese Einstellung einer Soldatentreue »lange« gewährt habe, so offensichtlich um zu sagen, wie sehr sie zur Gewohnheit und zur Selbstverständlichkeit geronnen ist. Soldatische Treue, lange geübt, im Kriege bewährt – das funktioniert wie ein bedingter Reflex bei PAWLOWschen Hunden: wo bei diesen der Klang einer Glocke den Speichelfluß für die Verdauung einleitet, führt bei jenen jetzt der Anblick einer Fahne, der Klang der Nationalhymne, das »Augen geradeaus!« des Unteroffiziers zu einem enervierenden Adrenalinstoß. Man ist wer, denn man ist selber nicht mehr.

Die Tragik einer solchen »Treue« beginnt nicht erst mit der offensichtlichen Treulosigkeit des »Königs«; die Widersprüchlichkeit liegt in der Haltung selbst: Man weiß zwar irgendwo, daß man in Uniform sich selbst in etwas Zählbares, Instrumentelles, notfalls Überzähliges verwandelt, doch hofft man gleichzeitig als Lohn für so viel Entpersönlichung auf höchstmögliche Wahrnehmung und Anerkennung als Person; nachdem die eigene Person völlig verschmolzen ist mit der Korporativperson des »Königs« (oder eines Generals wie jenes unglückseligen George Patton), soll dieser nun jene Anonymität als Individualität erkennen und sich bei ihr erkenntlich zeigen. Wo niemals ein persönliches Verhältnis waltete, weil alles Ichhafte rein äußerlich verwaltet und nach Belieben vergewaltigt wurde, soll jetzt genau das statthaben: eine persönliche Beziehung der Dankbarkeit, der Ausdruck einer Wechselseitigkeit, eine Vertragsbindung, in der auf Treue Treue steht. Es ist die mutwillige Selbsttäuschung, die in derlei Erwartungen wohl jedes treu dienenden Landsers liegt, die nur in bitterer Enttäuschung enden kann.

Natürlich tut die Propaganda allezeit das Ihrige dazu, – sie dient der Werbung, nicht der Wahrheit, doch wer will das schon wissen, wenn ihm das Wasser bis zum Halse steht? Noch immer, wie zu Landsknechtszeiten, ziehen etwa in den USA die Agenten des Pentagon durch die Vorstädte, die Hinterhöfe, die Kneipen und gehen auf Jagd nach den Randständigen, den Chancenlosen, den Haltlosen: ein Bürgerrecht in God's own country für Immigranten, ein ordentliches Monatsgehalt für Mittellose, eine Fachausbildung für erwiesene Schulversager – alles kannst du haben, wenn du dich freiwillig verpflichtest bei der US-Army; auch in Deutschland beginnen (zum ersten Male wieder) Bundeswehrpropagandisten in die Schulen und Universitäten einzudringen, um sich als selbstverständlicher Teil des öffentlichen Lebens, ja, als dessen Grund und Schutz anzuempfehlen[2].

Was dann folgt, sieht immer gänzlich anders als versprochen aus. Dem amerikanischen GI JOSHUA KEY zum Beispiel stellte man eine Beschäftigung beim Brückenbau in Aussicht, wenn er beim Militär sich verpflichtete; doch kaum getan, versetzte man ihn 2003 in den Irak und ließ ihn Nacht für Nacht Häuser durchsuchen, Familien auseinanderreißen, willkürliche Verhaftungen vornehmen, bis daß es ihm zuviel wurde; vollends als er sah, wie einer seiner Kameraden ein sechsjähriges Mädchen, das regelmäßig am Kasernentor betteln kam, kaltblütig niederschoß – es hätte ja auch eine Bombe bei sich tragen können; man weiß ja schließlich, daß al-Qaida mit Vorliebe Kinder zu Selbstmordattentätern ausbildet –, da desertierte er. »Wir jagen keine Terroristen, wir sind selber Terroristen«, lautete seine unabweisbare menschliche »Lagebeurteilung«[3]; doch einem Soldaten ist es verboten, so etwas auch nur zu denken, geschweige denn zu sagen, und auf Desertion steht in den USA an sich die Todesstrafe. Die Militärjustiz, ganz sicher nicht der Dank des Vaterlandes, wartet auf so einen.

Doch der Soldat der Brüder Grimm ist ja mitnichten desertiert; er hat im Gegenteil bis zum Schluß durchgehalten. Der Krieg ist aus, und alles spräche nun dafür, einen gewissen Anteil an der Siegesprämie mitzubekommen, – selbst den Legionären im antiken Rom gewährte man nach zwanzig Dienstjahren ein Leben mit gesichertem Ruhesold und anerkannter Stellung. Doch das scheint lange her. »Du kannst«, spricht dieser König zu seinem »der vielen Wunden wegen« inzwischen dienstunfähigen Soldaten, »heimgehen, ich brauche dich nicht mehr; Geld bekommst du weiter nicht, denn Lohn erhält nur der, welcher mir Dienste dafür leistet.«

Von den *seelischen* »Wunden« muß man gewiß erst gar nicht reden, – sie finden beim Militär kaum je Beachtung oder Anerkennung. Zu allen Zeiten – im amerikanischen Bürgerkriege 1861–1865, im Ersten Weltkrieg 1914–1918, im Golfkrieg 2003 –?, war zu beobachten, daß Soldaten in dem Gemetzel »Mann gegen Mann« psychisch zusammenbrachen und nur noch mit Morphium aufrecht zu halten waren – von »Soldatenherz« sprach man im Amerikanischen vor 145 Jahren – oder daß sie unter der Belastung des »Trommelfeuers« schwerer Artillerie auf ihre Stellungen in Zuckungen gerieten – die Militärärzte, selber auf der Seite der Obrigkeit, nannten diese Opfer der Angst und Barbarei vor 95 Jahren »Simulanten« und schrieben sie immer von neuem »kriegsverwendungsfähig« (abgekürzt: kv) –; mit Heroin versuchten die GIs im Vietnam-Krieg vor rund 45 Jahren sich »stoned« zu machen, um dem Albtraum der »search and destroy«-Kommandos des Dschungelkrieges zu entkommen[4]; und umgekehrt: welche Gesellschaft verträgt schon all diejenigen, die aus Kabul und Bagdad nicht mehr zurückfinden in das gewohnte bürgerliche Leben ihrer »Heimat«? – Zwei Bilder können einen Eindruck von den psychischen wie physischen Verwüstungen im Leben von Soldaten vermitteln.

Im Jahre 1923 bereits malte OTTO GRIEBEL in Aquarell, Feder und Tusche sein Bild *Drei Frontsoldaten (Tafel 3)*[5], das die vollkommene seelische Verlorenheit von drei zum Fronteinsatz Abkommandierten zeigt, die das, was einmal Heimat war, nie mehr finden werden, schon weil sie selber es gründlich und nachhaltig vernichtet haben. Die rote Ziegelsteinwand, die ihnen wie die Erinnerung an die Feuerwalze aus den Flammenwerfern und Phosphorgranaten auf dem Schlachtfeld jeden Rückweg abschneidet und sie zu Gefangenen der eigenen Vergangenheit bestimmt, öffnet sich in einem Loch, das den Blick auf die Verwüstung eines Wohnraums freigibt. Vor allem die Gestalt des Mannes in der Mitte drückt die tiefe Trauer und Trostlosigkeit dieses seelisch längst »Dienstuntauglichen« aus. Seine in die Tasche und den Ärmel des viel zu groß geratenen Soldatenmantels verkrochenen Hände scheinen vollkommen außerstande, die an den Gürtel gebundene Handgranate zu ergreifen, um damit einen Menschen in die Luft zu sprengen; er ist all dessen müde, überdrüssig, und er will nicht mehr; sein leerer Blick geht in das schiere Nichts, ziellos und ohne Perspektive; sein schmaler Mund ist, unfähig zur Klage, verhärmt, verstummt, verschlossen. Und nicht viel anders seine Kameraden: Auch der mit Waffen und Verpflegung Vollgepackte, der da so freiheraus direkt auf den Betrachter blickt, als sei er willens, unbegrenzt wie lange weiter Krieg zu führen, wirkt abgestumpft, ein Klotz, ein Energiepaket, das nur so tut, als ob es einen eigenen Willen hätte; und ebenso der Kleinwüchsige rechts daneben; stumpf und gehorsam, den Stahlhelm tief in das Gesicht gezogen, wird er ganz sicher alles machen, was man ihm aufträgt, ein Roboter im Wartestand für jegliches Programm. Die Verstörung der Seele, die Verstumpfung der Seele, die Entseelung der Seele – welch ein Militärarzt könnte, dürfte solche »Erscheinungen« soldatischer »Treue« als Krankheitssymptome erkennen und benennen, wo sie doch recht eigentlich die Voraussetzung zum Weitermachen bilden?

Und wie dann erst die *physischen* Verletzungen! Sie lassen sich nicht einfach übersehen, doch übergehen kann man sie. Was wurde 1918 aus den vielen hunderttausend Kriegskrüppeln, die durch Schrapnell, Tretminen und Brisanzgranaten ihre Arme, Beine, die Hälfte ihres Gesichtes verloren hatten? OTTO DIX hat diesem Thema mehrere seiner Gemälde gewidmet, so unter anderem auf den beiden Flügeln des Triptychons *Großstadt* aus dem Jahre 1928 *(Tafel 4a)*[6]: Der linke Flügel zeigt DIX selber, wie er in Uniform und mit Soldatenkäppchen, beinamputiert, als käme er gerade aus dem Lazarett, auf grob gefertigten hölzernen Prothesen, gestützt auf Krücken, die kopfsteingepflasterte Gasse eines Bordellviertels betritt und gierig die grellgeschminkte, blondhaarige Dirne anstarrt, die in ihrer blauen Bluse und in dem gelben Rock, aus denen ihre schmalgliedrigen Arme und Beine unverhüllt hervorschauen, anmutet wie ein Paradiesvogel, – ein Sehnsuchtsbild lang aufgesparter Männerphantasien und zugleich Schreckbild absoluter Zurückweisung und Unerreichbarkeit. Endlich glaubt dieser Landser sich am Ziel all seiner Wünsche, und gerade da zeigt man ihm buchstäblich die kalte Schulter; er wird empfunden wie ein Eindringling in eine Welt, zu der er nicht gehört, – der Hund, der ihn, die Zähne bleckend, ankläfft, markiert nur allzu deutlich die Revierverletzung, deren er in diesem Augenblick sich schuldig macht. Nach anderen als so einem wie ihm streckt unterdessen eine andere Frau im

Fuchspelz wollüstig einladend den Arm aus; mit ihm selbst aber wird es gewiß so enden wie mit dem Mann, der, offenbar betrunken, auf dem Pflaster seitwärts hingerollt liegt: Nach all dem Schmerz und Grauen, die sich ins Fleisch gefressen haben, versprach er sich die fleischliche Erfüllung lang aufgestauter Lust; doch eben deshalb zeigt sich jetzt nur um so mehr, wie ungehörig, wie unzugehörig der Auftritt eines solchen Kriegskrüppels inmitten dieses Sperrbezirks des körperlichen Hedonismus ist. – Der linke Seitenflügel eines Triptychons, das, wie die *Großstadt*, die Welt im Panorama abbilden soll, stellt bei den mittelalterlichen Malern, etwa bei HIERONYMUS BOSCH, zumeist die Paradiesesszene dar[7]; so hier: was diesen Landser sich in diese Stadt hat schleppen lassen, war offenbar die wehmutsvolle Erinnerung an eine Sphäre voller Glück und weiblicher Faszination, doch was er da erlebt, ist gerade nicht die Wärme mütterlicher Geborgenheit, sondern die Ausweisung aus jenem Garten Eden, den nach der Darstellung der *Genesis* (Gen 3,1–24) Gott selbst versperrt hat mit zwei Wächterengeln, – ein urzeitlicher Fluch, der auf den Menschen liegt und der nicht abzuschütteln scheint: der Unglückliche, der Verwundete als Ausgesetzter und für alle Zeit Gezeichneter.

Der rechte Flügel dieses Triptychons *(Tafel 4b)*, der traditionellerweise die Hölle der Verdammten schildert, zeigt noch einmal OTTO DIX, wie er, diesmal mit amputierten Beinen und zerschundenem Gesicht, am Boden hockt, den Hut als Bettlerschale auf die Beinstümpfe gelegt, vollkommen unbeachtet von dem Zug der Dirnen, die ihre Wonnetempel eben jetzt in einer sonderlichen Prozession skurriler Aufmachung verlassen, nicht unähnlich dem Zug der Strafeengel in den mittelalterlichen Darstellungen des Jüngsten Tages[8]; jedoch: die Apokalypse der christlichen Weltbetrachtung ereignet sich hier ganz alltäglich im Schicksal all der »treu« dienenden Soldaten mit ihren entstellenden Verwundungen und ihrer erniedrigenden Invalidität. Die Ausgrenzung und Mißachtung der so Versehrten kann kaum krasser deutlich werden als durch den blamablen Kontrast zwischen der Dirne im Vordergrund, deren Pelzstola herausfordernd das Bild eines entblößten weiblichen Geschlechts annimmt, und diesem Krüppel, der kaum noch aufzublicken wagt, während er dem Defilee seiner grotesk verformten Sehnsuchtsphantasmagorien die Hand wie zum militärischen Gruß entgegenstreckt. Die Gier nach Leben, gesteigert bis zur Geilheit, und die Unmöglichkeit, als Kriegskrüppel in irgendeiner Weise daran teilzunehmen, verwandeln dieses Nach-Kriegsleben tatsächlich in eine Hölle auf Erden.

Im Märchen der Gebrüder Grimm spricht sich die Aburteilung zum sozialen Exulantendasein weit einfacher, weil »wirtschaftlicher« aus: Wer nicht (mehr) für ihn arbeitet, erhält von ihm auch nichts zu essen, spricht der »König«. Geld, wohlgemerkt, ist allemal genügend für den Krieg vorhanden, doch niemals für die Menschen, mit denen man ihn führt. Empört möchte man einwenden, der »König« trage doch Verantwortung für jemanden, der ihm mit Leib und Leben lange Zeit zu Diensten war und ihm zuliebe sogar seine körperliche Unversehrtheit eingebüßt hat; was soll da der Zynismus, daß Lohn einzig erhält, wer ihn durch eigene Arbeitsleistung sich verdient? Dieser Soldat hätte nach allem menschlichen Ermessen Anspruch auf lebenslange Invalidenrente. Jedoch – der »König« denkt und handelt nur so, wie es allerorten üblich ist: Ein Söldner erhält seinen Sold, – um Krankheits- und Altersversorgung muß er sich schon selber kümmern. – Das ist ein Standpunkt, der aufs Haar der Logik optimaler Kapitalverwertung innewohnt. Wie lange etwa währte es im 19. Jahrhundert. bei den Arbeitskämpfen in den Steinkohlebergwerken, daß den Hauern die Arbeitszeit beim Abstützen des Hangenden nicht noch vom Lohne abgezogen wurde? Wenn sie bei einem Streckenbruch zu Schaden kamen, nahm die Grubenleitung davon nicht die geringste Notiz. Und so in allen andern Berufen – vom Dachdecker bis zum Matrosen, vom Maurer bis zum Jäger. Wenn derartige Umgangsformen bereits in Zivilberufen üblich waren und sind, was will man dann erwarten bei der brutalsten Ausbeutung der Arbeitskraft von Menschen: bei der »Arbeit« des Menschen am Menschen in den Todesfabriken des Krieges?

Es ist ein schwacher Einwand, darauf hinzuweisen, daß juristisch sich die Rechtssicherheit und wirtschaftliche Absicherung von Soldaten in Staaten mit einer allgemeinen Wehrpflicht heute ganz gewiß verbessert hat. Wie beispielsweise erging es den französischen Soldaten, die man zwischen 1960 und 1966 bei den Atomwaffenversuchen in Algerien vorsätzlich der Strahlung aussetzte, um deren Wirkung auf den menschlichen Organismus zu erkunden? Und was wurde aus den Berufssoldaten der US-Armee im Vietnam-Krieg zwischen 1961 und 1975? Aus lauter Ratlosigkeit, wie dem Vietcong der Nachschub über den vielverzweigten Ho-Chi-minh-Pfad abzuschneiden sei, begannen die Amerikaner, den Dschungel mit 72 Millionen Liter dioxinhaltigen Agent orange zu entlauben; die Folgen: noch heute bringen vietnamesische Frauen Kinder mit schweren Verstümmelungen und Behinderungen auf die Welt, – das Pentagon weigert sich seit über 40 Jahren mit Erfolg, irgendeine Entschädigung dafür zu zahlen. Aber auch die eigenen Soldaten erkrankten an Krebs, auch ihre Kinder wiesen genetische Schäden auf, auch ihre Frauen und Familien klagten – ebenfalls ohne Erfolg! Und wie jetzt umgehen mit den Soldaten des Golfkrieges von 1991, die George Bush sen. in den Irak schickte? Um die Soldaten vor den vermuteten chemischen Kampfmitteln der Iraker zu schützen, hatte man sie vorsorglich gegen alles mögliche geimpft, und man konnte später nicht ausschließen, daß die seltsame »Golfkriegskrankheit« zahlreicher GIs und britischer Soldaten auf eben diesen Impfcocktail zurückzuführen war; aber es ließ sich auch nicht zweifelsfrei beweisen – also! Bis heute ist desgleichen die Wirkung der radioaktiven Strahlung des abgereicherten Urans in den panzerbrechenden Geschossen nicht geklärt, die vor allem in der Schlacht bei Basra eingesetzt wurden – für die Amerikaner ein »Tontaubenschießen«, bei dem sie aus sicherer Entfernung etwa 2500 irakische Panzer zerschossen; seither liegt das strahlende Material im Wüstensand, eine dauernde Gefahr für die ortsansässige Bevölkerung[9], aber natürlich auch für die eigenen Soldaten; aber das Pentagon übernimmt nun einmal für solcherlei keine Verantwortung … Wie sollte da der »König« eines Grimmschen Märchens anders handeln?

Vielleicht muß man sogar noch schärfer sagen: Dieser »König« führt Krieg an der Spitze und als Marionette seiner Hintermänner, als da sind all die, welche GEORGE GROSZ im Jahre 1926 auf seinem Bilde *Sonnenfinsternis* unübertroffen dargestellt hat *(Tafel 5)*[10]: »In dieser politischen Allegorie wird die obskure Szenerie als Schauplatz der kapitalistischen Götterdämmerung.... vorgeführt: Am grünen Tisch thront mit Reichspräsident von Hindenburg in Marschalluniform die Uraltmumie der Wilhelminischen Ära. Der blutbefleckte Säbel und das Kreuz in Schwarzweißrot deuten auf die ›Erfolge‹ des Generalfeldmarschalls im Ersten Weltkrieg hin. Seine Befehle erhält er von den Militär- und Wirtschaftsbonzen hinter ihm, das Kriegsspielzeug soll zu neuen militärischen Abenteuern verlocken. Der Ministerrat tagt, allesamt kopflose Marionetten und willfährige Befehlsempfänger des Kapitals. Hinter ihnen die Ödnis der Fabriken und Kasernen. Der Pappesel mit Scheuklappen (das Volk) frißt blindgläubig das lügnerische Papier der Presse in sich hinein. Auf der Kippe sitzend nehmen unten Gefangenschaft und Tod das Resultat dieser wahnwitzigen Sitzung der Obrigkeit bildhaft vorweg. Das Dollarzeichen verdunkelt die Sonne, die amerikanischen Kredite schwinden, drei Jahre später beginnt die verheerende Weltwirtschaftskrise.«[11]

Wer solch ein Bild sieht, *soll* endlich die Wirklichkeit betrachten, wie sie ist; doch ehe unserem Soldaten in dem Grimmschen Märchen ein Licht darüber aufgeht, muß man sich fragen, was ihn bislang daran gehindert hat, richtig zu sehen. Gewiß, es mögen Geldgründe gewesen sein, die ihn in die Armee des »Königs« trieben; doch woher kam nur seine »Königstreue«? Aus patriotischer oder aus royalistischer Gesinnung keinesfalls, sonst hätte er nicht später eine ganz andere und rein private Rechnung mit diesem »König« zu begleichen, in der es um die Heimzahlung tiefer Enttäuschung und, darin eingeschlossen, auch um den Besitz der »Königstochter« geht. Man kann wohl psychologisch gar nicht anders denken, als daß sich hinter der Gestalt des »Königs« die kindlichen Erinnerungen an den eigenen Vater jetzt erneut zu Wort melden, und dieser Eindruck läßt sich generalisieren und verstärken.

Wie überhaupt kommt ein Mensch dahin, bedingungslose »Treue« und »Gehorsam« auf dem Kasernenhof und in der »Schlacht« als ein erstrebenswertes Ideal zu pflegen, verbunden mit dem paternalen Zentralismus eines »Königs«, wofern er nicht als Kind bereits vor seinem Vater hat »strammstehen« müssen? Und wie ein kleiner Junge so etwas erlebt, kann man sich ausmalen: Den Zorn auf diesen Mann hatte er zu verdrängen und im Unbewußten umzuwandeln in Loyalität und Folgsamkeit; Auflehnung, Rebellion und Widerstand kehrten sich um in Unterwürfigkeit, Gefügigkeit und Einverständnis. Die Ohmacht eines Kindes schlug um in die Identifikation mit der Macht Seiner Allerhöchsten Majestät. Wie leicht erhebt sich aus dem Bild des »königlichen« Vaters die Wunschvorstellung eines »väterlichen« Königs?[12] Nur: ein wie weniges genügt, sie zu enttäuschen?

Sieht man, wie dieser »König« sich verhält, läßt sich in seinem Konterfei tatsächlich auch der »Vater« in den Kindertagen des Soldaten portraitieren, dem Lob oder gar Belohnung seines Sohnes völlig fremd gewesen sind; Leistung verdient da keine Anerkennung, sie muß für selbstverständlich gelten, als Teil der Zuverlässigkeit, die man von einem Mann erwarten kann. Bedauern oder Mitleid im Fall von Unglück oder Unheil sind in einer solchen Weltbetrachtung schlicht als etwas Weibisches verpönt, mit dem man Männer nicht verzärteln sollte. Gehorsam in den geschlossenen Reihen aller, ansonsten jeder für sich selber – in dieser Mischung aus Entindividualisierung und brutalem Egoismus dürfte das »Skript« schon in der Familie dieses Soldaten verfaßt gewesen sein, noch ehe er in des Königs Armee seinen Dienst antrat. – Die Brüder Grimm erzählen von derlei Zusammenhängen explizit kein Wort, doch sie deuten sie an, und so muß es wohl auch sein, wenn jemand zum »Soldaten« wird: er kennt sich selber nicht, er weiß nicht, welche Bilder und Erfahrungen er sozial erweitert, wenn er sie auf so einen »König« (als Inbild aller fremden, absolut gesetzten Autoritäten) überträgt. Wir aber sind an dieser Stelle bereits bestens vorbereitet, zu verstehen, warum gleich in der nächsten Szene der Soldat des Grimmschen Märchens auf eine *Hexe* treffen *muß*[13].

2. Die Hexe oder: »wenn du tust, was ich verlange«

Wenn man sich die Lage des Soldaten nach seiner Entlassung in ihrer »modernen« Aktualität vorstellen will, bedarf es keines »Königs«, – das Thema ist ja nicht gebunden an die Staatsform Monarchie; es genügt vollkommen, den Umgang der Staatsmacht mit ihren Kriegsopfern sich in der Form der ganz normalen bürokratischen Verwaltungsroutine zu vergegenwärtigen, und noch einmal kann dabei ein Gemälde von GEORGE GROSZ unter dem bezeichnend umständlichen Titel *Magistratsbeamter für Kriegsbeschädigtenfürsorge* aus dem Jahre 1921 die Wahrnehmung schärfen *(Tafel 6)*[14]: Das schreiende soziale und menschliche Unrecht wird auf dem Bild symbolisch sichtbar durch die halbhohe Backsteinmauer, welche die Erste Welt der Verwaltungsbehörde (und der von ihr vertretenen Instanzen) abschirmt gegen die proletarische Hinterwelt der Arbeit: Da sieht man vor rußigen Schornsteinen und menschenabweisenden Zweckbauten stellvertretend gewissermaßen als Prototypen der gesamten Gattung der werktätigen Bevölkerung einen gesichtslosen Mann mit der Schippe auf dem Rücken in ausgreifenden Schritten über einen Betonplatz zu seinem Einsatzort eilen, während an der anderen Seite schon ein Schwarzhändler (oder Börsianer) durch seine Riesenbrille wie mit Eulenaugen um die Ecke schaut; dieser Mann trägt seinen Gewinst schon unterm Arm, während sein Profit dem Arbeiter mit Sicherheit vom Lohne abgezogen wird. Doch das eigentliche Thema des Bildes ist der Kontrast zwischen dem einarmigen Kriegskrüppel, der immer noch die feldgraue Uniform und das Soldatenkäppchen trägt, und dem ihn befürsorgenden Magistratsbeamten. Dessen behördliche Sorgfalt dokumentiert ein gewichtiger Aktenkoffer, den er nebst einem Winkeleisen mit sich trägt; das geometrische Arbeitsgerät soll wohl besagen, daß er es selbst ist, der mit seinen Vorschriften und Paragraphen die Mauer Stein um Stein höher und höher zieht, bis alles hinter ihm verschwindet und nur noch er allein als »wirklich« und als wirksam sichtbar bleibt. So wie er auftritt, ist er denn offenbar auch ganz der rechte Mann am rechten Ort: Der »Vatermörder« (der gestärkte Kragen), der seinen Kugelkopf zu tragen scheint, erweist ihn ebenso wie sein nach Kaiser-Wilhelm-Art drapierter Oberlippenbart nebst den offiziösen »Schmissen« auf der linken Wange als rechtskonservativ bis auf die Knochen. Seine scheel auf die eigene Nasenspitze gerichteten Augen können die Not des Mannes hinter seinem Rücken überhaupt nicht sehen. Seine blasse Haut, sein gedunsenes Gesicht, sein winziger wollüstig vorgewölbter Mund verraten ihn als das Opfer einer ungesunden Lebensweise im Kreis von Burschenschaften und endlosen »Kneipen« (Saufabenden); die Mitgliedschaft in solchen Kreisen bekundet wie nebenbei das schwarz-weiß-rote Ansteckschleifchen am Revers, das seine patriotische, deutsch-nationale Gesinnung ausweist. Für Leute dieser Couleur war der Erste Weltkrieg noch nicht endgültig verloren, und anstatt sich um die parasitäre Existenz von kriegsheimkehrenden Krückstockgehern zu bekümmern, erschien es ihnen als weit wichtiger, mit aller Macht die Rüstungswirtschaft zu beleben für den nächsten Waffengang mit Aussicht auf den Endsieg. – Wenn heute (schon wieder) in der Politik die Rede geht von dem »Humankapital« (aufgreifend den Jargon der Großdeutschen Wehrmacht vom »Menschenmaterial«), so muß man diesen Kriegskrüppel auf seinem Weg ins endgültige Abseits, schon um auf einem solchen Hochplateau des sozialphilosophischen Zynismus mithalten zu können, wohl als »humanen Kriegsschrott« betrachten und behandeln: man sollte ihn möglichst rasch statistisch erfassen und dann wirtschaftsverträglich entsorgen. Genau dafür, daß das geschieht, steht dieser Magistratsbeamte. – Kein Wunder also, daß schon das Grimmsche Märchen von dem zum Invaliden gewordenen Soldaten sagt: er »wußte … nicht, womit er sein Leben fristen sollte«.

Oft in den Märchen, wenn die zentrale Persönlichkeit der Geschichte in eine ausweglose Lage gerät, sucht sie einen *Wald* als Rückzugsraum auf. Es geht zu wie auch sonst im Leben: Wenn äußerlich alle Wege versperrt sind, muß man nach innen schauen, um die eigene Persönlichkeit besser kennenzulernen und so weit umzustrukturieren, daß man auf eine bestimmte Krisensituation günstiger zu antworten vermag. Mit dem Wald verbindet sich von alters her die Vorstellung von unberührter Natur und unverfälschter Ursprünglichkeit, im Gegensatz zur Sphäre der Kultur mit ihren urbar gemachten Böden und kunstvoll angelegten Gehöften, Dörfern und Städten; psychologisch steht der »Wald« dementsprechend für den unbewußten Teil der Seele mit allen Erinnerungen, Strebungen und Wertungen, die schon in Kindertagen unter dem Druck von Angst und Schuldgefühlen verdrängt werden mußten[15]. Wenn vollends der Soldat des Grimmschen Märchens mit seinen Sorgen nach einem langen Tag des Wanderns und Umherirrens »abends in einen (solchen) Wald« kommt und bald danach »die Finsternis« hereinbricht, verweisen all diese Symbole in die gleiche Richtung: Am Ende seiner rationalen, bewußt geführten Überlegungen und Planungen taucht dieser Mann zurück in die Erlebniswelt seiner frühen Kindheit und Jugend: Wer ist er selber? Und: wie ward er, was er ist?

Jedem, der in einer Notlage nicht weiterweiß, wird es ähnlich ergehen: Seine Gedanken gleiten zurück in die Kindertage, wie es früher einmal war, – Soldaten, die auf dem Schlachtfelde verwundet werden, rufen nach ihrer Mutter. In jedem Augenblick der Aussichtslosigkeit wird diese Sehnsucht wach nach einem Lebensursprung und Lebenshintergrund, der es im ganzen gut mit uns meint und gemeint hat[16]. Wie aber, wenn es einen solchen mütterlichen Umkreis von Vertrauen und Geborgenheit auch schon in Kindertagen nicht gegeben hat, – zumindest nicht so, wie benötigt? – Von der Vatergestalt des »Königs« enttäuscht und verworfen, besinnt dieser Soldat sich jetzt auf seine Mutter, doch statt ihrer begegnet er »im Wald«, in seiner unbewußten Wirklichkeit, der »Hexe«.

Es gibt kein Schimpfwort, das für eine Frau so kränkend wirken müßte wie das Wort *Hexe*, – ursprünglich, noch bis vor etwa 250 Jahren, war es tödlich. Damit gemeint ist nicht nur eine rätselhafte, unheimliche Mischung aus Mißgunst und Gehässigkeit und schicksalhafter Bosheit, sondern auch eine quasi telepathische, hypnotische Befähigung zur Schwarzmagie und Unglückszauberei. Der Hexenglaube hat kulturgeschichtlich sicher viele Gründe[17]: die Umwertung der Rolle keltisch-germanischer Priesterinnen und Orakelfrauen durch das Christentum ist einer, die Abwertung der Frau im Patriarchalismus ein anderer, ein weiterer der für viele Männer enttäuschende Widerspruch im Wesen einer Frau zwischen verlockender Schönheit in der Jugend und erschreckender Hinfälligkeit im Alter; nicht zufällig kann das Wort »Hexe« in einer Zeit wachsenden Selbstbewußtseins bei den Frauen gegenüber den Klischees männlicher Rollenzuschreibungen inzwischen sogar lobend ein besonderes Maß an Raffinesse bezeichnen. Doch so erlebt es sicher nicht unser Soldat im »Walde«. Was ihm in der Gestalt der »Hexe« hier entgegentritt, läßt sich – wie in so vielen anderen Märchenerzählungen der Brüder Grimm – kaum anders deuten denn als das Wesensbild seiner eigenen Mutter, nur eben nicht in seiner positiven Seite, sondern im äußersten Kontrast dazu als Fluch und als Gefahr! Und beide Seiten fügen sich zu einer Erlebniseinheit. Mit dieser Widersprüchlichkeit des Bildes der Mutter in Sehnsucht und in Angst muß der Soldat sich nunmehr auseinandersetzen, wenn er jemals in einem tieferen Sinn »heimkehren« will; die Art, wie er das tut, wird über seine gesamte Persönlichkeit und über deren weiteres Schicksal maßgebend entscheiden.

Von vornherein ist klar, daß keine Frau von ihrem Kind jemals als »Hexe« empfunden werden möchte. Rätselhaft ist demnach, wie die Gestalt der Mutter trotzdem Züge des Hexenhaften annehmen kann. Wenn es dahin kommt, dann weil sie eines sicher nicht ist: eine »Rabenmutter«. Wäre sie einfachhin gefühlskalt, abweisend und gleichgültig, so würde auch das Kind sie eines Tages als »irrelevant« betrachten und keine weiteren Gedanken mehr auf sie verschwenden. Zu einer »Hexe« kann es eine Frau im Leben ihres Kindes nur dann bringen, wenn sie von ihm auf lange Zeit als eine überragende, machtvolle, faszinierende, hinreißende und über alle Maßen liebenswerte Frau empfunden wird[18]; und gerade diese Seite bildet den Hintergrund wohl vieler Biographien von Soldaten, die nicht nur einberufen werden, sondern von innen her sich selbst zum Militär berufen fühlen: Wenn sie hinausziehen, um im Krieg »Frauen und Kinder«, wie es heißt, vor fremder Aggression zu schützen, so steht dahinter häufig das Motiv, schon als ganz kleines Kind die Mutter heldenhaft gegen jedwede Unbill zu verteidigen.

Und diese Einsicht in die typische »Berufung« eines Soldaten langt aus, sich unter der Befehlsgewalt eines solchen »Königs« in der Rolle eines Vaters in etwa folgende Familienkonstellation auszumalen: Da ist ein Junge, der seinen Vater so erlebt wie schon geschildert, – er verlangt Folgsamkeit und Leistung, Gehorsam und restlose Unterwerfung, und für all dies zeigt er nicht die Spur von Dankbarkeit, persönlicher Betroffenheit und Mitleid. Ein solcher Mann erzeugt auf seiten seines Kindes erst Zorn, dann Fluchttendenzen; doch wohin sollte solch ein Kind wohl fliehen, wenn nicht zu seiner Mutter? Die Mutter müßte Schutz vor dem Vater bieten, und ihre »magische«, »hypnotische« Faszination entstammt wohl gerade einem Eintrag solcher Sehnsucht: alles, was der Vater nicht war oder gar verweigerte, das sollte sie dem Kind verkörpern und gewähren. »Der Vater liebt mich nicht, – die Mutter *muß* mich lieben!« Die Angst vor dem Vater verstärkt in einer solchen Soldaten-Biographie die ohnehin vorhandene Bindung des Jungen an die Mutter und erschwert eine langsam reifende Ablösung von ihr. Doch bis zu diesem Punkte könnte das Bild der Mutter die Aura einer guten Fee oder des Schutzengels annehmen und behalten, wofern sie selbst nur stark und selbstbewußt genug aufträte. Das Hexenartige hingegen entsteht erst aus einem Riß in der Persönlichkeit der Mutter, die einerseits wohl die Wünsche ihres Kindes nach Anlehnung und nach Geborgenheit zu wecken und hervorzulocken vermag, sie dann aber nicht ungetrübt und störungsfrei erfüllen kann.

Denn wie, wenn diese Mutter eben nicht »stark und selbstbewußt« auftritt, um ihren Sohn zu schützen, sondern wenn sie – unbewußt oder ausdrücklich – selber seinen Schutz anfordert? Alle späteren Heldenphantasien dürften auf diesen Wunschtraum eines jeden Jungen zurückgehen, – *die* Rolle an der Seite seiner Mutter auszufüllen, die eigentlich dem Vater zukäme. Als »Ödipuskomplex« gilt dieses Streben in der Psychoanalyse, doch wie wir sehen: wichtiger als alle sexuellen Antriebe, die SIGMUND FREUD vermutete, ist das Geflecht von Angst und Anlehnungsbedürfnis, von Flucht und Sehnsucht, das den Jungen an die Mutter fesselt und ihm die Sonderrolle ihres Ritters und Erretters zuweist[19]. Alles Heroische ist freilich immer auch das Überhöhte und Überwertige und Überforderte, – als Lebenskonzept, einseitig und ausschließlich verfolgt, trägt es die Unausweichlichkeit des Scheiterns in sich.

Denn ein zentraler Widerspruch liegt bereits darin, daß ein Junge, der die Mutter gegen seinen Vater zu verteidigen gesonnen ist, das väterliche (Negativ)Vorbild verinnerlichen muß: Man kann den Vater nur besiegen, wenn man wird wie er, ja, wenn man das, was an ihm furchterregend und bedrohlich wirkt, noch steigert, – man muß im Endeffekt halt noch stärker, aggressiver und brutaler sein als er. Statt ihm auszuweichen, kann man ihn, größer werdend, zu überwinden trachten.

Doch ist man jetzt ein »ganzer Mann«, – der »Held«, der »Siegertyp«, als der man sich entwerfen wollte (oder mußte)? Mitnichten!

Bei aller nach außen hin zur Schau getragenen Ruppigkeit und »Coolness« bleibt die Fixierung auf die Mutter spürbar. In Wahrheit sind die »Helden« groß als Muttersöhnchen, und darin liegt ein weiterer Widerspruch: Ein Junge, der so aufwächst, fürchtet jetzt nicht mehr nur die kalte Leistungsforderung des Vaters, sondern zugleich die drohende Verweichlichung durch seine Mutter; er will auf keinen Fall als das bezeichnet werden, was in der Wertung vor allem US-amerikanischer Soldaten für das Allerschlimmste galt und gilt: als *sissy* (als »Schwesterchen« oder als »Schwuchtel«)[20]. Schon um dem Sog der Mutter auszuweichen, wird ein solches Kind betont ein männliches Gehabe an den Tag legen, wobei als Leitfigur erneut das ungeliebte Vatervorbild dient, – später, auf dem Kasernenhof, leichthin ersetzbar durch den »Spieß«, die Figur des »Schleifers«, des »Drill-Sergeants«, der die unbewußt vorhandenen Strukturen noch einmal in das jetzt erwachsene Bewußtsein fräst. Zu einem jeden Soldaten aus »Berufung« gehört diese sonderbare Mischung aus maximaler Aggression und aus totaler Unterwerfung, aus demonstrierter Härte und aus verleugneter Sehnsucht nach Geborgenheit, aus demontierter eigener Persönlichkeit und aus Einordnung in die uniforme Masse, aus öffentlich zur Schau getragener Virilität und innerer Sterilität.

Wie wenig »harmlos« all das ist, wovon in der Psychogenese des »Soldaten« in dem Grimmschen Märchen die Rede geht, läßt sich erschreckender und wahrer wohl kaum darstellen als durch den Hinweis, daß das gezeigte Bild vollkommen zutrifft auf den Mann, der sich im 20. Jahrhundert als der »Größte Feldherr aller Zeiten« zu beweisen suchte und von sich erklärte, er führe Krieg nicht um Gewinn und Reichtum, sondern allein um die Entscheidung über Sieg und Untergang: auf Adolf Hitler. Man weiß, wie sehr er seinen Vater fürchtete und haßte, doch wie bereitwillig er sich dem deutschen Kaiser unterwarf, in dessen Rolle er dann als der »Führer« schlüpfte; bekannt ist auch, wie sehr er seine Mutter liebte, die er als eher ohnmächtig empfand; als sie starb, legte die Trauer über ihren Tod sich lange Zeit wie lähmend auf den jungen Hitler. Es ist nicht zu weit hergeholt, wenn man in den Ideen des Diktators, selbst das deutsche Volk zu sein, das es aus Schande und Erniedrigung zu retten gelte, eine nie aufgelöste Identifikation mit seiner Mutter zu erkennen meint[21]. Im Gegenteil, es scheint überaus wichtig, die tragische Psychologie des »Kriegers« und des »Helden« gerade in ihren unheimlichsten Ausformungen zu begreifen, um individuell wie kollektiv den größten Schaden zu verhindern.

Das Hexenartige in dem Portrait einer »Soldaten«mutter stammt nach dem bisher Gesagten also aus den widersprüchlichen Gefühlen von Sehnsucht und Enttäuschung, die sie in ihrem Sohn erzeugt; sie wird als haltgebend gesucht, wo sie doch selber auf der Suche ist nach Halt; sie will verteidigt werden gegen einen Mann, dem sie zugleich doch hörig ist; sie zieht ihr Kind in eine nicht zu tragende Verantwortung hinein, ohne sich klar zu ihrem Jungen, nötigenfalls auch gegen dessen Vater, zu bekennen; am Ende sagt sie womöglich noch: »Dein Vater liebt dich doch«, und spricht ihrem Jungen damit gar das Recht auf seinen Widerstand gegen den Mann ab, der seit Kindertagen eigentlich bekämpft gehört; und so entsteht in einem werdenden Soldaten die Vorstellung, die Mutter (die »Nation«, das »Volk«, die eigene »Rasse«, »Religion« oder »Kultur«) nur »retten« zu können, wenn er – im Krieg – sich über alle »mütterlichen« Wertungen hinwegsetzt: alle moralischen, menschlichen, »christlichen« Schranken scheinen nur auf die Schwächung der Männlichkeit, auf deren »Kastration«, hinauszulaufen, so daß man vornehmlich in »männlichem Protest«[22], umgeben von Langrohrgeschützen, Raketen und Gewehrläufen, seine »phallische« »Potenz« sich erhalten zu können glaubt. Einzig der Krieg erlaubt es, seinen Mann zu stehen, ja, er verklärt sich in den Augen waschechter »Soldaten« zu dem Augenblick der Wahrheit und Bewährung im Leben eines »Mannes«. Im Kampf erst zeigt sich der »Charakter«, heißt es jetzt[23]. Die Angst um die Mutter und die Angstflucht vor der Mutter führen daher auf immer weiteren Wegen zu immer verzweifelteren Beweisen einer unmenschlich gewordenen Männlichkeit; das Bild der Mutter erscheint dem Soldaten im Grimmschen Märchen wie der Fluch einer »Hexe«, und ihm bleibt nun nichts anderes übrig, als sich mit ihr, der Muttergestalt seiner Kindheit, auf die er jetzt, als

Erwachsener, »abends«, »im Walde«, stößt, bewußt auseinanderzusetzen.

Denn so, wie diese Frau jetzt auftritt, wird sie sich gegenüber dem Soldaten, ihrem Sohn, in psychoanalytischer Betrachtung seit eh und je verhalten haben: »Wer gibt einem verlaufenen Soldaten etwas?« sagt sie, als er sie um ein Nachtlager und um ein wenig Nahrung bittet; rein »kaufmännisch« kennt sie keinerlei Grund, mit »so einem« sich abzugeben. Dann aber existiert doch ein Motiv, das sie anderen Sinnes werden läßt: »Doch will ich barmherzig sein«, beteuert sie. Das klingt gerade so, wie dieser Mann es jetzt in seiner Lage braucht und wie er es als Kind bereits bei seiner Mutter ganz gewiß gesucht hat: Barmherzigkeit! Es wäre das Wort, das die ganze so verstörende Ambivalenz des Mutterbildes aus dem Erleben nehmen könnte, doch so gebraucht es diese Frau gerade nicht. »Barmherzig« will sie nur sein, »wenn du tust, was ich verlange«. Barmherzigkeit wird hier also geknüpft an die Bedingung völliger Willfährigkeit, so daß es scheint, als wollte diese »Hexe« die Ausbeutung des Soldaten von seiten des »Königs«, seines Vaters, jetzt noch in einer eigenen weiblichen Variante fortsetzen; damit spricht sie allerdings aus, was all die Zeit, seit Kindertagen schon, gegolten haben wird: Die Botschaft einer solchen Hexen-Mutter an ihr Kind lautet gerade nicht: »Ich liebe dich«, sie lautet im Gegenteil: »Ich setze meine Zuwendung wohlkalkuliert als Mittel ein, um dich gefügig zu halten; ich belohne dich, wenn du dich gänzlich meinen Stimmungen und Launen unterwirfst; ich möchte und bejahe dich, wofern du meinen Willen zu dem deinen machst. Widrigenfalls bestrafe ich dich mit Abweisung und Entzug meiner ›Barmherzigkeit‹.«

Man muß dabei beachten, daß diese Frau in solcher Art als »Hexe« auftritt in Korrespondenz zu einem Manne, der im Hintergrund als »König« residiert. ARNO GRUEN faßt das angedeutete Schema dahin zusammen, daß er in einer derartigen Kombination die typische Grundlage für die Entwicklung vor allem männlicher »Psychopathen« erblickt, bedingt durch zwei Merkmale: »Erstens: Der Vater wird gehaßt und verachtet, aber es findet keine offene Auflehnung gegen ihn statt, weil Haß und Verachtung die Gefühle der Mutter zum Vater widerspiegeln, nicht die eigenen Gefühle. Sie revoltiert nicht, sondern ist in einen täglichen Kampf verstrickt, um dem Vater seine Schwäche ... zu beweisen. Dieser Kampf mündet nicht darin, den Vater zu verlassen, sondern in einen subtilen, unausgesprochenen Vorwurf. – Zweitens: Die Mütter dieser Männer haben kein Eigenleben. Sie können voller Ehrgeiz sein, aber ihr Lebensgrundsatz ist die Verherrlichung der Macht des Mannes. Die zu besitzen ist ihr Ziel, nicht die Kraft ihrer eigenen Weiblichkeit. Das kann auf unterschiedliche Weise erreicht werden. Richard Nixons Mutter war zum Beispiel ehrgeizig, Hitlers Mutter spielte ihr Leiden aus. Das Gemeinsame ist, daß dem Sohn beigebracht wird, eine außerordentliche Bedeutung und Wichtigkeit für die Mutter zu haben, ganz im Gegensatz zum Vater. Dieses Versprechen macht es unmöglich, die eigene Kraft zu finden. Sie werden dauernd auf ihre Mutter eingestimmt sein. Sie verachten sich und ihre Mütter für diese Schwäche wie auch dafür, daß ihre Mütter vorgeben, sie für ihre ›Stärke‹ zu lieben, wo sich die Söhne im Grunde eher als unzureichend empfinden. Übrig bleibt nur, der Bewunderung der Mutter zu entsprechen und sich der Größe zu verpflichten«[24].

Auf diese Weise formt sich die Psychologie von »Psychopathen« – von Leuten, die zu eigenen Gefühlen außerstande sind, die sich bedingungslos fremden Befehlen fügen und sich doch gleichzeitig als »Helden« vorkommen, indem ihr kleines, stets überfordertes Ich voller Unsicherheit maßlosen Idealvorstellungen von Größe und Bedeutung nachstrebt. So wird man ein »treuer« »Soldat« und, im Enttäuschungsfall, ein mitleidloser Rebell und Tyrann in Identifikation mit dem bekämpften Vater und in Distanz zu der ebenso begehrten wie verachteten Mutter. Mit der Gestalt Seiner Majestät des Vaters wird der Soldat sich noch des weiteren auseinandersetzen müssen; als erstes tritt die Mutter ihm entgegen, und da ist es die stets nur bedingungsweise Liebe, die jede mütterliche Nähe »hexenartig« macht. Womit hatte er es eigentlich zu tun? Es bleibt nichts anderes übrig: Der »Soldat« muß seine Beziehung zur Mutter in dem Bild der Hexe ganz wörtlich »durcharbeiten« oder abarbeiten, und dies geschieht denn auch in den drei folgenden Aufgaben.

Die Tätigkeiten, welche an den nächsten Tagen die Hexe dem Soldaten aufträgt, sind, wie die beiden Seiten einer Münze, aus zwei Blickrichtungen lesbar: einmal als echte (reale) Wünsche der Hexe nach Erleichterung und Hilfe, zum andern (auf der symbolischen Ebene) als Anfragen und Infragestellungen, die sich stufenweise auf dem Wege der Bewußtwerdung an den Soldaten richten: Was war, was ist es um seine Einstellung zur Mutter?

»Daß du mir morgen meinen Garten umgräbst«, lautet die erste Forderung der Hexe. Sie dürfte, nach gewohnter Vorstellung, wohl eine Frau in hohem Alter sein, und da scheint ihr ein junger Mann als Gartenhilfe hochwillkommen; das, zweifellos, ist gut begreifbar, stellt aber nur die *eine* Münzenseite dar. Die andere betrifft diesen Soldaten selbst, und für ihn hat die jetzt gestellte Aufgabe eine wesentlich *symbolische* Bedeutung.

Daß einem Manne, meist auf der Suche nach seiner Geliebten, drei Aufgaben gestellt werden, die an sich unerfüllbar, manchmal sogar tödlich sind oder sein sollen, ist in den Märchen ein sehr weit verbreitetes Motiv[25], – man denke etwa an die Grimmsche Erzählung *Der Trommler* (KHM 193)[26]. In unserer Geschichte vom *Blauen Licht* jedoch ist alles anders; hier geht es nicht um die Gewinnung der sogenannten »Preisjungfrau«, hier geht es um die Gewinnung eines eigenen Daseins, und während sonst das schier Unmögliche durch den Beistand freundlicher Wesen und hilfreicher Tiere zu aller Überraschung schließlich doch gelingt, vermag es der Soldat in keinem Falle, mit seinen Arbeiten an ein befriedigendes Ende zu gelangen; im Gegenteil: die Tätigkeiten bleiben unerledigt, und alles endet erst einmal mit einem »Reinfall«. Nur: was soll das alles dann?

»*Gärten*« verströmen in den Mythen und den Märchen an sich bereits eine fast magische Faszination. Der Garten Eden in der Bibel, das Paradies, aus dem die Stammeltern der Menschheit durch einen »Sündenfall« vertrieben wurden, um zu Ackerbau im Schweiße ihres Angesichts verflucht zu werden (Gen 3,17–19), könnte nach Meinung vieler Prähistoriker eine Erinnerung darstellen an jene Zeit vor rund 10 000 Jahren, als mit Beginn des Neolithikum die Menschen lernten, Tiere nicht länger nur zu jagen, sondern vor allem Schafe und Ziegen in größeren Beständen zu züchten und die Erde in der Nähe fester Siedlungen zum Anbau eßbarer Pflanzen urbar zu machen[27]. Von »Gärten« allerdings kann man bei solchen Äckern noch nicht sprechen; zum »Garten« gehört die private ästhetische Nutzung, die relative Leichtigkeit der Pflege, die Heiterkeit und Muße, sich darinnen zu ergehen, – etwas Luxuriöses, zweckfrei Gewordenes verbindet sich damit, eine Synthese aus Natur und Kultur, Arbeit und Erholung, Pflicht und Freude, die aus dem »Garten« einen Ort der Einkehr und der Stille macht[28]. Aber als erstes ist und bleibt ein Garten nach wie vor auch ein Stück Erde, und das, verlangt die Hexe, soll von dem Soldaten umgegraben werden, und zwar solange der Tag währt, bis zum Abend. Das Bild macht Sinn und ist nicht schwer verständlich, doch die gestellte Aufgabe zu lösen gelingt in praxi offenbar nur mühsam oder gar nicht.

Allüberall in Mythen und in Märchen trägt »Erde« eine weibliche Bedeutung – als »Mutter Erde«, als die »Große Mutter«, als Ort des Ursprungs und des Endes allen Lebens[29], so auch hier. Bezeichnenderweise soll der Soldat den Garten der Hexe nicht bepflanzen – es geht nicht schon um eigene Entfaltung –, das »Umgraben« verrät vielmehr die Pflicht zu einem sorgfältigen Nachschauen: Auf welchem Boden und in welch einer »Kulturlandschaft« wurde ich selber aufgezogen? Wie eigentlich agierte meine Mutter, und welchen Spielraum hatte ich, darauf zu antworten? Mit jedem Spatenstich, mit jeder umgelegten Scholle müßte ein Stück der eigenen Vergangenheit neu sichtbar werden. Buchstäblich kommt es darauf an, das Unterste zuoberst zu kehren. Alles, was unbesehen im »Boden« steckte, gilt es, ins Licht zu wenden, es sich bewußtzumachen, sich zu fragen, wie es jetzt erscheint und wie man es heute bewerten möchte, – Selbsterkenntnis als eine quasi archäologische Grabungskampagne.

Freilich, die Grenzen dieser Aufklärungsarbeit sind äußerst eng gesteckt, denn alles, was der Soldat tut, geschieht noch immer auf Befehl, in fremdem Auftrag. Es verschafft ihm für (kurze) Zeit ein Aufenthaltsrecht bei der Hexe, doch nach wie vor gibt es das nicht, was unbedingt zur Aufarbeitung der eigenen Vergangenheit gehören müßte: ein offenes Gespräch, einen wirklichen Dialog, eine Auseinandersetzung um die so unterschiedlichen Erlebensweisen als Kind und als Erwachsener im Gegenüber seiner Mutter, eine ehrliche Aussprache mit dem Ziel, die chronische »Verhextheit« des »Mutterbildes« endlich aufzulösen. Mit keinem Wort ist von all dem die Rede. Schon weil dieser Soldat nur tut, was ihm gesagt wird, tut er das an sich Richtige in falscher Weise und deshalb auch mit kümmerlichem Resultat: Die »Hexe« bleibt die Hexe, und er selbst kann seine Arbeit bis zum Abend nicht beenden.

Dafür ergeht schon für den nächsten Tag an ihn ein neuer Auftrag: »Ich will«, erklärt die Hexe ihm am Vorabend, »dich noch eine Nacht behalten, dafür sollst du mir morgen ein Fuder Holz spalten und klein machen.« Ein »Fuder« ist ein rundes Raummaß – *eine* Wagenlast. Auf einen bäuerlichen Leiterwagen paßte vor jetzt 200 Jahren sicherlich wohl eine Menge Holz, doch nicht so viel, daß ein Mann von Kräften und Statur, ein aus dem Krieg entlassener Soldat, damit in einem Tag nicht hätte fertig werden können, es sei denn, seine Verwundungen wären von solcher Schwere gewesen wie bei den Kriegskrüppeln, die OTTO DIX und GEORGE GROSZ vor Augen standen; doch solche Leute kämen wohl von vornherein zum Gartenumgraben und Holzhacken gar nicht in Frage. Nein, es bleibt rätselhaft, warum auch an diesem zweiten Abend der Soldat seine Aufgabe kaum zu erledigen vermocht hat. Die Sache wird jedoch verständlich, wenn man die Art der Arbeit in Betracht zieht: anders als noch am Vortag bei der Gartenarbeit tritt jetzt, beim Holzhacken, ein ausgesprochen aggressiver Zug hervor.

Holz, wußte bereits SIGMUND FREUD, ist wieder weiblich zu assoziieren, – er wies, um diese Gleichung zu begründen, auf die Verwandtschaft zwischen *mater* und *materia* im Lateinischen hin: der »Urstoff« ist rein biologisch eben die Mutter[30]. Das *Holzspalten* könnte daher bedeuten, daß der Soldat seine Beziehung zu der Hexe(nmutter) auseinandernehmen – analysieren, differenzieren, konkretisieren – müßte; damit setzte er fort, was schon am Vortag angefangen wurde. Inhaltlich wird es sich auch so verhalten, nur daß sich im Gefühl jetzt etwas gänzlich Neues ankündigt.

Nicht wenige Männer gehen, wenn sie wütend sind, in den Stall und hacken Holz, – sie reagieren ihren Ärger ab. Ex-Kaiser Wilhelm II. in seinem holländischen Exil in Doorn, gekränkt, frustriert vom Lauf der Welt, ließ keinen Tag verstreichen, ohne Unmengen Holz zu hacken[31], – es fällt nicht schwer, sich vorzustellen, auf was für »Holzklötze« oder gleich »Holzköpfe« aus seiner Entourage von einst er dabei einschlug. Der Soldat hier handelt noch ganz im Auftrag der Hexe, doch in dem, was er tut, kann er all seinen Groll entladen, den er seit Kindertagen in sich trägt. Der große Holzklotz da – der Vater! Und gleich daneben – noch einmal: der Vater! Und nach und nach all seine Nachfolger! Er schwingt die Axt, schlägt zu und sieht sie auseinanderfallen. Er genießt seine Kraft. Er kriegt sie alle klein ... Das Mißliche ist nur, daß wieder kein Gespräch stattfindet; alles bleibt ein stummes Tun, – schon deshalb kann es an kein befriedigendes Ende kommen. Dafür aber braut sich im aktuellen Erleben jetzt etwas zusammen, das sich seit Kindertagen an Angst, Anklammerung, Kooperationsbereitschaft, bitterer Enttäuschung, geheimer Wut und unterdrückter Auflehnung gegen die Hexe(nmutter) angesammelt hat.

3. Das blaue Licht oder: Die Hinrichtung

Die dritte Aufgabe der Hexe ist nicht allein das Endglied einer Steigerung an Einsicht und an innerer Beteiligung, sie ist zugleich ein Wendepunkt, – danach wird alles anders sein. »Du sollst mir morgen nur eine geringe Arbeit tun«, erklärt sie, und spätestens an dieser Stelle spürt man ihre Hinterhältigkeit; denn von einer nur geringen Arbeit spricht sie im vollen Wissen darum, daß nach ihrer eigenen Absicht der nächste Tag für den Soldaten identisch sein soll mit dem Untergang. Es wird eine tödliche Lage sein, in die ihn zu bringen sie beabsichtigt, um sich in den Besitz von etwas äußerst Wünschenswertem zu setzen: dem blauen Licht. Was es damit auf sich hat, kann der Soldat hier noch nicht einmal ahnen, die Hexe aber weiß es um so besser: Sie habe es im Brunnen hinter ihrem Haus verloren, sagt sie, und es scheint, als sei es wirklich einmal dieses Licht gewesen, das sie in den Ruf einer Hexe gesetzt hat; doch man kann auch diesen Worten nicht ohne weiteres Glauben schenken. Weit wahrscheinlicher ist, daß die Hexe jetzt erst die Gelegenheit erhält, dieses sonderliche, nie verlöschende Licht sich aus dem ausgetrockneten Brunnen holen zu lassen, ja, daß sie den Soldaten überhaupt nur zu diesem Zwecke angestellt hat. Man verstünde dann, warum sie weder die Gartenarbeit noch das Holzhacken zu Ende bringen ließ, – offenbar lag ihr daran gar nicht, und sie wollte mit diesen harmlos wirkenden Tätigkeiten den Soldaten nur unvorsichtig stimmen gegenüber der Gefahr, die ihm nunmehr bei ihrem dritten Auftrag droht.

Tatsächlich steht der Soldat denn auch am Morgen brav und gehorsam bereit, daß ihn die Hexe in einem Korb in den Brunnen hinablasse; schnell findet er das blaue Licht und gibt ein Zeichen, wieder heraufgeholt zu werden, doch dann – der Korb befindet sich bereits auf Höhe des Brunnenrandes – kommt es zu einem Eklat: Die Hexe möchte, daß er das Lichtlein ihr gleich übergebe, und diese Eile und Direktheit machen den Soldaten – endlich – mißtrauisch. Von der »Barmherzigkeit« der Hexe ist nichts mehr übriggeblieben, – sie war erkennbar nur der Köder für die Falle, in welcher der Soldat sich jetzt befindet; und schlimmer noch: er muß begreifen, daß die Hexe ihn auf der Stelle fallen lassen wird, sobald er ihr das blaue Licht aushändigt. Soviel ist ihm nun klar: sie spielt ein falsches Spiel. Aber warum?

Vermutlich wohl, weil sie das Licht allein und ungeteilt besitzen möchte; im Unterschied zu dem Soldaten weiß sie ja von dessen rätselhaftem Vermögen, einen Geist herbeizurufen, der jeden Wunsch erfüllen wird; *zwei* Leute mit sehr unterschiedlichen, gar gegensätzlichen Bedürfnissen könnten sich in der Nutzung eines solchen Lichtes sehr leicht ins Gehege geraten. Doch das Problem ließe sich lösen, – man müßte halt verhandeln und vereinbaren, zu welchen Zeiten und für welche Zwecke man sich des Lichts bedienen dürfte. Genau das aber will die Hexe nicht. Sie zeigt sich absolut auf sich bezogen, dialogunwillig, herrisch, aber ersichtlich nicht aus innerer Stärke, sondern vornehmlich aus Schwäche: sie braucht (männliche) Hilfe, hat aber nie gelernt, zu bitten oder freundlich nachzufragen; was sie zu sagen hat, ist ein Befehl, *noch* ein Befehl, *noch* ein Befehl. Freilich schließt das nicht aus, daß sie sich subjektiv durchaus als »barmherzige« Wohltäterin empfinden mag: ihr Junge muß nach ihrer Schätzung dafür dankbar sein, daß er für eine Weile bei ihr leben konnte. Egoismus und Selbstverlust wirken auf diese Weise unheilvoll zusammen. Es ist so, wie ERICH FROMM schrieb: »Im ganzen besteht kein großer Unterschied zwischen der Wirkung einer ›selbstlosen‹ und der Wirkung einer selbstsüchtigen Mutter; tatsächlich ist die Selbstlosigkeit oft weit schlimmer, weil sie verhindert, daß die Kinder an ihrer Mutter Kritik üben. Sie stehen unter der Verpflichtung, die Mutter nicht zu enttäuschen, unter einer tugendhaften Maske wird ihnen Abneigung gegen das Leben beigebracht.«[32] Ein Kind, das so aufwächst, lernt, sich chronisch selber zu verachten, es kann nicht lieben, und es wird bei nächster Gelegenheit die chronische Selbstverneinung als tödlichen Haß gegen eine Welt voller vermeintlicher Feinde rückentäußern. Der Soldat im Grimmschen Märchen aber mußte offenbar in eben einer solchen Ambivalenz der Gefühle gegenüber der Mutter seine Kindheit verbringen.

Denn am wichtigsten: so wie es hier, in dieser Momentaufnahme, sichtbar ist, wird die Hexe all ihr Leben lang sich schon verhalten haben. So wird sie der »Soldat« als Kind bereits erlebt haben. Das eben macht sie als Mutter zu einer Hexe: daß sie die eigenen Bedürfnisse nicht klar und offen mitteilt, sondern ihre Befriedigung hintenherum als Wiedergutmachung für ihre »Mildtätigkeit« einfordert. Daß man – als Kind – bei ihr sein darf, quittiert sie mit schier unerfüllbaren Ansprüchen, und was sie sich von ihrem Sohn erträumt, ist wirklich solch ein »kleines Männchen«, das ihr in Windeseile jeden Wunsch erfüllt. Es mag sein, daß ihr dieses »Männchen« verlorenging, als ihr Sohn sich von ihr entfernte und zum Soldaten wurde; jetzt jedenfalls will sie allein den Geist der Willigkeit; der Rest ist ihr egal, die Person ihres Kindes gleichgültig, das Leben des Soldaten wertlos, – für sie nur eine Hülle, die sie ohne Schaden in die Grube fallen lassen kann. Es ist geradezu lebensrettend, daß der Soldat im letzten Augenblick noch merkt, mit wem er es zu tun hat, und ihr das Licht nicht aushändigt. Er hätte sowieso den »Reinfall«, den die Hexe für ihn vorgesehen hat, auch mit noch so viel an Bravheit nicht verhindern können, – genauso hat sie es gewollt, mit oder ohne Lampe.

In *dem* Moment lernt man ihr ganzes Wesen kennen. »Vernünftigerweise« hätte sie den Soldaten erst einmal mit dem kostbaren Licht aus dem Brunnen klettern lassen sollen; sie hätte, begrenzt, darauf vertrauen können, daß der Soldat nicht im geringsten auch nur wissen kann, was für phantastische Möglichkeiten in dem Besitz des blauen Lichtes schlummern. Doch diese Frau denkt nicht »vernünftig«. Aus lauter Angst, der Soldat könnte das Licht am Ende wirklich noch für sich behalten, läßt sie ihn – einschließlich des Lichtes! – zurück in den Brunnen fallen; wenn nicht ausschließlich ihr, dann soll das Lichtlein keinem etwas nützen. So extrem in der Egozentrik ihrer Angst denkt und agiert diese Person; – man kann nur noch einmal sagen: Eben deshalb *ist* sie eine Hexe.

Und der Soldat? Er sitzt jetzt in dem Brunnen, der zu seinem Glück längst ausgetrocknet ist, und er fühlt sich dem Tode nahe. Doch eine Chance bietet die »Depression«: er hat viel Zeit, über sich selbst und seine Lage nachzudenken. Sie ist verzweifelt, seine Lage, und wenn es jetzt noch weitergehen soll, dann nur in einer vollkommenen Änderung seiner Persönlichkeitseinstellung. Doch worin sollte die bestehen? Es könnten und es müßten einige Gedanken sein, in denen er seinen bisherigen Lebensverlauf zum ersten Mal womöglich sich bewußt vor Augen stellt, betrachtet freilich von dem Tiefpunkt aus, an dem er sich derzeit befindet. War, wenn ihm endlich jetzt ein »Licht« aufgeht, sein ganzer bisheriger Lebensweg nicht wie eine Sackgasse, die logisch mit dem »Reinfall« enden mußte?

Im Grunde ist der Brunnenschacht das sprechendste Symbol für sein gesamtes bisheriges Leben. Er hat den mütterlichen Schoß, als dessen Bild der Brunnen gelten darf[33], niemals wirklich verlassen. Nur scheinbar hat er sich vom Einfluß seiner (Hexen)Mutter abgelöst, als er zu den Soldaten ging. Gewiß, da war die Atmosphäre rauher, »männlicher« – ein Gegenstück zum Eingehülltsein in den Armen seiner Mutter; und doch hat er sich mitgenommen, wie er war: gehorsam, unterwürfig, untertänig, begierig beinah, kommandiert zu werden, geformt wie ein Stück Plastikmasse in den Händen eines anderen, an sich amorph, unfähig, selbst sich zu gestalten, nur immer gerade das, was andere von ihm verlangten, ein Mutterschoßbewohner nach wie vor, verhockt in kindlichen Ängsten (vor seinem Vater) und passiven Erwartungen (gegenüber der Mutter), in Wahrheit noch ein Kind bei allem Großmannsgetue und -gehabe. Die Epauletten und Kokarden, die Rangabzeichen und Verdienstkreuze mögen ihn schmücken wie die Standarte einen Spielmannszug, – tatsächlich braucht es schon viel Alkohol und mutwillige Selbstverdummung, um dem latenten Elend eines solchen Lebens nicht ins Auge sehen zu müssen. Jetzt ist es manifest. Das kalte, blaue Licht seines Bewußtseins leuchtet, und es bescheint die Wände einer inneren Gefangenschaft: ein Troglodytentum der schlimmsten Prägung, primitiv geblieben, undifferenziert, innerlich ungeordnet, »brav« einzig auf Befehl, »bös« einzig auf Befehl, als eigenes Ich gar nicht vorhanden – das ist er, ein Nicht-Ich, eine Unperson, ein Uniformierter, genau jenes entfremdete Stück Dreck, in das er sich auf dem Kasernenhof im Vorlauf zum Soldatentum schon hat verwandeln lassen. Und wie jetzt weiter?

Es ist fatal, daß der Soldat den »Reinfall«, den er gerade erlebt hat – aus seiner Sicht sogar verständlich! –, allein der Schuld der »Hexe« zuschreibt. Sie hat ihn »fallenlassen«, sie hat ihn ausgebeutet und betrogen, sie hat sein ganzes Leben mit ihrer unbegreifbaren, dämonischen, halt hexenartigen Hinterlist verwüstet. Das alles erkennt der Soldat im hellen Schein des blauen Lichts – kühl, klar und mitleidlos[34], und er will sich davon trennen, so wie ein Feldscher ohne jegliche schmerzlindernde Narkose den Knochen eines Schwerverletzten absägt. Jetzt ist der Augenblick gekommen, den Spieß umzudrehen. Nur allzu lange hat man's mit ihm machen können, ab sofort wird er's ihnen zeigen, er wird es ihnen heimzahlen. Soviel kann man hier bereits sagen: Es ist ein kaltes, ressentimentgeladenes »Licht«, das seinem Bewußtsein jetzt den Weg ins »Freie« weist.

In einer Zeit, da man Rauchen in der Öffentlichkeit aus Gründen der Gesundheitspolitik unter Verbot gestellt sieht, fällt es zunehmend schwerer, noch zu verstehen, welch eine magische Anziehungskraft ein bißchen Tabak gerade in Krisenaugenblicken auf Soldaten auszuüben imstande war und ist. Die fast legendäre Machorka-Papirossa in russischen Gefangenenlagern – ein letzter Zug aus einer Kippe verhieß den Atem von Kultur und Luxus, von Genuß und Freiheit, er war wie die als Rauchwölkchen entschwebende Erinnerung an ein Leben voller Träume, Wünsche und Möglichkeiten[35]. In solchem blauen Dunst aus Phantasie und Vorstellung, entzündet an dem kalten Licht des neu erwachenden Bewußtseins, erscheint diesem Soldaten »ein kleines schwarzes Männchen«. Schon die Gestalt des Gnoms sollte ihm Warnung sein, tritt ihm darin doch sinnfällig nur entgegen, was er in Wahrheit selbst geworden ist: Es ist die Miniaturausgabe des Menschlichen, die ihm da gegenübertritt[36]; sie zeigt, daß er geistig noch immer ein klein gebliebener Junge ist, infantil in seinem Fühlen, retardiert in seinem Denken, weit entfernt von der Bereitschaft, eigene Verantwortung für sein Leben zu übernehmen.

Man braucht sich nur die Alternative vorzustellen, die der Soldat durchaus besäße, um zu erkennen, was das Bild des kleinen schwarzen Männchens sagen will. »Erwachsen« würde der Soldat in dieser Stunde, wenn er sich auf sich selbst besinnen würde, statt resignierte Vorwürfe gegen die (Hexen)Mutter in die Luft zu blasen. Natürlich bildet sie die Hauptursache dafür, daß er, gleich einem Embryo vor der Geburt, noch immer nicht wirklich zur Welt gekommen ist; doch mittlerweile ist er alt genug, und endlich würde es die höchste Zeit, sich nicht mehr länger in der Frage zu vergraben, was man als Kind mit ihm gemacht hat, sondern das Augenmerk darauf zu richten, was er selber heute machen kann und wirklich macht. Es wäre der einzige Weg, sich selber aus dem Brunnenschacht ans Tageslicht hochzuarbeiten. Das kleine schwarze Männchen aber ist vonnöten, solange der Soldat sich selbst in seinen Kinderphantasien weiter einzurichten sucht. Das allerdings tut er auf seine Weise recht erfolgreich, und er wird bis zum Schluß nicht merken, wie dieser sein Erfolg lediglich sein Kinder-Ich in eine Art Gefängnisneubau des Erwachsenenlebens überführen wird.

Man sollte sich an dieser Stelle nicht verlocken lassen, die Geschichte vom blauen Licht als eine bloße Adaption des jedem Kind bekannten Märchens *Aladin und die Wunderlampe* zu betrachten; denn so sicher das Bildmotiv aus der orientalischen Märchensammlung von *Tausendundeine Nacht* stammen dürfte[37], so eigenständig und so eigensinnig ist doch die Bedeutung, die ihm die Grimmsche Erzählung zuspricht. Was dieses kleine schwarze Männchen hier verkörpert, ist die totale Dienstbeflissenheit, die sklavische Gehorsamstreue, die der Soldat seit Kindertagen beibehalten hat, die jetzt aber als etwas Ichfremdes, von ihm Abgespaltenes auf ihn zurückkommt: Und gerade sie hilft ihm, als erstes dem Brunnenschacht der dumpfen, depressiven Opferhaltung zu entrinnen. Von jetzt an ist er selbst es, der Befehle gibt; von nun an richtet sich die Welt nach seinen Wünschen, und an die Stelle des Gefühls der Ohnmacht und der Nichtigkeit treten nun Allmachtsphantasien und Größenwahnideen. Um nicht das vernichtende Empfinden von Minderwertigkeit und Unbedeutendheit verewigen zu müssen, legt sich für den Soldaten dies als einziger Ausweg nahe: der Ausstieg aus dem Brunnenschacht (des Mutterschoßes) als Aufstieg zu gesellschaftlicher Anerkennung im Status majestätischer Bedeutung und absoluter Hoheit! Das alles, wohlgemerkt, soll sich realisieren vermöge ganz und gar kindlicher Wunschträume und Persönlichkeitseinstellungen; doch immerhin: man muß dem in sich selbst Gefangenen zubilligen, daß er auf diese Weise aus dem »Loch« entkommen kann. Rein subjektiv fühlt sich die Phase der Ichaufblähung (Egodiastole)[38] immer noch besser an als die Hilflosigkeit, Niedergedrücktheit und Verlassenheit bisher; und *diese* Wende kann das kleine schwarze Männchen, wie es soll, bewirken.

Doch das ist nur der erste Schritt auf jenem Kreuzzug der Egomanie, der nunmehr anhebt.

Kaum mit zwei Füßen nämlich wieder auf der Erde, macht der Soldat das »Männchen« zum Instrument von exzessiven Rache- und Revanchegelüsten. Im Zwergendasein seines eigenen Dienenmüssens haben sich offensichtlich alle möglichen dunklen, bösartigen, haßerfüllten Gefühle und Gedanken angesammelt und werden nun in dem »schwarzen« Männchen verkörpert. Es ist, genau betrachtet, nicht die eigene Wut des Soldaten, die danach drängt, sich auszutoben, es ist und bleibt ein abgespaltener, verselbständigter Teil des Unbewußten seiner Psyche, – und es ist dieser aggressiv besetzte Mutterkomplex, der auch von seiner Seite her keine Aussprache mit dieser Hexenmutter zuläßt: »Ich habe Angst, ihr zu begegnen; schon ihre Nähe lähmt mich tagelang, ich kann bei ihr nicht denken, ich habe keinen Willen mehr, ich fühle mich wie seelenlos, ich tue dies und das, ohne innerlich dabeizusein, ich muß sie meiden, denn sie ist wie der sprichwörtliche Teufel: gibt man ihr den kleinen Finger, nimmt sie die ganze Hand.« So sprechen viele, die noch als Erwachsene an ihrer Kindheit leiden, – die noch heute von all der Not und Widersprüchlichkeit der eigenen Mutter sich überwältigt zeigen. Vor ihr fliehen sie. Sie sind unfähig, in ein neues, realistisches Verhältnis zu ihr einzutreten. Sie setzen sich mit ihr nur virtuell noch auseinander, – eben im Bannkreis und mit Hilfe dieses kleinen schwarzen Männchens.

Bei der Behandlung schwerer Depressionen ist es oft ganz unerläßlich, die resignierte Fügsamkeit, die blande Blindheit einer quasi masochistischen Selbstpreisgabe an die Befehle anderer in Vorstellungen zu übersetzen, die der Ichabgrenzung und der Selbsterhaltung dienen. Es scheint paradox, trifft aber den Nagel auf den Kopf, wenn man feststellt, daß dieser Soldat, der physisch sich durchs Leben zu prügeln und zu schlagen versteht, es psychisch nie gelernt hat, sich zu distanzieren oder gar zu wehren. Ja, es hängt offensichtlich gerade so zusammen: Er hat die seelische Wehrlosigkeit, die völlige Unfähigkeit, sich gegenüber seiner Mutter geistig zu verteidigen, lediglich nach außen hin zu kompensieren gesucht mit martialischer Gewalt. Er hat seine allzu verwundbare Seele zu schützen versucht, indem er wenigstens den Körper unverwundbar machte, – indem er lernte, schneller als alle zu stechen und zu schießen. – Wird man so ein Soldat? Ja, sicher! Unter anderem! Kein Märchen erklärt alles, doch das Bild, das sich in der Geschichte von dem *Blauen Licht* jetzt immer deutlicher abzeichnet, verweist auf einen Hauptbeweggrund, warum Menschen, innerlich gefangen im Brunnenschoß der Mutterhexe, das kalte Licht ihres Verstandes dazu nutzen, das kleine schwarze Männchen Rache am Rest der Welt üben zu lassen. Es läßt zudem verstehen, warum Menschen bereit sind, die Gegenwelt des Kriegs als Auftrag zu empfinden.

Die Kunst wohl jeder Psychotherapie im Umgang mit depressiven Gemütszuständen besteht darin, mitten in der Tiefe der Selbstentwertung und der Selbstentleerung die »Schätze« wiederzuentdecken, die hier das Männchen dem Soldaten in dem Brunnen zeigt. Es sind all die

Habseligkeiten, welche die Hexe dort versteckt hat, oder, anders gesagt, die Reichtümer, die der Soldat in seinem Dienstgehorsam angesammelt hat. Die meisten Depressiven sind die Opfer einer Art von falscher Buchführung: Sie haben so viel Wertvolles zu tun versucht – für andere; auf deren Konto wurde es dann gutgeschrieben, während es auf ihrer eigenen Habenseite nicht zu Buche schlug. Wie aber, wenn die eigenen Leistungen und Fähigkeiten mal eingesetzt werden dürften für sich selber? Was der Soldat mit seiner Fügsamkeit und Folgsamkeit erreichen wollte, muß ja an sich nicht falsch gewesen sein, wenn es sich jetzt nur in die eigene Regie übernehmen ließe. – Die »Selbstheilung« jedoch, die der Soldat in der Erzählung der Gebrüder Grimm vornimmt, ist nicht ein solcher Wandel reifenden Bewußtseins, sie geschieht als ein Diebstahl am Besitz der Hexe, verübt von seinem Kinderich in der Gestalt des Gnoms. Der Ausgebeutete macht sich fremden Besitz zur Beute, – das kann wohl nicht die Lösung sein; es ist eine bloße Umkehrung, kein Durcharbeiten in eigener Zuständigkeit, keine Selbstbehauptung in wachsendem Vertrauen in die eigene Tüchtigkeit.

Und ganz genauso wie mit seinen Leistungen und Fähigkeiten steht es jetzt mit seinen Aggressionen: sie wandeln sich im Schein des kalten blauen Lichtes zu einem Hinrichtungsbefehl über die Hexe. – Um Depressionen therapeutisch aufzulösen, ist es sehr wichtig, Ärger, Frustration, Enttäuschungen, Empörung, Zorn … sich selbst bewußtzumachen und in eine Form zu bringen, die mitteilbar, verhandlungsfähig und dann auch kompromißbereit zu sein vermag. Das Ich lernt, sich in seinen Wünschen und Bedürfnissen als berechtigt anzuerkennen, und es gewinnt die Fähigkeit, sich auch mit den divergierenden oder konträren Wünschen und Bedürfnissen anderer auseinanderzusetzen. Aus den verdrängten, schwer kontrollierbaren Aggressionen von einst wird dadurch eine Energie der Ichdurchsetzung, aber auch des Geltenlassens fremder Ansprüche. Zu all dem ist diese »Selbstheilung« des Soldaten nicht imstande. Um aus dem Mutterschoßgefängnis des »Brunnens« zu entkommen, ist ihm nur die eine Lösung vorstellbar: die Mutter umzubringen oder, richtiger, beseitigen zu lassen.

Ganz richtig sah schon SIGMUND FREUD, daß in der kindlichen Psychologie der Todeswunsch, gerichtet gegen die eigenen Eltern und Geschwister, die Nein-Vokabel wiedergibt[39]. Der Soldat muß und will sich von der Hexenmutter lösen, – dazu gehört notwendigerweise ein Akt auch der Verneinung; doch anders als bei einem Kinde dürfte man von ihm erwarten, daß er darüber Klarheit schaffen könnte, was er an seiner Mutter ablehnt und warum, wovon im einzelnen er auf Distanz geht, um zukünftig sich ein eigenes Leben aufzubauen, und was hinter manchen Vorwürfen er vielleicht doch an seiner Mutter bejahen kann. Das alles aber gelingt ihm nicht; statt dessen bleibt er bei der kleinkindhaften pauschalen Negation, und die organisiert er zudem noch in einer Art Privatjustiz: Er selbst, als wäre er der Oberste Gerichtshof, spricht der Hexe – scheinbar im Namen der Gerechtigkeit – das Todesurteil, und augenblicklich läßt er es von dem kleinen schwarzen Männchen exekutieren. Es bedarf keiner formellen Anklage, keiner Zeugenbefragung, keiner Anhörung, – wie bei einem Militärtribunal ist die Straftat bzw. das, was dafür gilt, auf der Stelle »standrechtlich« zu ahnden. – Daß man dem Militär überhaupt eine Sondergerichtsbarkeit zugesteht, und zwar auch und gerade in Staaten, die sich als demokratisch ausgeben, ist in sich schon ein höchst bedenkliches Symptom für dieses Schattendasein der Gewalt tief unterhalb der Sphäre von Kultur und Zivilisation, das mit der Tatsache des Krieges und schon der Kriegsvorbereitung notwendig einhergeht. Was aber diesen Soldaten angeht, so folgt er selbst vor dem Hintergrund der archaischen Militärgerichtsbarkeit einer durch und durch egozentrischen Logik.

Es kommt in Grimmschen Märchen nicht gerade selten vor, daß Hexen hingerichtet werden – man denke nur an *Brüderchen und Schwesterchen* (KHM 11)[40] oder an das *Schneewittchen* (KHM 53)[41]; dort aber hat mit Regelmäßigkeit die psychische Not der zentralen Person nach einem langen und schmerzhaften Prozeß der seelischen Integration ihre glückliche Auflösung gefunden, und zwar gerade eben dadurch, daß der zuvor verdrängte Schattenanteil der eigenen Seele aus seiner zwergenähnlichen, tierhaften oder gar dämonischen Zerrform herausgewachsen ist in das aufblühende Ich und daß die damit einhergehende Bewußtheit und innere Differenzierungsfähigkeit entsprechend der symbolischen Handlungsabfolge hinreichend nachgereift ist; doch eben das vermißt man hier bei dem Soldaten: Sein Ich ist angefüllt mit wütenden Vergeltungsphantasien für sein gestohlenes und entfremdetes Leben, und der Gnom als Leitfigur der aggressiven Wunscherfüllung symbolisiert mehr denn je den infantilen Entwicklungszustand seiner Psyche[42].

Von welcher Qualität seine »Rechtsprechung« ist, zeigt sich in der »Entführung« der Hexe »auf einem wilden Kater«: Es ist die zu einer bestialischen Furie entartete Wut des Soldaten, welche die Hexe dem Galgen entgegenträgt[43]; und doch hat er selber als Person damit scheinbar nichts zu tun, – er hat es so gewollt, sein Gefühl aber ist davon abgespalten; nicht er selber, – das kleine schwarze Männchen bringt die Hexe vor Gericht; und dieser Tatbestand macht den Soldaten für sich selbst und alle, denen er begegnet, unheimlich, ja, gefährlich. Natürlich hat er lernen müssen, seine Empfindungen zu zügeln: wenn er im Kampfe einen Gegner tötete, dann nicht aus einem persönlich empfundenen Affekt heraus, sondern weil es ihm befohlen war, weil es sein mußte, weil es zu geschehen hatte. Und ganz entsprechend handelt er jetzt: Da gibt er einen Mord in Auftrag, doch er wird »kalt« exekutiert. So vorzugehen, wie gesagt, ist das gewöhnliche Handwerk von Soldaten; hier aber, in der symbolischen Auseinandersetzung mit der eigenen Mutter, zeigt sich, daß die militärischen Usancen psychologisch eine oft lange Vorgeschichte in der Biographie der jeweils Beteiligten besitzen: die Abspaltung der aggressiven Gefühlsregungen, die in den Trainingslagern eingedrillt und auf dem »Schlachtfelde« vorausgesetzt wird, läßt sich nur einer seelischen Verfassung aufprägen, die schon in Kindertagen als Überlebensstrategie hat lernen müssen, konfliktreiche Gefühle – gegenüber der Mutter und dem Vater – zu isolieren und in ein Geschehen scheinbar ohne innere Beteiligung umzuwandeln. Es ist der zweifellos tragischste Charakterzug dieses Soldaten, daß in ihm die beruflich erzwungene Disziplinierung der Gefühle mit Persönlichkeitsstrukturen einhergeht, die ihn für all das Unmenschliche des Soldatendienstes förmlich prädestiniert haben.

Am gefährlichsten aber ist die Aggressionsverarbeitung bei diesem Mann wohl dadurch, daß er sich bei all seiner rachelüsternen Bosheit absolut im Recht fühlt. Er spaltet seine Aggressionen nicht nur von sich ab, er projiziert sie zugleich in ein objektiv sich gebendes Jus talionis hinein: Daß eine Hexe, krumm gebeugt, mit einer Katze auf dem Rücken, durch die Gassen geht, ist ein Stereotyp, das jedem Kind bekannt vorkommen dürfte; – in dem Symbol der Katze soll das Hexenartige seine tierhafte Ausdrucksform finden[44]. Warum, ist nicht ganz leicht zu sagen. Die *Katze* gilt – entgegen dem Protest aller Katzenliebhaber – im Volksmund als ein Ausbund an Falschheit und Verschlagenheit, und das wohl vorwiegend wegen ihrer Strategie beim Beutefang: im Unterschied zu Hunden, die als Hetzjäger ihre Opfer »ehrlich« mit Gekläff aufscheuchen und dann über lange Strecken vor sich hertreiben, sind Katzen Überraschungsjäger, die plötzlich anspringend sich aus dem Hinterhalt auf ihre ahnungslose Beute stürzen. Die Katzen können nichts dafür, daß sie nach der willkürlichen Wertung menschlicher Moral als heimtückisch gelten und deshalb Hexen zugeordnet werden. Wenn aber in dem Märchen der Gebrüder Grimm ein wild gewordener Kater mit der Hexe durchgeht und sie, die (vor Angst) schreit, zum Galgen trägt, so fließen hier offenbar der Hinrichtungswunsch männlicher Aggression und die »Begründung«: wegen weiblicher Durchtriebenheit, in dem Bild der rasenden Katze ineinander.

Bekannt sind aus dem Nahen und Mittleren Osten Darstellungen, welche die Große Göttin auf dem Rücken eines Raubtiers aus der Familie der Katzenartigen (der Feliden) zeigen *(vgl. Abb. 1)*[45]; was ehedem Majestät und Souveränität verriet, ist in der Hexenszene hier herabgesunken zu dem gräßlichen Spektakel einer Hetzjagd zum Hinrichtungsplatz.

Man muß schon sagen: Auf diese Weise schafft sich der Soldat seine Hexenmutter gewiß vom Leibe, doch kommt er in der eigenen seelischen Entwicklung damit nicht weiter. Tödliche Rache kann vernichten, aber niemals lösen. Ein Schritt der Reifung erforderte eine nachsichtige, vielleicht sogar wohlwollende Trennung von der Mutter und letztendlich die innere Aussöhnung mit ihr, – doch das verweigert er.

Abb. 1 *Geflügelte nackte Göttin*

Jetzt, da er sein Bedürfnis, sich an ihr zu rächen, befriedigt hat, steht er infolgedessen noch weit ärmer da als vorher. Die Hexe hängt am Galgen, doch die Nabelschnur, die ihn mit ihr verbindet, ist nicht durchtrennt. Im eigenen Erleben ist der Soldat zwar fortan die Hexe los, – sie existiert nicht mehr für ihn; doch was er nicht sieht, ist eine ganz einfache, sichere Tatsache: mit dem Todesurteil über sie hat er sich selbst verurteilt zu einem Unleben in der Komplizenschaft des kleinen schwarzen Männchens.

Fürs erste allerdings hat er damit zur Ruhe gefunden; das »Männchen« kann »nach Haus gehen«. So unversöhnlich wie gegenüber der Hexe fühlt er sich nunmehr mit sich selber ausgesöhnt. Doch welch ein Irrtum! Sein Rachefeldzug ist noch lange nicht zu Ende, und ganz am Ende wird sich nur bestätigen, wie sehr er die ganze Zeit auf der Stelle getreten ist. Es mag schon sein, daß man seit Kindertagen diesen Mann fertiggemacht hat; jetzt aber, wo er sich darauf verlegt, andere fertigzumachen, verurteilt er sich selbst dazu, daß hier bereits sein Leben endet, ohne je sich zu vollenden: Es stagniert.

4. Des Königs Macht und seine Tochter oder: Vom trügerischen Sieg, der im Soldatsein liegt

Dabei, nach außen hin, ist er jetzt ein gemachter Mann. Rein räumlich kehrt er sogar in die Stadt zurück, aus der er kam, – er scheint tatsächlich bei sich selber angekommen, er ist »heimgekehrt«. Doch paradox: An diesem Heimatort erkennt ihn keiner wieder, er hat keine Bekannten, es gibt niemanden, der ihm zuhört und den er ins Vertrauen ziehen könnte. Nach dem Ende des »Mitleids«, nach der endgültigen Abspaltung des Gefühls zugunsten einer rein zweckrationalen Gedankentätigkeit, nach der schizophren anmutenden Verselbständigung ganzer Teile seiner selbst in einer geisterhaften Wunscherfüllungsautomatik, die keine Kompromisse, nur noch eine alternativlose Selbstdurchsetzung kennt, ist der Soldat jetzt wirklich bei dem angelangt, was Kindheit und »Beruf« aus ihm gemacht haben. Der ehedem »Diensthabende« nimmt nun die anderen in Dienst: es ist dies die

Prämie späterer Wohlversorgtheit, mit der das Militär überall Soldaten anwirbt, – doch fälschlich oft, wie sich gerade in der Gestalt dieses Grimmschen Kriegsinvaliden zeigt.

In gewisser Weise freilich geht für unseren Soldaten die Rechnung auf: jetzt, nach Plünderung der Hinterlassenschaften der aufgehängten Hexe, steht er als Zivilist wohlhabend da, und er genießt es, ab sofort in Saus und Braus zu leben. So hält er Einzug »in den besten Gasthof«, er läßt sich »schöne Kleider machen« und sein Zimmer einrichten »so prächtig als möglich«. Die Zeit der Leiden ist dem Leben nach dem Lustprinzip gewichen, – jetzt endlich will er was vom Leben haben, und er kann es sich leisten; denn er kann zahlen, – bezahlen, auszahlen, heimzahlen. Die Welt des Kampfes und des Raubes ist nunmehr käuflich und rentabel; und wie zur Wiedergutmachung all der erlittenen Schikanen von einst strebt der Soldat jetzt nach dem Anschluß an dieselbe Schickeria, die ihn vordem so lang gequält und ausgepreßt hat. Nicht in seiner Lebensauffassung hat sich etwas zum Günstigeren, Tiefsinnigeren, Milderen verändert, es wurde lediglich die Lebensausrichtung gedreht – von Last zu Lust, vom Durchhalten zum Hofhalten, vom Leisten-Müssen zum Sich-etwas-leisten-Können. Und was soll auch dagegen zu sagen sein? möchte man womöglich fragen. Hat er sich's nicht verdient? Hat er etwa kein Recht, sein unverhofftes Glück nach all dem Elend in vollen Zügen zu genießen? Wirklich, wer wollt' es ihm verdenken?

Nun, ganz so unschuldig sind Leute selten, die plötzlich mit gefüllter Brieftasche ins Dorf einziehen, und der Soldat, der sich gerade an (s)einer Hexen(mutter) bereichert und sie anschließend aufgehängt hat, scheint in seinen Revanchegelüsten erst jetzt so recht in Fahrt zu kommen. »Ich habe«, spricht er zu dem schwarzen Männchen, »dem König treu gedient, er aber hat mich fortgeschickt und mich hungern lassen, dafür will ich jetzt Rache nehmen.« Was aber schwebt ihm als »Rache« vor? erkundigt sich sein Dienstgeist ganz zu Recht. Will er jetzt etwa auch den König an den Galgen bringen? Natürlich nicht.

Ein *König* im Märchen ist nicht ein König im Geschichtsbuch. Wohl führt er Krieg und hält sich seine Soldateska, ganz wie es leider immer wieder die Herrschenden getan haben und tun, – insofern dient die

Interpretation einer Erzählung wie der vom *Blauen Licht* unmittelbar der Aufklärung über die zahlreichen Praktiken und psychologischen Faktoren, die im Kriege üblich sind und Menschen dahin bringen, bei Kriegen mitzumachen –; dann aber ist ein Märchenkönig, objektal (als eine real existierende Person) gedeutet, stets auch eine Gestalt, die in ihrer zentralen Autorität als »Landesvater« die Gefühle gegenüber dem Familienvater in der frühen Kindheit auf sich zieht. Die Rache des Soldaten an dem »König« richtet sich daher gleichermaßen gegen beide Instanzen: gegen den Vater, der von seinem Sohn schon »Treue« forderte im Sinne von Ergebenheit und Unterwürfigkeit, Ausbeutbarkeit und Dienstbarkeit, und gegen den Monarchen, der, vom Vatergott im Himmel eingesetzt, auf Erden sozial erweitert die Vaterrolle weiterführt[46]. »Vater« und »König«, Patriarch und Monarch, gehen psychologisch so sehr ineinander über, daß aus der Schilderung des einen auf die Charakterart des anderen zu schließen ist; beide verschmelzen projektiv zu einer Einheit der wechselseitigen Verweisungen. Und nur so läßt sich jetzt der nachfolgende Racheplan verstehen: daß der Soldat den »König« kränken möchte, indem er seine Tochter in Besitz zu nehmen sucht. »Da du mir nicht gegeben hast, was ich seit Kindertagen schon verdient hätte und brauchte, so nehme ich mir das, woran dein Herz am meisten hängt.«

Auch »Königstöchter« und *»Prinzessinnen«* haben in Märchen eine doppelte Bedeutung: natürlich gab und gibt es sie an Fürstenhöfen in Europa; dann aber sind sie auch Symbole einer bestimmten Art zu lieben. Jeder, der seine Freundin ansieht und anredet als »meine Königin«, »meine Prinzessin«, erlebt das Glück der Liebe wohl wie solch ein Märchen, das soeben sich erfüllt; was er schon immer sehnlichst sich gewünscht hat, das wird jetzt Wahrheit. Alles drängt ihn, seiner Geliebten, seiner Angebeteten, seinem Engel, seiner guten Fee … sein Herz zu Füßen zu legen, daß sie darüber befehle wie eine Königin, zu der er aufschaut, wie eine Königstochter, die ihn an ihrer Seite selber einsetzt als neuen »Herrscher« in dem Reich der Liebe. Alle Worte von Macht und Hoheit formen sich in der Sprache des Herzens, welche die Märchen reden, zu Bildern, die Stimmungen von höchster Faszination, Verehrung und Verzauberung beschreiben. Zur »Königin« des

Herzens braucht es weder blaues Blut noch designierte Erbfolge, – ein jedes Mädchen auf der Straße, wenn es nur recht geliebt wird, taugt zu einer »Königstochter«[47].

Allerdings erzählen Märchen mit Vorliebe davon, daß die begehrte Königstochter »verhext« sei von dunklen Mächten und nur durch Wagestücke, wie einzig Liebe sie bestehen läßt, erlöst werden kann; wenn das freilich geschehen ist, haben die Hexen, Zauberer, Dämonen, Riesen oder Räuber ausgespielt, dann treten sie demonstrativ von der Bühne des Seelendramas in den Märchen ab, – sie sterben, werden hingerichtet oder brauchen gar nicht mehr erwähnt zu werden. Für Psychoanalytiker erklärt sich diese typische Handlungsabfolge als Konsequenz der ursprünglichen Bindung des Jungen an seine Mutter, die mit den Ängsten und Enttäuschungen, die sie ihrem Sohn bereitet hat, die Beziehung zu seiner späteren Frau mit enormen Hoffnungen und Erwartungen, aber auch mit der Furcht vor neuerlichen Zurückweisungen aufzuladen vermag; die Widersprüche der Mutterbeziehung übertragen sich auf jedwede neue Partnerschaft und können die Gefährtin sowohl überhöhen als auch dämonisieren, – die Geliebte wird zu einer erwünschten oder verwunschenen Königstochter.

Andererseits gehört zu der »ödipalen« Grundsituation auch die Konkurrenz mit dem Vater um die Mutter als um die ursprüngliche Geliebte des Jungen; viele Märchen erzählen dementsprechend, daß der Brautwerber um die Gunst der »Königstochter« erst einmal einige schwer lösbare Aufgaben ableisten muß, die ihm der »König«, als ihr Vater, stellt, um seine Tochter für sich selber behalten zu können; eine gelingende Liebe wird deshalb immer auch das Bild relativieren müssen und können, mit dem der Vater sich in das Herz seiner Tochter eingeprägt hat, – insofern befreit in gewissem Sinne jeder Liebende seine Geliebte, eine »Königstochter«, aus den Händen ihres Vaters, des »Königs«[48].

Ganz so erzählen es denn auch die Zaubermärchen, wenn sie von den geheimnisvollen Wegen zu berichten wissen, auf welchen Liebende trotz aller Widerstände am Ende doch noch zueinander finden. Das Märchen vom *Blauen Licht* aber ist ganz und gar kein Zaubermärchen; es kündet, statt von Liebe, nur von Haß, Revanche und Machtgier, – von einer Perversion aller menschlicher Beziehung, wie sie allein im Herzen eines solchen kriegsversehrten »Heimkehrers« vorstellbar ist. Was hier geschieht, hat psychoanalytisch keinen Namen, – es ist das Gegenteil des Ödipuskomplexes. Zu lieben, um zu rächen, oder, weit richtiger: zur Liebe gar nicht erst zu kommen, weil die Rachegelüste gegenüber dem Vater-König ihrer Entfaltung keinen Raum mehr lassen, – wer einen Namen dafür sucht, könnte vielleicht von einem *Achilles-Komplex* sprechen und mit dem Begriff daran erinnern, wie jener Held vor Troja die gefangene Briseïs wesentlich für sich beanspruchte, um seinem Heerführer, dem unfähigen Agamemnon, das gebrochene Versprechen ihrer Auslieferung heimzuzahlen[49]. Frauen als Kampfpreis und als Streitobjekt – für Helden in den Heerlagern der Völker scheint das ganz normal. Doch der Soldat des Grimmschen Märchens ist kein Held, er ist zu klein, um ein Achill zu sein; er streitet auch nicht offen um den Besitz der Königstochter, er läßt sie des Nachts schlafend von seinem kleinen schwarzen Männchen aus dem Palast des Königs holen, pünktlich um Zwölf, zur Geisterstunde, und nicht aus Liebessehnsucht, sondern einzig und allein, weil er »jetzt Rache nehmen« will. Daß er sich damit selber in Gefahr bringt, wie das Männchen ihm warnend vorweg bedeutet, ignoriert er großzügig; die Genugtuung seines Revanchebedürfnisses ist für ihn absolut vorrangig.

Jedoch im Schatten dieser Rache an dem Vater(König) definiert der Soldat zugleich auch seine Einstellung gegenüber der Königstochter. Statt sich um ihre Liebe oder Wertschätzung zu bemühen, ist seine Form erster Kontaktaufnahme – ihre Vergewaltigung oder, nur scheinbar etwas milder ausgedrückt, die Ausnutzung ihrer Wehrlosigkeit.

Zu den schlimmsten Erscheinungen eines jeden Krieges gehört es, daß siegreiche Soldaten nicht nur wahllos die Zivilbevölkerung ausplündern und marodierend ganze Landstriche verheeren, sondern daß sie besonders über alle Frauen hergehen, die ihnen in die Hände fallen[50]. FRANCISCO GOYA hat auf dem Gemälde *Ermordung einer jungen Mutter* (etwa 1808–1812) eine Szene aus den Greueltaten der Franzosen im Raume Avila während des Aufstandes der Spanier gegen Napoleons Bruder Joseph im Jahre 1808 festgehalten: vergeblich fleht diese Frau um Mitleid; man hat ihr bereits die Kleider vom Leibe gerissen, und einer der großen schwarzen Männer zerrt der am Boden Liegenden soeben das weinende Kind aus den Armen, während ein anderer, aus dem Schattendunkel eines Baumes hervortretend, sich gerade bereitmacht, der Geschändeten den »Gnadenstoß« zu versetzen *(Tafel 7)*[51]. Verhaltensforscher mögen die gräßliche Regelmäßigkeit, mit welcher solche Greuel Kriege zu begleiten pflegen, biologisch mit dem Egoismus der Gene begründen – es gelte eben, die Bevölkerung des »Gegners« an der Reproduktion zu hindern und um so mehr das eigene »Volkstum« auszubreiten[52] –, doch sind derartige Erklärungen vom subjektiven Erleben der Akteure weit entfernt. Was sich in ihrem Handeln ausdrückt, ist die Verachtung gegenüber allem Schwachen, ist der sadistische Genuß grenzenloser Gewalt gegenüber Gefesselten und Ausgelieferten, ist der komplette Ersatz von Partnerschaft und Liebe durch die gröbste Form des »Geschlechterkampfes«: durch die Erniedrigung der Frau zum Beuteobjekt bloßer Sexualbegierde.

Der Soldat aus dem Grimmschen Märchen steigert sich nicht hinein in einen solchen orgiastischen Sadismus, jedoch im Ansatz folgt er durchaus dem gleichen Handlungsschema von Ausbeutung und von Erniedrigung, und die Traumsymbolik selbst redet in den latenten Bedeutungsinhalten eine durchaus derbe Sprache. Wenn ihn der König (schon auf dem Kasernenhof) zu einem blinden Gehorsam hat hindrillen lassen, bis er alle Befehle wie »im Schlaf« verrichtete, so demonstriert er diesem »König« jetzt am Beispiel seiner eigenen Tochter, als was für einen Albtraum er solch ein Dienstverhältnis erlebt hat: Er läßt die schlafende Prinzessin holen und spornt sie an: »Frisch an die Arbeit!« Man kann es krasser wohl nicht sagen: Für ihn ist eine Frau nur eine Dienstmagd, – eine Putzfrau mit dem Auftrag: »hol den Besen und kehr die Stube.« Mehr – oder schlimmer – noch: sie ist sein Stiefelputzer, seine Fußabtreter, seine Wichsbürste, die ihm die Stiefel von den ausgestreckten Füßen zieht und die er demütigt, indem er »sie ihr dann ins Gesicht« wirft, so daß sie diese »aufheben, reinigen und glänzend machen« muß. Man wird sich vorzustellen haben, daß in dieser Art die ganze nächtliche Beziehung zwischen Mann und Frau unter Soldatenregie abläuft: »stumm und mit halbgeschlossenen Augen«, »ohne Widerstreben«, wie in Trance, folgt diese Frau, eine geborene Prinzessin, jeder Anweisung, die der Soldat ihr gibt. Und denken muß man, auch ohne viel von FREUDs Darlegungen vorauszusetzen, daß diese Grundeinstellung sich insbesondere im Sexuellen geltend machen wird, als dessen Symbolbilder *Fuß* und *Schuh* (oder Stiefel) in der Traumpsychologie recht gern und oft auftreten[53]. Es soll und kann diesen Soldaten nicht entschuldigen, dient aber doch der Einfühlung in seine seelische Verfassung, wenn man betont, daß er sich vor der Königstochter genauso aufspielt, wie er vor seinen königlichen Kommandeuren strammzustehen hatte; er gibt nur weiter, was man ihn gelehrt hat: die einzige ihm vertraute Art der menschlichen Beziehung ist Befehlen und Gehorchen, passiv bisher, aktiv seither, – eine furchtbare Reduktion des Menschlichen, wie sie ganz offensichtlich das Soldatsein mit sich bringt!

Und weil die »Mägdedienste« der »Königstochter« in den Augen des Soldaten sich anscheinend so überaus erfolgreich ausnehmen, sollen sie jetzt in Serie gehen, allnächtlich »bis zum Hahnenschrei«. Die Nachtstunde, der Traumcharakter einer solchen Dienstbeziehung, gibt vielleicht einen Hinweis, daß der Soldat so gar nicht handeln will, wie er es tut, daß er nicht eigentlich bewußt, in tagesheller Klarheit des Verstandes, seine Befehle gibt; es ist sein dumpfes, dunkles Revanchebedürfnis, das ihn dahin treibt; und wie es meistens geht: aus Angst vor einem offenen Konflikt mit dem »König« als der eigentlichen »Zielperson« seiner aufgestauten Aggressionen vergreift er sich an dessen Tochter als an einer Schwächeren, einer völlig Unschuldigen, einem reinen Ersatzobjekt, dem er all das zufügt, was er in Wirklichkeit dem König selbst antun möchte. Noch fürchtet der Soldat, den König auf direktem Weg herauszufordern, – er soll und darf nicht merken, was da Nacht für Nacht mit seiner Tochter vor sich geht; und doch: der »Traum« der Königstochter, ihre Müdigkeit am Morgen, liefern dem Vater genug Anhaltspunkte, sich zu sorgen und beim nächsten Mal schon besser auf der Hut zu sein. Selber soll die Prinzessin eine Spur zum Hause des Entführers legen, indem sie aus einem Loch in ihrer Tasche Erbsen auf die Straße streuen läßt.

Tricks dieser Güte sind in Märchen recht beliebt, – *Hänsel und Gretel* (KHM 15) zum Beispiel bedienen sich der gleichen List[54]; aber das kleine schwarze Männchen weiß um die Gefahr und weiß des Königs Anschlag zu vereiteln: es streut so viele Erbsen, als hätten sie des Nachts geregnet, so daß die verräterische Spur sich verwischt. Da geht Geheimhaltung einher mit der Vervielfältigung der Kette der Indizien, – man erdrückt den »Beweis« durch die Vermehrung der Beweismittel, man legt so viele Spuren, daß sie alles, also nichts beweisen. Doch ganz so einfach geht auch das nicht: je öfter sich die Königstochter nachts entführen läßt, desto deutlicher tritt ihr Verhältnis an den Tag. Die ausgestreuten Erbsen essen am Morgen die armen Kinder in den Straßen – ähnlich wie die Vögel des Himmels sich über Hänsels Brotstückchen hermachen –; wenn aber die Königstochter einen *Schuh* bei dem noch unbekannten Täter versteckt zurücklassen würde, so könnte man ihren Entführer damit überführen.

Es ist das erste Mal, daß das kleine schwarze Männchen gegen diese List des Königs kein Gegenmittel kennt. Warum, muß man sich fragen. Die Antwort liegt in dem gerade angedeuteten Symbolgehalt, der einem Schuh zukommt. Träumte eine Frau, sie trüge des Nachts ihre Schuhe über den Flur eines Hotels, so würde gewiß jeder Psychoanalytiker darüber nachsinnen, wohin die sexuellen Wünsche seiner Patientin unterwegs seien. Der »*Schuh*«, mit einem Wort, ist unter anderem ein Bild der Weiblichkeit; und so erklärt es sich am einfachsten, daß schöne Schuhe in den Auslagen der Kaufhäuser auf Frauen eine ungleich größere Anziehungskraft auszuüben pflegen als Herrenschuhe auf Männer. Im Märchen von dem *Aschenputtel* (KHM 21) ist es denn auch der *Schuh* des Mädchens, den der Königssohn auf der Treppe festleimt und mit dem er auf die Suche nach seiner Geliebten geht[55]; die beiden Ballveranstaltungen zuvor haben offenbar bereits eine Verbundenheit zwischen ihm und seinem Aschenputtel aufgebaut, die dieses Symbol intimer Zuneigung erlaubt und nahelegt. Doch wieder bietet dieses beliebte Zaubermärchen vom *Aschenputtel* nur den hellen Hintergrund, um desto deutlicher die Perversion zu offenbaren, die in der Seele des Soldaten sich ereignet hat: Er liebt die Königstochter nicht, – er eignet sie sich ungefragt und gegen ihren Willen an, er nimmt sie in Besitz wie ein Gespenst zur Geisterstunde, und für die wachsende Beziehung zwischen Mann und Frau, die nach zwei Nächten denn doch wohl zustande kommt, muß er befürchten, vor des Königs Tribunal gestellt zu werden.

Welche Möglichkeiten bleiben einem Manne, der miterlebt, daß jegliche Kontaktaufnahme zu einer Frau von der Vaterautorität (dem »König«) mit dem Todesurteil (FREUDS »Kastration«) abgestraft wird?

Die Angst vor der Frau, die sich in der Hexe verkörperte, hat den Soldaten unfähig gemacht zu lieben und ihn dahin verleitet, die Liebe zu erniedrigen, gemein zu machen und in ein reines Herrschaftsverhältnis umzukehren: »Solange ich befehle, brauche ich vor der Überlegenheit meiner Frau und ihrer hexenartigen Ausbeutung keine Angst zu haben«, scheint er sich zu sagen. Gleichzeitig aber, da sich seine unbewußte Mutterbindung fortsetzt und sich auf jedwede Frau überträgt, die in den Kreis seiner Gefühle tritt, *überhöht* er auch das Bild der Frau, die er eigentlich lieben möchte, in etwas Adliges, Könighaftes und muß seine Frau (eine Königstochter!) jetzt um so mehr bekämpfen, je höher er, ein einfacher Muschkote, sie in seiner Vorstellung auf das überragende Piedestal seiner Mutterfixierungen gestellt hat. – Doch all das ist, wie wir jetzt wissen, nur die eine Hälfte des Konfliktes; die andere ergibt sich aus der Unterwürfigkeit und Rebellion des Sohnes gegenüber dem Vater. Dieser, der schon in Kindertagen den Weg des Sohnes zur Mutter hinderte, sorgt nun dafür, daß der Soldat sich die Annäherung an eine Frau nur als Entführung, Raub und als Gewaltakt denken kann, gerichtet gegen das Gebot des Königs selbst[56].

Im Prinzip könnte der Soldat davon ausgehen, daß ein Vater letztendlich nichts dagegen haben wird, wenn er seine Tochter eines Tages in eines anderen Mannes Armen zu ihrem Glück aufblühen sieht; unser Soldat müßte dann alles ihm Mögliche daransetzen, den »König« von seinen edlen Absichten als Liebhaber und Ehemann zu überzeugen, und wäre, im Falle ihm dies gelänge, nicht nur geliebt von der Königstochter, sondern auch akzeptiert am Königshofe. Jedoch: die

Angst vor der Hexe(nmutter), welche als Angst vor der Frau die Liebe verhindert und Sicherheit nur in der Machopose des Befehlshabers und Quälgeistes zuläßt, muß jeden (Königs)Vater in der Fürsorge um seine Tochter gegen einen solchen Brautwerber aufs heftigste einnehmen. Und damit ist der Teufelskreis geschlossen: Die Angst vor der Mutter erweitert sich zur Angst vor der Frau, und deren Erniedrigung aus Angst führt zu der ganz berechtigten Strafangst vor ihrem Vater.

Mit einem Wort: Wie ehemals auf dem Schlachtfeld steht der Soldat jetzt auf einem Duellplatz, angetreten gegen den König auf Leben und Tod, auf Sein oder Nichtsein, auf Ich oder Er. Die List mit dem verräterischen Schuh gelingt, – der Soldat wird verhaftet »und ins Gefängnis geworfen«. All das geschieht so überraschend, daß es den eben noch so selbstsicher auftrumpfenden Soldaten völlig aus der Bahn wirft. Er verliert die Contenance. Seine eiskalte Rachestrategie, verkörpert in dem blauen Licht, kommt ihm abhanden; er vergißt, dieses sein einziges Rettungsmittel in jedweder Notlage mit sich zu nehmen. Was ihn vor seiner sicheren Hinrichtung bewahrt, ist ein verbliebener Rest an Menschlichkeit: ein Kamerad, der wie ganz zufällig vorbeikommt und doch so überlebenswichtig nötig ist, hebt den Soldaten wieder in seine alte Macht.

Wenn irgend von der Mentalität eines Soldaten sich etwas scheinbar Gutes sagen läßt, so ist es diese Fähigkeit zur Kameradschaft[57]. Sie unterscheidet sich von Freundschaft. Freundschaft ist gänzlich an die Zuneigung zu der Person eines anderen gebunden; zur Ausbildung eines Soldaten aber gehört wesentlich die Entpersönlichung; die einzige Beziehungsform, die ihm außerhalb von Macht und Unterwerfung daher verbleibt, ist Kameradschaft. Sie gründet in der undiskutierbaren Bereitschaft, für einen anderen buchstäblich durchs Feuer zu gehen, und zwar nicht, weil er einem als Person besonders nahestünde, sondern rein situationsbedingt: weil er dieselbe Uniform trägt, weil er derselben Einheit angehört, weil er unter dem gleichen Befehl steht, – weil alle im gleichen Boot sitzen. Kameradschaft bindet Menschen funktional zusammen, die aufgehört haben, sich als Personen zu erleben. Der andere ist unerläßlich durch das, was er tut, nicht durch das, was er ist. Nur so vermeintlich bildet sich die unbedingte Zuverlässigkeit, die zur Bewältigung gemeinsamer Gefahren nötig ist. Gefühle wären allzu subjektiv und instabil; ihre Klärung im Ernstfall zu langwierig; aber die Unterordnung aller unter den *einen* Befehl, der alle als uniforme Aktionseinheit zusammenschweißt, – das macht aus den Einzelnen die Rädchen im Getriebe einer beliebig einsetzbaren Maschinerie des Todes. Daß es so ist, macht das Gefühl von Kameradschaft aus.

Ein nicht ganz unwichtiger Teil der Kameradschaft ist eine gewisse Fairneß im Umgang miteinander. Anders als in Freundschaftsbeziehungen gibt es hier nichts umsonst, – wo nur das Tun verbindet, muß man schon etwas dafür tun, daß andere für einen selber etwas tun. Für den Soldaten hinter Gittern ist es aus Gründen, die er nicht erklären kann, unendlich wichtig, das geheimnisvolle blaue Licht und eine Dosis Tabak zurückzuerhalten, – »das kleine Bündel«, wie er vorsichtigerweise sagt; doch dafür muß er seinen letzten Dukaten, den er zufällig noch bei sich trägt, einsetzen. Umsonst würde sein Kamerad für ihn gewiß nicht hin und her zur Hilfe eilen; auch für die Aussicht, später reich entlohnt zu werden, würde er sich nicht unbedingt zu irgendeiner Gefälligkeit bewegen lassen: woher sollte ein Gefangener schon später noch mal Geld bekommen? Nicht eigene Voraussicht oder gar Berechnung, – das reine Glück, daß er gerade noch *einen* Dukaten bei sich trägt und zufällig ein Kamerad vorübergeht, ermöglicht seine Rettung. – Auch das darf wohl als typisch für Soldaten gelten: wenn sie davonkommen, so nicht, wie meistens dargestellt, durch Männlichkeit und Mut und Kraft und Klugheit, sondern durch nichts anderes als eine Schicksalslaune, – *so* verhält es sich.

Freilich, kaum daß er sich wieder im Besitz der ihm so nötigen Utensilien befindet, erwächst ihm auch die alte Kaltblütigkeit neu, die Fähigkeit zur hinhaltenden Inszenierung für den rechten Zeitpunkt zum »Draufhauen«. Schon hat der Richter ihn zum Tod verurteilt, schon führt man ihn hinaus (zum Galgen), da bittet er den König noch »um eine letzte Gnade«. Und diese »letzte Gnade«, die der König ihm gewährt, erweist sich als entscheidender Schwachpunkt inmitten einer Welt der Ungnädigkeit; ja, es ist hier das eiskalte Kalkül des Kriegers, daß er den König um Gnade angeht: nur weil dieser mitleidig sich die

Blöße dieser Schwäche gibt, einen zum Tode Verurteilten nicht ganz einfach streng und unerbittlich hinzurichten, gewinnt der Soldat die Oberhand. Jetzt schlägt er um sich, teilt er aus, macht er den König »platt«. Jetzt läßt er ungehemmt in alle Richtungen seine aufgestauten Aggressionen heraus. Es ist eine Selbstheilung nach Art des Kasperletheaters, wo Kasper mit dem Knüppel so lange auf das Krokodil einschlägt, bis es von der Bühne abtritt. »Ich hab' das Sagen, hab' das Sagen, hab' das Sagen«, sagt jeder Hieb auf König, Richter und Gehilfen. Wie der Soldat schon in seiner Beziehung zu der Hexe außerstande war, sich durch Verhandeln auf Kompromisse festzulegen, so zeigt er sich auch jetzt unfähig, neben sich einen anderen Standpunkt zuzulassen; doch während jene (Mutter)Hexe »hinterhältig« vorging, um ihre Ziele zu erreichen, spaltet der Soldat seine aufgestauten Affekte ab und läßt sie dann überfallartig los. So wurde er Soldat, so handelt er jetzt als Soldat. Und er erreicht, was er sich vorgenommen. Der König retiriert, er, der Soldat, ist jetzt der »King«, der »Größte« und der Einzige. Jetzt ist er anerkannt von allen, denn er hat, was sie, wenn es drauf ankommt, alle schätzen: Macht und Geld. Er kann sich jeden Wunsch erfüllen. Er hat das Recht auf alles. Er ist jetzt sogar im Besitz der Königstochter. Nur eines hat er nicht: sich selbst; nur eines ist er nicht: er selbst.

Dies ist vielleicht die bitterste Lektion, die das Soldatenmärchen der Gebrüder Grimm beim Leser hinterläßt: Ganz wie ein Sieg im Krieg alles erringt, was sich erkämpfen und erobern läßt, und doch im Augenblick des glänzenden Triumphs alles zerstört, was menschlich wertvoll ist, so ereilt den Soldaten, diesen Handlanger des Krieges, genau das gleiche Schicksal: Er hat nach außen absolute Macht gewonnen, und doch – da er sich selbst nicht kennt, kann er über sich selber nicht befehlen; er ist der designierte Ehemann der Königstochter, und doch weiß er von Liebe gar nichts. Ja, der Erfolg, den er erreicht hat, wird ihn verdammen zu Bequemlichkeit und Unbeweglichkeit. Alle ringsum hat er fertiggemacht, – jetzt ist er selber fertig. Er hat alles erreicht, – nun ist er mit sich selbst am Ende. Er lebt, ohne je noch zu merken, wie alles in ihm tot ist. Er ist mit einem kranken Körper heimgekehrt, die Seele hat er irgendwo im »Krieg« zurückgelassen.

Was eigentlich also bewundert man, wenn wieder mal Konfetti auf die heimkehrenden Helden regnet? Man sollte einen Sieg als Trauertag begehen, meinte der weise LAOTSE und dachte an die Opfer aller Kriege[58]; wer aber dieses Märchen der Gebrüder Grimm aufmerksam liest, der lernt bereits die Krieger als die ersten Opfer aller Kriege kennen: sie gingen sich bereits verloren, längst ehe sie zu den Soldaten gingen.

II. Des Teufels rußiger Bruder oder: Abrechnung in der Hölle

Manchmal sind Märchen sich so ähnlich, daß man sie leicht für Varianten des gleichen Stoffes halten könnte und ihnen kaum zutrauen möchte, sie hätten etwas ganz Verschiedenes – Widersprechendes oder Ergänzendes – zu sagen. Und doch geschieht das nicht so selten, – zum Beispiel im Vergleich der beiden Grimmschen Märchen vom *Blauen Licht* (KHM 116) und von *Des Teufels rußigem Bruder* (KHM 100). Was eben noch ein kleines schwarzes Männchen war, ist jetzt, offen heraus gesagt, der Teufel, und hier wie dort gelangt man nur zu ihm, wenn man vor Not und Elend nicht mehr weiterweiß, wenn man im »Wald«, dem Unbewußten in der eigenen Psyche, sich tief verlaufen hat. Beide, jener Soldat mit dem blauen Licht wie jetzt auch dieser aus dem Militär Entlassene, Hans heißt er hier, müssen bestimmte Arbeiten in Hexen- oder Teufelsdienst verrichten, ehe sie, reichlich beschenkt mit Geld und Gut, des Königs Tochter heiraten und selber König werden. In beiden Märchen geht es um den gleichen Grundkonflikt: wie kann jemand, der aus dem Kriege heimkommt, wieder »häuslich« werden? Der Soldat mit dem blauen Licht, wie wir sahen, löst dies Problem auf seine Weise: Er weigert sich ganz einfach, sich weiterzuentwickeln; wohl kommt er nicht umhin, sich mit den Gründen zu beschäftigen, weswegen er zum Militär gegangen ist: die Mutter war für ihn eine geborene Hexe aus Doppelbödigkeit und Hinterlist, sein Vater ein ausbeuterischer, egoistischer Monarch, und beide waren so erdrückend, daß er schließlich genauso wurde, wie sie waren; jedoch, als ihm im Brunnenschacht endlich »ein Licht aufgeht«, da formt sich in ihm ein kühl berechnendes Bewußtsein voller Revanchegedanken gegen seine Eltern und deren Nachfolger in Militär wie Politik. Hingegen Hans – des Teufels rußiger Bruder – nimmt sich mit Herzenslust alle seine ehemaligen Vorgesetzten, lauter Satansbraten, vor. Das ist nicht länger mehr, wie beim *Blauen Licht*, eine Bearbeitung der Kindheit unter den Bedingungen derjenigen Persönlichkeitsstruktur, die sich aus gerade dieser Kindheit entwickelt hat, – das ist eine Art Selbstheilung von all den Traumata der Zeit beim Militär. Auch das ist eine Umkehrung der zugefügten Kränkungen, doch ist sie weitaus gegenwartsbezogener, aktiver und im ganzen heiterer gestimmt. Auch Hans wird als »gemachter Mann« am Ende gewisse Schwierigkeiten fortschreiben, doch führt seine Geschichte erkennbar ein Stück weiter. In jedem Fall leitet sie dazu an, beim Lesen genau hinzusehen. Der Text, der sich derart zu lesen lohnt, geht so.

Ein abgedankter Soldat hatte nichts zu leben und wußte sich nicht mehr zu helfen. Da ging er hinaus in den Wald, und als er ein Weilchen gegangen war, begegnete ihm ein kleines Männchen, das war aber der Teufel. Das Männchen sagte zu ihm: »Was fehlt dir? Du siehst ja so trübselig aus.« Da sprach der Soldat: »Ich habe Hunger, aber kein Geld.« Der Teufel sagte: »Willst du dich bei mir vermieten und mein Knecht sein, so sollst du für dein Lebtag genug haben; sieben Jahre sollst du mir dienen, hernach bist du wieder frei. Aber eins sag ich dir, du darfst dich nicht waschen, nicht kämmen, nicht schnippen, keine Nägel und Haare abschneiden und kein Wasser aus den Augen wischen.« Der Soldat sprach: »Frisch dran, wenn's nicht anders sein kann«, und ging mit dem Männchen fort, das führte ihn geradewegs in die Hölle hinein. Dann sagte es ihm, was er zu tun hätte: er müßte das Feuer schüren unter den Kesseln, wo die Höllenbraten drinsäßen, das Haus reinhalten, den Kehrdreck hinter die Türe tragen und überall auf Ordnung sehen; aber guckte er ein einziges Mal in die Kessel hinein, so würde es ihm schlimm ergehen. Der Soldat sprach: »Es ist gut, ich will's schon besorgen.« Da ging nun der alte Teufel wieder hinaus auf seine Wanderung, und der Soldat trat seinen Dienst an, legte Feuer zu, kehrte und trug den Kehrdreck hinter die Türe, alles, wie es befohlen war. Wie der alte Teufel wiederkam, sah er nach, ob alles geschehen war, zeigte sich zufrieden und ging zum zweitenmal fort. Der Soldat schaute sich nun einmal recht um, da standen die Kessel ringsherum in der Hölle, und war ein gewaltiges Feuer darunter, und es kochte und brutzelte darin. Er hätte für sein Leben gerne hineingeschaut, wenn es ihm der Teufel nicht so streng verboten hätte; endlich konnte er sich nicht mehr anhalten, hob vom ersten Kessel ein klein bißchen den Deckel auf und guckte hinein. Da sah er seinen ehemaligen Unteroffizier darinsitzen: »Aha, Vogel«, sprach er, »treff ich dich hier? Du hast mich gehabt, jetzt hab ich dich«, ließ geschwind den Deckel fallen, schürte das Feuer und legte noch frisch zu. Danach ging er zum zweiten Kessel, hob ihn auch ein wenig auf und guckte, da saß sein Fähnrich darin: »Aha, Vogel, treff ich dich hier? Du hast mich gehabt, jetzt hab ich dich«, machte den Deckel wieder zu und trug noch einen Klotz herbei, der sollte ihm erst recht heiß machen. Nun wollte er auch sehen, wer im dritten Kessel säße, da war's gar ein General: »Aha, Vogel, treff ich dich hier? Du hast mich gehabt, jetzt hab ich dich«, holte den Blasbalg und ließ das Höllenfeuer recht unter ihm flackern. Also tat er sieben Jahre seinen Dienst in der Hölle, wusch sich nicht, kämmte sich nicht, schnippte sich nicht, schnitt sich die Nägel und Haare nicht und wischte sich kein Wasser aus den Augen; und die sieben Jahre waren ihm so kurz, daß er meinte, es wäre nur ein halbes Jahr gewesen. Als nun die Zeit vollends herum war, kam der Teufel und sagte: »Nun, Hans, was hast du gemacht?« »Ich habe das Feuer unter den Kesseln geschürt, ich habe gekehrt und den Kehrdreck hinter die Türe getragen.« »Aber du hast auch in die Kessel geguckt; dein Glück ist, daß du noch Holz zugelegt hast, sonst war dein Leben verloren; jetzt ist deine Zeit herum, willst du wieder heim?« »Ja«, sagte der Soldat, »ich wollt auch gerne sehen, was mein Vater daheim macht.« Sprach der Teufel: »Damit du deinen verdienten Lohn kriegst, geh und raffe dir deinen Ranzen voll Kehrdreck und nimm's mit nach Haus. Du sollst auch gehen ungewaschen und ungekämmt, mit langen Haaren am Kopf und am Bart, mit ungeschnittenen Nägeln und mit trüben Augen, und wenn du gefragt wirst, woher du kämst, sollst du sagen: ›Aus der Hölle‹, und wenn du gefragt wirst, wer du wärst, sollst du sagen: ›Des Teufels rußiger Bruder, und mein König auch.‹« Der Soldat schwieg still und tat, was der Teufel sagte, aber er war mit seinem Lohn gar nicht zufrieden.

Sobald er nun wieder oben im Wald war, hob er seinen Ranzen vom Rücken und wollt ihn ausschütten; wie er ihn aber öffnete, so war der Kehrdreck pures Gold geworden. »Das hätte ich mir nicht gedacht«, sprach er, war vergnügt und ging in die Stadt hinein. Vor dem Wirtshaus stand der Wirt, und wie ihn der herankommen sah, erschrak er, weil Hans so entsetzlich aussah, ärger als eine Vogelscheuche. Er rief ihn an und fragte: »Woher kommst du?« »Aus der Hölle.« »Wer bist du?« »Dem Teufel sein rußiger Bruder, und mein König auch.« Nun wollte der Wirt ihn nicht einlassen, wie er ihm aber das Gold zeigte, ging er und klinkte selber die Türe auf. Da ließ sich Hans die beste Stube geben und köstlich aufwarten, aß und trank sich satt, wusch sich aber nicht und kämmte sich nicht, wie ihm der Teufel geheißen hatte, und legte sich endlich schlafen. Dem Wirt aber stand der Ranzen voll Gold vor Augen und ließ ihm keine Ruhe, bis er in der Nacht hinschlich und ihn wegstahl.

Wie nun Hans am andern Morgen aufstand, den Wirt bezahlen und weitergehen sollte, da war sein Ranzen weg. Er faßte sich aber kurz, dachte: »Du bist ohne Schuld unglücklich gewesen«, und kehrte wieder um, geradezu in die Hölle; da klagte er dem alten Teufel seine Not und bat ihn um Hülfe. Der Teufel sagte: »Setze dich, ich will dich waschen, kämmen, schnippen, die Haare und Nägel schneiden und die Augen auswischen«, und als er mit ihm fertig war, gab er ihm den Ranzen wieder voll Kehrdreck und sprach: »Geh hin und sage dem Wirt, er sollte dir dein Gold wieder herausgeben, sonst wollt ich kommen und ihn abholen, und er sollte an deinem Platz das Feuer schüren.« Hans ging hinauf und sprach zum Wirt: »Du hast mein Gold gestohlen, gibst du's nicht wieder, so kommst du in die Hölle an meinen Platz und sollst aussehen so gräulich wie ich.« Da gab ihm der Wirt das Gold und noch mehr dazu und bat ihn, nur still davon zu sein; und Hans war nun ein reicher Mann.

Hans machte sich auf den Weg heim zu seinem Vater, kaufte sich einen schlechten Linnenkittel auf den Leib, ging herum und machte Musik, denn das hatte er bei dem Teufel in der Hölle gelernt. Es war aber ein alter König im Land, vor dem mußt er spielen, und der geriet darüber in solche Freude, daß er dem Hans seine älteste Tochter zur Ehe versprach. Als die aber hörte, daß sie so einen gemeinen Kerl im weißen Kittel heiraten sollte, sprach sie: »Eh ich das tät, wollt ich lieber ins tiefste Wasser gehen.« Da gab ihm der König die jüngste, die wollt's ihrem Vater zuliebe gerne tun; und also bekam des Teufels rußiger Bruder die Königstochter, und als der alte König gestorben war, auch das ganze Reich.

1. Die systematische Verwilderung des Wesens oder: Die Konditionierung zum Krieger

Das erste, was beim Lesen der Geschichte sofort auffällt, ist die erstaunlich breit hervorgehobene Betonung der äußeren Gestalt, in die jemand sich zu verwandeln hat, der, wenn auch nur auf Zeit, Dienst unter Anweisung des Teufels tut: »du darfst dich nicht waschen, nicht kämmen, nicht schnippen, keine Nägel und Haare abschneiden und kein Wasser aus den Augen wischen«, befiehlt der Teufel gleich zu Beginn der sieben Jahre; und später wird noch einmal ausdrücklich bestätigt: »Also tat er sieben Jahre seinen Dienst in der Hölle«; und auch als er »nach Haus« zurückzukehren sucht, bleibt die Anweisung gültig: »Du sollst ... gehen ungewaschen und ungekämmt, mit langen Haaren am Kopf und am Bart, mit ungeschnittenen Nägeln und mit trüben Augen, und wenn du gefragt wirst, woher du kämst, sollst du sagen: ›Aus der Hölle‹.« Es soll sein und es ist ein Aussehen, »ärger als eine Vogelscheuche«. Dann aber ist es wiederum der Teufel selber, der seinen im Zivilleben erneut in Not geratenen Diener von der Zwangshypothek des Struwwelpeter-Daseins freispricht und sich als Coiffeur betätigt: »Setze dich«, spricht er, »ich will dich waschen, kämmen, schnippen, die Haare und Nägel schneiden und die Augen auswischen«. Jetzt erst findet die Teufelsmaskerade ihre Auflösung. Doch wozu war sie nötig?

Man darf sich von der erzählerischen Logik der Geschichte nicht in der Bedeutung der Symbolik ihrer Bilder irreführen lassen. Erzählt wird, daß die wüste äußere Erscheinung des Soldaten erst zum Dienst in der Hölle notwendig geworden sei, nachdem er bereits »abgedankt« hatte und »sich nicht mehr zu helfen« wußte. Doch so kann es in Wahrheit nicht gemeint sein. Die »teuflischen« Bedingungen, um sich als Knecht beim Teufel zu vermieten, sind äußerst ähnlich den Bestimmungen der Bibel für einen »Nasiräer« (vgl. Num 6,1–5): Auch dieser muß in Aussehen und Lebensweise alle Verfeinerungen der Kultur vermeiden, – er darf den Kopf nicht scheren und muß sich jedes Rauschgetränks enthalten; dafür kann er zum Diener »Gottes« werden, – entweder als Prophet wie Johannes der Täufer in der Wüste

(Lk 1,15; Mk 1,6) oder als Kriegsmann wie der Richter Samson (Ri 13,4.5)[1]; was dort in Gottes Auftrag, geschieht hier in gleichem Aufzug in des Teufels Diensten, und diese Gleichstellung bereits spricht Bände. Es ist nicht nur, daß Gott, wenn er den Krieg befiehlt, ganz austauschbar gegen den Teufel wird, so daß der »Gottesdienst« des Krieges nichts weiter ist als Teufelsdienst[2]; es ist vor allem, daß die Zeit der »Hölle« nicht erst nach der Kriegszeit anfängt, sondern ganz und gar mit ihr identisch ist; allerdings tritt diese Tatsache erst jetzt, nach Abdankung vom Soldatendienst, in das Bewußtsein. – Was nur ist aus einem Menschen geworden, den man als »kriegsverwendungsfähig« einschätzte und den man dann »kriegstauglich« machte? Die »Hölle« folgt nicht auf den Krieg, der Krieg selbst ist die Hölle, nur daß diese Erkenntnis, wie fast immer, erst kommt, wenn es zu spät ist[3].

Was in dem Grimmschen Märchen sich als ein Nacheinander in der Zeit darstellt, das ist in Wahrheit also nur das Nacheinander (oder Ineinander) von projektiver Wirklichkeit und seelischer Verarbeitung. Mancher *im* Krieg Verletzte hat es gerade so erlebt: Ihm wurde im Gefecht der linke Arm zerschmettert, eigentlich hätte er sich gleich zu Boden werfen und den Sanitäter rufen müssen, er aber rannte weiter, wie befohlen, auf die feindlichen Linien los, – erst im Moment, als die Bewegung innehielt, bemerkte er, daß eine Kugel ihn getroffen hatte; bis dahin sollte er den Schmerz nicht spüren, um, wie ein Tier im Kampf mit einem Beutegreifer, trotz der Verletzung vielleicht doch noch zu entkommen. Mancher *vom* Krieg *seelisch* Verletzte unterliegt derselben Zeitverzögerung, dieser »Hysteresis« der Wahrnehmung[4]: erst wenn die Angst und die Erniedrigung, erst wenn das mörderische »Ich oder Er«, erst wenn das unmenschliche Abschlachten von Menschen vorüber ist, beginnt allmählich ein Gespür für das, was man erlitten und selber anderen zugefügt hat. – Mit einem Wort: dieser Soldat tritt nicht erst nach dem Krieg den Dienst des Teufels an, er merkt nur nach seinem Kriegsdienst erst, was er als Soldat all die Zeit tun mußte und getan hat; das war die Hölle objektiv, das ist die Hölle jetzt auch subjektiv. Das aber wirft ein neues Licht auch auf den »Teufel« in dem Märchen[5].

Das kleine schwarze Männchen in der Geschichte vom *Blauen Licht* ist das, was Märcheninterpreten einen »Hilfsgeist« nennen[6], und auch der Teufel hier tritt als ein solcher Hilfsgeist auf, obgleich er selber die Voraussetzungen definiert, die es erlauben, daß man bei ihm Dienst tut. Im Unterschied zu jenem Gnom im *Blauen Licht* ist er nicht selber weisungsabhängig, sondern zeigt als Ratgeber und Nothelfer eine große Ähnlichkeit zu der Gestalt des »Tricksters« in den Mythen auf[7]: Ein solcher kennt noch immer einen Ausweg, wenngleich die Folgen, wenn man auf ihn hört, meist noch weit schlimmer ausfallen, als es die Not war, die er hätte überwinden sollen.

So hier: Nach sieben Jahren in der »Hölle«, während deren der Soldat darauf verzichten muß, noch irgendeine Ähnlichkeit mit halbwegs zivilisierten Menschen aufzuweisen, verheißt der Teufel, werde Hans für sein ferneres Leben an Geld und Gut allzeit genug haben und »wieder frei« sein. Genau das aber sind die Lockmittel der Kriegstrommler und »Werber« aller Zeiten, auch heute noch.

Das US-Militär zum Beispiel ködert seine Opfer mit dem Versprechen, nach 20jähriger Lebensverschreibung in Soldatenuniform eine Krankenversicherung auf Lebenszeit zu garantieren, – die für Europäer unglaublichen Mängel der amerikanischen Sozial- und Gesundheitspolitik treiben die Schwächsten der Gesellschaft: die Farbigen, die Randständigen, die Asylanten, die Immigranten, die Zeitarbeiter, die Arbeitslosen …, also die sozial und wirtschaftlich Ungesicherten, auf die Battle Fields der Welt, auf daß gerade sie für ein politisches System kämpfen, das sie selber ausbeutet; um sich auf ihre Kosten zu bereichern und gegen sie zu stabilisieren, garantiert der Staat den Angehörigen der Special Forces wie den Marines, ihnen später durch Zahlung von rund 30 000 Dollar pro Jahr ein Studium zu ermöglichen[8], – wieder nutzt man die erschreckenden sozialen Ungerechtigkeiten in der Eigentumsverteilung und den Bildungschancen der Gesellschaft aus, um die Untenstehenden herbeizuholen, auf daß sie gerade diese sie selber diskriminierende Gesellschaft militärisch verteidigen. Man kann kaum anders denken, als daß die immanente strukturelle Gewalt des wirtschaftlich-politischen Systems geradezu die Grundlage dafür bildet, »Freiwillige« zu immer neuen Formen der Gewaltausübung zu rekrutieren, die wiederum mit ihrer Gewalt die Gewaltstrukturen innerhalb und an den Grenzen dieses Gesellschaftssystems verstärken, – ein »Teufels«kreis wortwörtlich. Nirgendwo sonst jedenfalls scheint das Märchenmotiv vom *Pakt mit dem Teufel*[9] die Wirklichkeit so prägnant zu beschreiben wie im Falle der Anwerbung eines Soldaten zum Dienst in der Hölle, und es stellt sich nur noch die Frage, was all die Auflagen, die der »Teufel« dafür formuliert, was die Verwilderung des Menschlichen im Dienst des Militärs konkret bedeutet.

Worum es geht, um einen Soldaten für einen siebenjährigen Dienst in der Hölle zu präparieren, ist seine Einwilligung in die systematische Entfremdung von den Spielregeln kulturellen Zusammenlebens. »Wie kommt es«, fragte der Sozialpsychologe STANLEY MILGRAM, »daß ein anständiger Mensch im Verlauf von wenigen Monaten dazu gebracht wird, andere Menschen zu töten, ohne daß ihm sein Gewissen Grenzen setzt? Überdenken wir den Prozeß … – Zuerst muß dieser Mensch von seinem Standort außerhalb des militärischen Autoritätssystems an einen Standort innerhalb dieses Systems gebracht werden. Der wohlbekannte Gestellungsbefehl liefert dazu den formalen Mechanismus. Ein Treueid dient dann dazu, die Verpflichtung des Rekruten auf seine neue Rolle zu stärken. – Der Raum, in dem militärische Ausbildung stattfindet, ist von der übrigen Gesellschaft abgegrenzt, um sicherzustellen, daß keine konkurrierenden Autoritäten auftreten. Belohnungen und Strafen werden verteilt, je nachdem, wie brav einer gehorcht. Eine Zeitspanne von einigen Wochen wird für die Grundausbildung verwendet. Und obwohl der sichtbare Zweck dieser Ausbildung die Vermittlung militärischer Fertigkeiten ist, ist es doch ihr fundamentales Ziel, jeden Rest von Individualität und Autonomie zu beseitigen. – Die Stunden, die auf dem Exerzierplatz verbracht werden, zielen nicht in erster Linie darauf ab, einen wirkungsvollen Paradeschritt zu pauken. Ihr Ziel ist Disziplin und der sichtbare Ausdruck der Unterordnung des Individuums unter eine Organisation. Kolonnen und Truppen bewegen sich bald ›wie *ein* Mann‹ und reagieren auf die Autorität des Ausbilders. Derartige Formationen bestehen nicht aus Individuen, sondern aus Automaten. Die militärische Ausbildung zielt grundsätzlich darauf ab, den Soldaten auf eben diesen Zustand zu reduzieren, alle Spuren von Ichgefühl zu beseitigen und durch langanhaltende Beeinflussung sicherzustellen, daß die militärische Autorität akzeptiert wird. – Bevor der Soldat in das Kriegsgebiet kommt, bemüht sich die Autorität, seine künftigen Handlungen in einer Weise zu definieren, die eine Verbindung zu allgemein hochgeschätzten Idealen und zu den umfassenderen Zielen der Gesellschaft herstellt. Den Soldaten wird erklärt, daß die Leute, die sie in der Schlacht treffen werden, Feinde der Nation seien und daß das Land in Gefahr sei, wenn sie nicht vernichtet würden. Die Situation wird so definiert, daß eine grausame und inhumane Aktion gerechtfertigt erscheint ... – Bei der Routineerfüllung seiner Pflichten empfindet der Soldat keine persönliche Hemmung gegen Tötung, Verwundung oder Verstümmelung anderer Menschen, seien sie Zivilisten oder Soldaten. Durch seine Handlungen fügt er Männern, Frauen und Kindern Angst und Tod zu, doch er sieht darin keine Ereignisse, die ihn persönlich angehen. Er erfüllt einen Auftrag. – ... Man hat ihm aufgetragen, andere Menschen für die gute Sache zu töten. Und diese Definition stammt von höchster Stelle – nicht von seinem Zugführer, ... sondern von seinem Präsidenten selbst. Wer in der Heimat gegen den Krieg protestiert, ruft Ressentiments hervor. Denn der Soldat ist in eine Autoritätsstruktur eingespannt, und alle, die behaupten, seine Taten seien teuflisch, stellen geradewegs die psychischen Anpassungsmechanismen in Frage, die sein Leben erträglich machen. Den Tag hinter sich zu bringen und am Leben zu bleiben, das ist Plackerei genug; es bleibt keine Zeit, sich Gedanken über den moralischen Aspekt zu machen – ... In vielen Fällen hilft (sc. heute, d. V.) die Technik Spannung vermindern, indem sie die nötigen Stoßdämpfer liefert. Napalm wird aus dreitausend Meter Höhe auf Zivilisten abgeworfen; nicht Menschen, sondern winzige Echopunkte auf dem Infrarot-Oszilloskop sind das Ziel.«[10]

Beim Lesen dieser im Prinzip leider überzeitlich aktuellen Analyse begreift man die Symbolbedeutung der äußeren Verwilderung des Soldaten Hans im Dienst des Teufels in der Hölle; es geht nicht um Haare und Kleidung, es geht um das Überwuchern aller kulturell geprägten Lebensformen und Gewissennormen durch ganz und gar archaische Programme der Entpersönlichung, der Aushöhlung des

Individuums, des Aufbaus von perfekter Gruppenangleichung und der restlosen Unterwerfung unter den gegebenen Befehl. Wie diese Umformung des Menschlichen durch soldatischen Drill sich gestaltet, nimmt allezeit und allerorten die gleichen Formen an. Mit Blick noch auf den Ersten Weltkrieg notierte ERICH MARIA REMARQUE: »Wir wurden zehn Wochen militärisch ausgebildet und in dieser Zeit entscheidender umgestaltet als in zehn Jahren Schulzeit. Wir lernten, daß ein geputzter Knopf wichtiger ist als vier Bände Schopenhauer. Zuerst erstaunt, dann erbittert und schließlich gleichgültig erkannten wir, daß nicht der Geist ausschlaggebend zu sein schien, sondern die Wichsbürste, nicht der Gedanke, sondern das System, nicht die Freiheit, sondern der Drill. Mit Begeisterung und guten Willens waren wir Soldaten geworden, aber man tat alles, um uns das auszutreiben. Nach drei Wochen war es uns nicht mehr unfaßlich, daß ein betreßter Briefträger mehr Macht über uns besaß als früher unsere Eltern, unsere Erzieher und sämtliche Kulturkreise von Plato bis Goethe zusammen. Mit unseren jungen, wachen Augen sahen wir, daß der klassische Vaterlandsbegriff unserer Lehrer sich hier vorläufig realisierte zu einem Aufgeben der Persönlichkeit, wie man es dem geringsten Dienstboten nie zugemutet haben würde. Grüßen, Strammstehen, Parademarsch, Gewehrpräsentieren, Rechtsum, Linksum, Hackenzusammenschlagen, Schimpfereien und tausend Schikanen: wir hatten uns unsere Aufgaben anders gedacht und fanden, daß wir auf das Heldentum wie Zirkuspferde vorbereitet wurden.«[11]

Man könnte glauben, daß der »geputzte Knopf« und die Wichtigkeit der »Wichsbürste« einfach Übertreibungen in der Einhaltung der Disziplin darstellen; doch weit gefehlt. In allen Armeen der Welt will der »Teufel« »überall … Ordnung sehen« und »das Haus reinhalten«. Wie für zwangsneurotisches Verhalten typisch, haben die Begriffe Sauberkeit und Ordnung keinen funktionalen Wert, sie sind reiner Selbstzweck, mit dessen Hilfe sich Autoritätsgehorsam gegenüber der Machtwillkür höherer Rangabzeichen einüben läßt. Die Bettdecke ist etwas verrutscht – ein ungeheurer Skandal! Auf der Toilette wurde zuviel Papier verbraucht – das ist Diebstahl am Volkseigentum! Jemand hat sein Gewehr nicht »richtig« gereinigt – Sabotage! In Wahrheit wird den Rekruten eingebleut, daß sie keinerlei Rechte haben, daß ihr Urteilsvermögen irrelevant ist, daß sie zu tun haben, was befohlen wird, selbst wenn es noch so unsinnig ist, daß es keinen Dialog, kein Nachdenken, keine Verhandlungen zu geben hat, daß man pariert, nicht diskutiert, daß Gut und Böse keinen Inhalt haben außer den der Machtverteilung, daß Menschen nichts sind, Rangabzeichen aber alles … und daß man jetzt erst, in der Schule der Nation, lernt, was es heißt, Soldat zu sein, deutscher, französischer, amerikanischer, russischer, chinesischer … Soldat.

Inzwischen, 80 Jahre nach REMARQUE, hat man die Chance genutzt, die Strategien zur Dressur von Menschen zu Maschinen und zu Monstren verhaltenspsychologisch, gruppendynamisch, motivationstechnisch, medizinisch – in jeder Hinsicht zu »verbessern«. Als 1987 STANLEY KUBRICK den Film *Full metal jacket* drehte, glaubte er noch, mit den Mitteln eines dokumentarischen »Spiel«films die »demokratische« Öffentlichkeit der USA aufrütteln zu können gegen die demütigenden Ausbildungsmethoden in den Streitkräften. Will man wirklich glauben, die Werte der Menschlichkeit schützen zu können durch die instrumentelle Entwürdigung von Menschen zu Tötungsautomaten? Wie sich im Originalton die Stimme eines solchen »Ausbilders«, stets schrill gebrüllt, inhaltlich anhört, mag ein kleiner Ausschnitt aus KUBRICKs Film zeigen[12].

Selbstdarstellung des Ausbilders: »Ich bin Sergeant G. H. und werde euch hier ausbilden. Von nun an redet ihr nur noch, wenn ihr angesprochen seid. Und das erste und das letzte Wort aus eurem dreckigen Maul wird ›Sir‹ sein. Habt ihr Maden das verstanden?«

»Sir, jawohl Sir.«

»Bullshit, ich hör ja nichts. Habt wohl alle nur Luft im Sack.«

»Sir, jawohl Sir.«

»Wenn ihr Ladies meine Insel verlaßt, wenn ihr meine Ausbildung überleben solltet, seid ihr eine Waffe, seid ihr Priester des Todes und betet um Krieg. Aber bis zu diesem Tag seid ihr Dreck, seid ihr die niedrigste Lebensform auf Erden, seid ihr noch nicht mal annähernd so etwas wie Menschen, seid ihr nichts anderes als ein unorganisierter

Haufen amphibischer Urscheiße. Ihr werdet mich nicht mögen, weil ich hart bin. Je mehr ihr mich haßt, desto mehr werdet ihr lernen. Ich bin hart, aber ich bin fair. Rassistische Bigotterie gibt es hier nicht. Ich kenne keine Vorurteile gegen Nigger, Spaghettis, Latinos. Hier seid ihr alle zusammen gleich wertlos. Und meine Order lautet, alle Schlappschwänze auszusondern, die nicht kräftig genug sind für mein geliebtes Korps ...«

(An einen einzelnen gewandt:)

»Haben Ihre Eltern je lebenden Nachwuchs gehabt? Ich wette, das wird Ihnen leid tun. Sie sind so häßlich, Sie könnten glatt ein modernes Kunstwerk sein. Wie ist Ihr Name, Sie Fettsack. ... Lutschen Sie Schwänze?«

»Nein, Sir.«

»Bullshit. Ich wette, Sie saugen glatt 'n Golfball durch 'n Gartenschlauch.«

»Nein, Sir ...«

»Hören Sie auf, so ekelhaft zu grinsen. Ich gebe Ihnen drei Sekunden, genau drei geschissene Sekunden, dieses bescheuerte Grinsen in Ihrem Gesicht abzustellen, oder ich drück Ihnen die Augen aus und fick Ihnen durch die Löcher in den Schädel ... Beugen Sie sich vor und erwürgen Sie sich selbst ... Klemmen Sie die Arschbacken zusammen und scheißen Sie mir goldene Manschettenknöpfe. Sonst mach ich Sie endgültig fix und fertig. –«

Harris Island, South Carolina
Das Rekrutenlager des Marine Korps der Vereinigten Staaten von Amerika.
Ein Achtwochenkurs für falsche Helden und mutige Irre

(Ansprache des Ausbilders zum Nachtgebet:)

»Heute Nacht werdet ihr Schleimer mit eurem Gewehr schlafen, und dann werdet ihr euch für euer Gewehr einen Mädchennamen aussuchen, weil das die einzige Möse sein wird, die ihr Pisser hier kriegen werdet. Die Zeiten, wo ihr Gretchen Modermöse durch ihr hübsches rosa Höschen fingergefickt habt, sind vorbei. Ihr seid jetzt mit dem Gewehr verheiratet, dieser Waffe aus Eisen und Holz. Und ihr werdet nicht fremdgehen.

Beten:

Das hier ist mein Gewehr. Es gibt viele andere. Aber dieses ist meines. Mein Gewehr ist mein bester Freund. Es ist mein Leben. Ich muß es meistern, wie ich mein Leben meistern muß. Ohne mich ist mein Gewehr nutzlos. Ohne mein Gewehr bin auch ich nutzlos ... Ich muß schneller schießen als mein Feind, denn sonst tötet er mich. Ich muß ihn erschießen, bevor er mich erschießt. Das werde ich. Vor Gott glaube ich und schwöre: Mein Gewehr und ich werden mein Vaterland verteidigen. Wir sind die Bezwinger unserer Feinde. Wir sind die Bewahrer meines Lebens. Das schwöre ich. Bis kein Feind mehr ist, nur Frieden. Amen.«

(Anweisung, was Weihnachten ist:)

»Happy Birthday, lieber Jesus. Heute ist Weihnachten. Deshalb findet genau um 9.30 Uhr eine Zaubervorstellung statt. Pfarrer Charles ... wird euch da erzählen, wie der Kommunismus endgültig von der freien Welt besiegt wird mit Hilfe Gottes und einer Handvoll Marines. Gott ist geil auf die Marines, weil wir alles töten, was uns vor die Augen kommt. Er spielt sein Spiel, wir spielen unseres. Um uns dankbar zu zeigen für so viel Macht, kümmern wir uns darum, daß der Himmel immer mit frischen Seelen bestückt wird. Gott gab es schon vor dem Marine-Korps. Also schenkt eure Herzen ruhig Jesus, aber euer Arsch gehört dem Marine-Korps. Habt ihr Ladies das verstanden? ...«

Diese wenigen Passagen genügen, um die Entwertung des Menschen in dieser Ausbildung einer amerikanischen »Elite«-Einheit zu demonstrieren und um die Perversion aller »christlichen« Werte in den Kult barbarischer Brutalität, um den bewußt gezüchteten Sadismus, um die totale Vergötzung der Fähigkeit zum Töten und die Reduktion des Menschen auf eine bloße Killermaschine vor Augen zu führen. Dieses ganze Ausbildungssystem folgt einer einzigen Zielsetzung: der Verwandlung von Menschen in ein Stück amorphen Drecks, der »Gold wert« erst durch die Uniform der US-Armee wird. Doch statt, wie KUBRICK hoffte, dieses antikulturelle System eines kultivierten Sadismus durch bloße Darstellung im Kino beseitigen oder zumindest in seiner Akzeptanz schwächen zu können, hat die amerikanische Strafjustiz den »erzieherischen Effekt« des Kasernenhofdrills inzwischen sogar für die »Resozialisation« von jugendlichen Kriminellen in den sogenannten Bootcamps entdeckt.

Was die zukünftigen Marines auf dem »Ledernacken«-Drillplatz in Zwölf-Wochen-Kursen gnadenloser Schinderei bis zur Schmerzgrenze üben sollen, ist erklärtermaßen dies: Die 18jährigen Rekruten »sollen ihr Ego vergessen, reagieren wie Roboter, Kommandos erwidern wie im Schlaf – weshalb der physische Stress um psychischen Druck ergänzt wird. Oft treten die Drillmeister so dicht an ihre menschliche Knetmasse heran, dass die Jungs ihren heißen Atem spüren … – ›Wer Marinesoldat werden will, wird gebrochen und neu zusammengesetzt‹, sagt Feldwebel Jesabel Hamlet, eine der Frauen unter den Schleifern. ›Ja, gebrochen. Man muß sie brechen, sonst kann man keine Marines aus ihnen machen … ›Das Wort *ich* könnt ihr aus eurem Vokabular streichen. Hier gibt es kein Ich mehr, nur noch: *dieser Rekrut* … alles dreht sich um Härte, Disziplin, Korpsgeist.«[13]

Unter diesen Umständen erhält jetzt auch ein Detail des Grimmschen Märchens besondere Bedeutung, das man sonst leicht übersehen könnte: Im Unterschied zu dem Soldaten in der Erzählung von dem *Blauen Licht*, der völlig anonym bleibt, trägt *»des Teufels rußiger Bruder«* immerhin einen Eigennamen: Hans. Jedoch, es wäre völlig falsch, darin so etwas wie einen Rest von Individualität zu erblicken. Ganz im Gegenteil. »Hans« klingt persönlich, ist aber nur als »Typenbezeichnung« gemeint; er müßte richtiger so heißen, wie die russischen Soldaten die deutschen Landser kollektiv bezeichneten: die Fritzen. »Fritz« oder »Hans« sind reine Allerweltsnamen, die eben deshalb dazu taugen, eine beliebig große Anzahl von Menschen zu »benennen«. »Hans« ist hier so »persönlich« wie der »Tommy« der britischen Soldaten oder der »Franzmann« der Franzosen oder wie »Otto Normalverbraucher« als Name für den Heimkehrer Otto in dem Film von ROBERT STEMMLE: *Berliner Ballade* von 1949; er ist die Festschreibung des Unpersönlichen, Vermaßten, Gleichgeschalteten. Auch selbst die deutsche Ableitung: »ich laß mich nicht zum Hansel machen« klingt hier an: Diesen Soldaten-Hans *hat* man zum »Hansel« herunterschikaniert, und so wird es für ihn zu der wichtigsten Frage seines Lebens, wie er seine Würde wiederfindet. Was folgt für ihn, wenn er nachträglich feststellt, in welche Hölle man ihn als Soldat versetzt hat?

2. Das Ausagieren der Aggression oder: Der Teufel als Therapeut

Sehr wahr vermerkte schon REMARQUE: »Solange wir hier im Felde sein müssen, sinken die Fronttage, wenn sie vorbei sind, wie Steine in uns hinunter, weil sie zu schwer sind, um sofort darüber nachdenken zu können. Täten wir es, sie würden uns erschlagen; denn soviel habe ich schon gemerkt: Das Grauen läßt sich ertragen, solange man sich duckt – aber es tötet, wenn man darüber nachdenkt.« »Das Grauen der Front versinkt, wenn wir ihm den Rücken kehren, wir gehen ihm mit gemeinen und grimmigen Witzen zuleibe; wenn jemand stirbt, dann heißt es, daß er den Arsch zugekniffen hat, und so reden wir über alles. Das rettet uns vor dem Verrücktwerden; solange wir es so nehmen, leisten wir Widerstand. – Aber wir vergessen nicht! … – Und ich weiß: all das, was jetzt, solange wir im Krieg sind, versackt in uns wie ein Stein, wird nach dem Kriege wieder aufwachen, und dann beginnt erst die Auseinandersetzung auf Leben und Tod. – Die Tage, die Wochen, die Jahre hier vorn werden noch einmal zurückkommen, und unsere toten Kameraden werden dann aufstehen und mit uns marschieren, unsere Köpfe werden klar sein, wir werden ein Ziel haben, und so werden wir marschieren, unsere toten Kameraden neben uns, die Jahre der Front hinter uns: gegen wen?«[14] Die Antwort kann nur lauten: gegen den, der diesen Krieg befohlen hat, und gegen die, welche an seiner Statt im Krieg befohlen haben, – gegen die ganze militärische Hierarchie, von unten angefangen bis nach ganz hoch oben. Sie, nicht die Menschen drüben, sind die wahren Feinde des Soldaten Hans oder des Soldaten Franz; der Gegner steht nicht vorn, er steht hinten. Die Soldaten müssen nur die Waffen umdrehen oder, besser noch, ganz einfach hinwerfen.

Regelmäßig produzieren Kriege Kranke – Krüppel an Leib und Seele; fast alle sind auf Hilfe angewiesen, nur wenige bekommen sie, die meisten müssen alleine zurechtkommen. Doch kann man das – sich selber therapieren nach einem schweren traumatischen Erlebnis? Schon die Ausbildung zum Soldaten ist als ein Kulturschock zu betrachten, als eine Gehirnwäsche schlimmster Prägung, und sie wird keineswegs in ihren psychischen Deformationen abgemildert durch die Tatsache, daß sie als »allgemeine Wehrpflicht« für ganz »normal« verkauft wird. Im Gegenteil, eben weil scheinbar ganz normal, erkennt man am Ende eines Krieges kaum einen »Handlungsbedarf«, etwas gegen die Rekrutenausbildung zu tun, um den nächsten Krieg zu verhindern; alles geht wieder seinen Gang. Ein Einzelner wird damit nicht fertig? – Nun ja, die anderen werden es doch auch! Ein Einzelner weiß nicht mehr, wer er ist? – Tja, kommt es denn darauf noch an, wenn man nur weiß, wer man zu sein hat! Ein Einzelner wacht nachts schweißgebadet auf und wird von Albträumen geplagt? – Ach, das ist üblich, und das gibt sich mit der Zeit![15] – Wie aber, wenn es sich nicht gibt? Wenn der Einzelne spürt, daß er nicht sein kann und nicht sein will, ja, nicht sein darf, wie er sein sollte? Wenn er begreift, wie weit er sich durch Drill und Zwangsgehorsam von der eigenen Person entfernt hat?

Man braucht die Dienstanweisungen des »Teufels« in der Hölle nur aufzufassen als diejenigen Gefühlszustände, die sich von selbst einstellen, wenn »die Tage, die Wochen, die Jahre … noch einmal zurückkommen«. Die Wut, die man damals zwar fühlte, aber pflichtgemäß verdrängte, meldet sich endlich jetzt zu Wort und fordert eine neue Stellungnahme: bleibt man identisch mit den aufoktroyierten Befehlen oder stellt man sich selbst, nebst den Befehlshabern von einst, in Frage? Man hatte seinerzeit womöglich keine andere Wahl als all das Schreckliche, das mit einem und an einem geschah, doch die Entscheidung, die man jetzt trifft, legt auf lange Zeit fest, was aus einem wird. Dabei mag es wohl sein, daß eigentlich gar keine wirkliche Entscheidung statthat, sondern alles äußerlich nur so weitergeht, wie es die eingeprägten Zwänge fordern, doch so viel steht von vornherein fest: wer sich auf seine ursprünglichen Gefühle und Gedanken im nachhinein noch einmal einläßt, der wird sie heftig und massiv empfinden, und er wird es nur tun, wofern es unvermeidlich ist.

Wovon im folgenden die Rede geht, ist aufs Wort eine Psychotherapie »in Teufels Küche«. Vor allem CARL GUSTAV JUNG hat immer wieder darauf hingewiesen, daß es nicht möglich sei, Seelenheilkunde unter den Auflagen moralischer Zensur zu betreiben; der Therapeut, meinte er, begebe sich eher in die Rolle der versucherischen Schlange im Paradiese als in die des Engels Michael, müsse er doch den Patienten mit all dem »Bösen« konfrontieren, das sich in Form von Triebbedürfnissen, Affekten, Wünschen und Neigungen in seinem Unbewußten versteckt halte; »gut« in moralischem Sinne könne ein Mensch nur werden, wenn er seine Schattenseiten analysiert und akzeptiert oder integriert habe[16]. Das ist zweifellos richtig, reicht aber nicht aus, um die Situation dieses Soldaten Hans zu begreifen. Er lebte nicht in einem Paradies der Unschuld, dem alles Widerwärtige, Gemeine, Schändliche und zutiefst Bösartige fremd gewesen wäre, er kommt vielmehr gerade aus der Hölle des Krieges und hat die Wüstenei der Schlachtfelder in einer solchen Wucht erfahren, daß er nur überleben konnte bei weitestgehender Verdrängung, Abspaltung, Isolierung und Neutralisierung der peinigenden Erlebnisse; Vergleichgültigung, Resignation und Selbstabstumpfung wurden die wirksamsten Mittel im Überlebenskampf von einem Tag zum andern. Wie gegen übergroßen Schmerz das Gehirn selber Stoffe zur Betäubung (Endorphine) produziert, die das Maß des Empfindens irgendwie erträglich halten sollen, so sucht die Psyche Erfahrungsinhalte, die keine ichgerechte Bearbeitung zulassen, aus dem Bewußtsein abzudrängen; sie stehen der Erinnerung im weiteren nicht zur Verfügung, sie bilden Löcher in der Kohärenz der Persönlichkeit: – da war etwas, an das man nicht herankommt, das man am liebsten ruhen läßt, um das man einen weiten Bogen macht. Diese seelische Verletzung – dieses Trauma – ist wie ein Krater, der sich bei einer Explosion zerstörerischen Schmerzes bildete, wie ein Splitter im Fleisch, der als Fremdkörper sich in die Seele gebohrt hat[17].

Unmittelbar zeigt sich ein Traumaerlebnis für einen Außenstehenden an Reaktionen wie Zittern, übergroßer Unruhe, Umsichschlagen (am »Bewegungssturm«) oder, genau entgegengesetzt, an gewissen Lähmungserscheinungen, an der Versteinerung der Haltung, an der Versteifung der Gliedmaßen, an einer ausgesprochenen Schockstarre (am »Stillstandreflex«); späterhin aber gibt sich die traumatisierte Persönlichkeit zumeist alle Mühe, möglichst unauffällig zu bleiben, irgendwie weiterzufunktionieren und vor sich selber ebenso wie vor ihrer Umgebung den Eindruck des Normalen zu erwecken: es ist nichts passiert, es ist alles in Ordnung, es legt sich Schweigen über das Geschehene. Dann aber gibt es Szenen, die ungewollt denn doch die alten Erlebnisse hervorholen; sie werden nicht erinnert, sie dringen anfallartig ins Bewußtsein und rufen genau die Reaktionen auf den Plan, die sich damals in der traumatisierenden Situation gebildet haben. Was aber seinerzeit in einem plausiblen Zusammenhang stand, wirkt jetzt für alle Beteiligten erschreckend, irritierend, buchstäblich »verrückt«, doch es läßt sich willentlich nicht unterdrücken. Es ist, als wäre eine ehedem fruchtbare, liebliche Landschaft im Krieg vermint worden, so daß jeder unbedachte Schritt zur Zündung eines der Sprengkörper führen kann.

Als dramatisches Beispiel für eine solche Posttraumatische Belastungssituation infolge von Kriegseindrücken, die eine »Heimkehr« zu sich selbst und zu den Menschen, die man einst geliebt hat, schier unmöglich machen, ist in den USA das Schicksal John Dwyers bekannt geworden, der im Juni 2008 im Alter von 31 Jahren auf dem Weg ins Krankenhaus von Pinehurst, North Carolina starb. Er »war ein Held der USA. Es gibt ein Foto von ihm, auf dem er einen kleinen irakischen Jungen in Sicherheit bringt, gleich nach einem Feuergefecht. Zeitungen in ganz Amerika druckten im März 2003 die Aufnahme auf ihrer Titelseite.«[18] In dieser Weise, als tapfere Retter und Helfer, wollten die Bush-Patrioten sich selbst und ihre Truppe wahrnehmen. Die Wirklichkeit war grausam anders. Als Joe Dwyer nach nur drei Monaten im Irak nach Hause kommt, vergräbt er sich in sich selbst, – wie könnte er auch seiner Frau Matina erzählen, was er gesehen und erlebt hat, – wie Menschen sterben? *Eine* Szene wurde doch bekannt: Ein irakischer »Junge sieht ein Gewehr auf dem Boden liegen. ›Heb es nicht auf, heb es nicht auf‹, fleht der Soldat neben Joe leise. Der Junge hebt das Gewehr aber auf. Die Soldaten erschießen das Kind.« Joe fühlte sich schuldig. »›Er fühlte, dass es für ihn keine Vergebung gab‹, sagt Matina, seine Ehefrau.«[19] Zu Hause lebt Joe wie im Irak; der Albtraum Krieg hört niemals auf in seinem Kopf und spielt sich immer wieder wie ein Horror-Film von selber ein. Die Erinnerungen überlagern die Gegenwart, sie *sind* die Gegenwart; die Sinne bleiben ständig angespannt bis zum Zerreißen – die Nerven, der Körper leiden unter der Dauerbelastung. Besser wäre es, man hätte nur ein Bein verloren, nicht die Seele. Es hilft nicht die Bibel, es helfen nicht Gebete; Joe glaubt sich in seinem eigenen Haus von Irakern umstellt; er dirigiert per Telephon Kampfjets für einen Luftschlag auf die eigene Adresse, er schießt wild um sich auf die Polizisten, die ihn in Sicherheitsverwahrung bringen sollen. Er »schnüffelt« das Aerosol aus Sprühdosen; er hat Angst, wenn irgendein Gegenstand auf der Straße liegt, – es könnte eine Bombe sein; er sitzt im Restaurant stets mit dem Rücken zur Wand, um besser geschützt zu sein; er ballert sinnlos auf dem Schießplatz herum oder er geht stundenlang angeln. Seine Tochter Meagan hat Angst vor ihm. Er ist ein lebendig Toter, ein Wiedergänger des Krieges; der physische Tod kommt für ihn wie eine Erlösung.

Inzwischen grassiert die Posttraumatische Belastungsstörung wie eine Epidemie unter den amerikanischen Soldaten, und es sind die sensibelsten, die menschlich »besten«, die davon am ehesten erfaßt werden. »Im Jahre 2009 starben mehr US-Soldaten durch Suizid (334) als auf dem Schlachtfeld im Irak (149). Schon 2008 stellten Militärärzte fest, dass jeden Monat 1000 Veteranen versuchen, sich das Leben zu nehmen. Weit über 100 Ex-Kämpfer aus dem Irak und aus Afghanistan sind durchgedreht und haben Menschen getötet, ein Drittel der Opfer waren Freundinnen, Ehefrauen und andere Familienangehörige.«[20] Der Krieg zerbricht durch seine Unmenschlichkeit die Menschen, die ihn führen sollen; man kann sie durch die Fernwirkung moderner Waffen davor schützen, sehen zu müssen, was sie tun, doch selbst die Abstraktion des Tötens will »realisiert« sein, und sie brennt sich fest in einer Fülle von Szenen, die über beliebig scheinende Alltagsgegebenheiten assoziativ jederzeit wiederbelebt werden können.

Unter solchen Gegebenheiten ist »Psychotherapie« so etwas wie eine großflächige Minenräumung, das heißt, man muß, um die explosiven Gefahrenquellen der Erinnerung zu entschärfen, jede einzelne Mine kontrolliert zur Sprengung bringen. Die ganze eingekapselte Wut muß sich entladen dürfen und in gewissem Umfang nacherlebt werden, nicht nur um die verbliebenen Erinnerungslücken im Bewußtsein zu schließen, sondern vor allem um dem Ich die volle Bewegungsfreiheit auf seinem eigenen Gelände wieder zurückzugeben. Angst, Schuldgefühle, Aggressionen – das ist das ewige Brennmaterial der Hölle.

Die zentrale Anweisung des »Teufels« an den Soldaten Hans lautet daher, nur erst die Kessel in seiner »Küche« ordentlich einzuheizen, jedoch auf keinen Fall in die Kessel selbst hineinzuschauen, – es könnte tödlich sein, wie er später sein Verbot begründen wird. Ein Traumatherapeut kann in der Tat nur erst für eine Art von generalisierter Widerstandsmotivation sorgen, – man muß sich nicht (mehr) alles gefallen lassen, man kann (im nachhinein) sehen, wie unerträglich die Lage damals war, man darf es endlich wagen, die Zumutungen von einst als das zu benennen, was sie waren: unmenschlich und verbrecherisch. Da wird »geheizt« in allen »Kesseln«, um erst einmal, wie in einem Kraftwerk, die richtige Betriebstemperatur anzufahren. Was auf diese Weise geübt wird, ist so viel wie ein Umlernen der Drillprogramme von damals, und das wichtigste ist deshalb vorerst der Verzicht auf eine allzu konkrete inhaltliche Festlegung, – sie kommt erst später und dann ganz von selbst.

Die Versuchung ist methodisch zweifelsohne groß, in dieser Situation die alten Konditionierungen auf dem Kasernenhof, die Abrichtung von Menschen zu Kampfhunden nach dem Mechanismus bedingter Reflexe, einfach genauso »verhaltenstherapeutisch« gegenzukonditionieren[21]; damit hätte man allerdings lediglich so viel erreicht, daß der Zynismus der PAWLOWschen Lernpsychologie bestätigt würde: aus Linksschwenk-Marsch würde jetzt Rechtsschwenk-Marsch oder Augen-geradeaus –, so etwas wie Selbstfindung und

Selbstbestimmung käme unter solchen Dressuren in keiner Richtung in Gang. Genau das aber ist jetzt das Gebot der Stunde. Alles kommt darauf an, einen Korridor der Selbstverfügung und der Freiheit einzurichten, des Nicht-Kommandiertwerdens, des Endes von »Alles hört auf mein Kommando«; und in diesen Erlaubnisraum eines wachsenden Vertrauens, eines persönlichen Gemeintseins, eines individuell spürbaren Wohlwollens kehren nun all die Bruchstücke einer zerstörten Menschlichkeit zurück. Der Erzählfaden knüpft sich zusammen, das Ich beginnt, wenn alles gut verläuft, sich wieder wahrzunehmen, es fügt sich in dem, was es eigentlich ist und sein möchte, zu einer neuen Einheit, und so reift nach und nach wohl auch die Fähigkeit, sich nicht nur allgemein, in Form von Fragen und von Klagen, mit dem Gewesenen auseinanderzusetzen, sondern mit der wiedergewonnenen Energie des eigenen Wesens persönlich Widerstand zu leisten. Genau das wird denn auch geschehen, sobald die Zeit dafür gekommen ist. Das Märchen sagt selber: »endlich konnte er (sc. der Soldat Hans, d. V.) sich nicht mehr anhalten, hob vom ersten Kessel ein klein bißchen den Deckel auf und guckte hinein«, und siehe da: sein ehemaliger Unteroffizier sitzt in dem Kessel, und in dem nächsten gleich der Fähnrich und schließlich »gar ein General«. Es geht in der Hierarchie der Quälgeister des Militärs also der Reihe nach von unten nach oben: vom Offizier zum Leutnant (im Grimmschen Märchen der »Fähnrich«: der Fahnenträger in den alten Landsknechtshaufen, später ein unterer Leutnantsrang im preußischen Heer) bis hin zum Letztverantwortlichen.

Wie so ein Einheizen des Kessels, in dem der Unteroffizier von einst als Teufelsbraten schmort und schmoren soll, sich ausnimmt, wenn man es in die rechten Worte faßt und der geballten Wut auch obendrein noch dichterische Kraft verleiht, kann ein Gedicht von ERICH KÄSTNER zeigen, das dieser glühende Antimilitarist an seinen Kriegsschleifer, den Unteroffizier Sergeant Waurich, richtete[22]:

> Das ist nun ein Dutzend Jahre her,
> da war er unser Sergeant.
> Wir lernten bei ihm: »Präsentiert das Gewehr!«

Wenn einer umfiel, lachte er
und spuckte vor ihm in den Sand.

»Die Knie beugt!« war sein liebster Satz.
Den schrie er gleich zweihundertmal.
Da standen wir dann auf dem öden Platz
und beugten die Knie wie die Goliaths
und lernten den Haß pauschal.

Und wer schon auf allen vieren kroch,
dem riß er die Jacke auf
und brüllte: »Du Luder frierst ja noch!«
Und weiter ging's. Man machte doch
in Jugend Ausverkauf …

Er hat mich zum Spaß durch den Sand gehetzt
und hinterher lauernd gefragt:
»Wenn du nun meinen Revolver hättst –
brächtest du mich um, gleich hier und gleich jetzt?«
Da hab ich »Ja!« gesagt.

Wer ihn gekannt hat, vergißt ihn nie.
Den legt man sich auf Eis!
Er war ein Tier. Und er spie und schrie.
Und Sergeant Waurich hieß das Vieh,
damit es jeder weiß.

Der Mann hat mir das Herz versaut.
Das wird ihm nie verziehn.
Es sticht und schmerzt und hämmert laut.
Und wenn mir nachts vorm Schlafen graut,
dann denke ich an ihn.

Das ist schon viel an rückwirkender Ehrlichkeit. Aber die Abrechnung mit den eigenen Vorgesetzten von einst kann und darf mit dieser

Form von erinnernder Anklage nicht enden. Die »Waurichs« sind keine zufällig entarteten Einzelpersonen, an die zu geraten man leider das Pech gehabt hätte, sie sind selber die sauber ausgestanzten, sorgfältig justierten Zahnrädchen im Getriebe der Todesfabrik Militär, und so *muß* man, wie der Soldat Hans im Grimmschen Märchen es tut, Stufe und Stufe emporklettern, um die »Gefechtslage« als ganze zu überblicken, – um selber auf dem »Feldherrnhügel« als sein eigener Souverän Platz nehmen zu können. Es gilt bereits aus rein therapeutischen Gründen, die Vertuschungen, Geheimhaltungen, Scheinbehauptungen, Ablenkungen, vorgeblichen Gedächtnislücken, Verschiebungen der Zuständigkeit, Manipulationen und Fehlinformationen der höheren Chargen nicht zu dulden, mit denen alle Institutionen, am ärgsten aber das Militär, seine sadistischen, rassistischen, faschistischen Späße, Skandale und Systemfehler immer neu von den höheren Ebenen nach unten abzuwälzen pflegt. Am Ende stehen als schuldig regelmäßig diejenigen da, die am unteren Ende der Befehlskette sich aufhielten – Lynndie England zum Beispiel als die »Folterhexe« von Abu Ghreib war zu bestrafen[23], nicht ihre Befehlsgeber wie Donald Rumsfeld oder gar wie der Commander in Chief – George W. Bush.

Doch je höher in der Hierarchie der Verantwortung man im Nacharbeiten der Kriegstraumata kommt, desto weiter reicht die Bedeutung der Auseinandersetzung für die Allgemeinheit. Die Abrechnung mit einem Drillsergeant wie diesem Waurich trägt relativ private Züge, und sie beschäftigt sich, so schlimm sie ist, »nur« erst mit der Präparation eines Soldaten für den Krieg. Von anderem Kaliber sind da allemal die »Fähnriche«, die Leute, die als »Leutnants« (frz.: als die »Stellvertreter« der Obersten Heeresleitung) die Truppen an die Front werfen und ins Feuer schicken. Im Umfeld der Drillsergeants wird gestöhnt, geschwitzt und geflucht, aber »im Feld« der »Fähnriche« wird elend verstümmelt, gestorben und gemordet. Am Schluß, wenn's siegreich ausging, feiert man es als Triumph, und wofern nicht, bereitet man sich bald schon vor auf die Revanche; in jedem Falle heizt man von Krieg zu Krieg die falschen Emotionen an. Deswegen gilt: die Wut auf Krieg und Militär braucht einen klaren Kopf, wie KÄSTNER ihn zur Warnung vor dem Aufmarsch des braunen Spuks auf Deutschlands Straßen in den Zweiten Weltkrieg seinerzeit bereits in dem Gedicht *Marschliedchen* forderte[24]:

Ihr und die Dummheit zieht in Viererreihen
in die Kasernen der Vergangenheit.
Glaubt nicht, daß wir uns wundern, wenn ihr schreit.
Denn was ihr denkt und tut, das ist zum Schreien.

Ihr kommt daher und laßt die Seele kochen.
Die Seele kocht, und die Vernunft erfriert.
Ihr liebt das Leben erst, wenn ihr marschiert,
weil dann gesungen wird und nicht gesprochen.

Marschiert vor Prinzen, die erschüttert weinen:
Ihr findet doch nur als Parade statt!
Es heißt ja: Was man nicht im Kopfe hat,
hat man gerechterweise in den Beinen.

Ihr liebt den Haß und wollt die Welt dran messen,
Ihr werft dem Tier im Menschen Futter hin,
damit es wächst, das Tier in euch tief drin!
Das Tier im Menschen soll den Menschen fressen.

Ihr möchtet auf den Trümmern Rüben bauen
und Kirchen und Kasernen wie noch nie.
Ihr sehnt euch heim zur alten Dynastie
und möchtet Fideikommißbrot kauen.

Ihr wollt die Uhrenzeiger rückwärtsdrehen
und glaubt, das ändere der Zeiten Lauf.
Dreht an der Uhr! Die Zeit hält niemand auf!
Nur eure Uhr wird nicht mehr richtiggehen.

Wie ihr's euch träumt, wird Deutschland nicht erwachen.
Denn ihr seid dumm, und seid nicht auserwählt.

Die Zeit wird kommen, da man sich erzählt:
Mit diesen Leuten war kein Staat zu machen!

Aber selbst dieses vernichtende Urteil über eine ganze Ära der militarisierten Barbarei bliebe nur eine satirisch-bitterböse Abrechnung mit der Kriegswütigkeit der Nazis und der allezeit latenten, ja, in der Zeit um 1932 dann auch manifesten Kriegsbegeisterung der Massen; es relativierte sich historisch, und die Kriegsplaner und die Kriegsgewinnler heute könnten in den Kabinetten und Konzernen sich weiter ungerührt die »Option« ihres nächsten Krieges offenhalten. Deshalb ist es ganz unerläßlich, auch noch den dritten Kessel aufzumachen und den »General« darin schmoren zu lassen. Er ist der Letztverantwortliche für all das Massaker, er ist der eigentliche Unternehmer in dem Schlachthof Krieg, er ist der Konstrukteur und Architekt des Massenmordens auf den Killing-Fields der menschlichen Geschichte. Deswegen muß man ihn konfrontieren mit den Überresten der Gefallenen in den Beinhäusern von Verdun, mit den namenlosen Kreuzen auf den Soldatenfriedhöfen in Flandern, mit den planierten Feldern vor den Seelower Höhen ..., so wie es – noch einmal – ERICH KÄSTNER in seinen *Stimmen aus dem Massengrab* versucht hat, indem er sich zusätzlich zu dem General auch noch die geistlichen Ideologen des Krieges: die Kanzelredner an der »Heimatfront« vornahm[25]:

Stimmen aus dem Massengrab
(Für den Totensonntag. Anstatt einer Predigt)

Da liegen wir und gingen längst in Stücken.
Ihr kommt vorbei und denkt: sie schlafen fest.
Wir aber liegen schlaflos auf dem Rücken,
weil uns die Angst um Euch nicht schlafen läßt.

Wir haben Dreck im Mund. Wir müssen schweigen.
Und möchten schreien, bis das Grab zerbricht!
Und möchten schreiend aus den Gräbern steigen!
Wir haben Dreck im Mund. Ihr hört uns nicht.

Ihr hört nur auf das Plaudern der Pastoren,
wenn sie mit ihrem Chef vertraulich tun.
Ihr lieber Gott hat einen Krieg verloren
und läßt Euch sagen: Laßt die Toten ruhn!

Ihr dürft die Angestellten Gottes loben.
Sie sprachen schon am Massengrab von Pflicht.
Wir lagen unten, und sie standen oben.
Das Leben ist der Güter höchstes nicht. –

Da liegen wir, den toten Mund voll Dreck.
Und es kam anders, als wir sterbend dachten.
Wir starben. Doch wir starben ohne Zweck.
Ihr laßt Euch morgen, wie wir gestern, schlachten.

Vier Jahre Mord, und dann ein schön Geläute!
Ihr geht vorbei und denkt: sie schlafen fest.
Vier Jahre Mord, und ein paar Kränze heute!
Verlaßt Euch nie auf Gott und seine Leute!
Verdammt, wenn Ihr das je vergeßt!

Was ist zu tun, damit das ewige »Weiter so« des Militärs nicht länger über alle Opfer hinweg unbeirrt seine Kasernen errichtet und Menschen kujoniert in der Zwangsabrichtung zum Töten auf Befehl? Wie lassen sich die dienstbeflissenen Kriegsrechtfertigungen linientreuer Zeitungskommentatoren und Fernsehberichterstatter als das durchschaubar machen, was sie sind: chamäleonartig wechselnde Scheinbegründungen und bodenlose Lügen? Wie kann man in des Teufels Küche endlich der Dämonisierung Gottes zu dem alles absegnenden blutbeschmierten Götzen Einhalt tun, wie ihn die Feld»geistlichen« im Offiziersrang und, schlimmer noch, die Militärbischöfe im Range geistlicher Landesfürsten immer von neuem ihren »Gläubigen« vorstellen, damit sie das Allerunchristlichste ohne jedweden Gewissensskrupel als christlichen »Heilsauftrag« durchführen können? Könnte man all das korrupte, machtgeile, kirchenamtliche Gehabe diese (un)geistlichen Würdenträger Gottes im Staatsauftrag einmal kon frontieren mit den Konsequenzen ihres bigotten, scheinheiligen gemeingefährlichen Herumbetens um den Siegfrieden der rechter (also ihrer eigenen) Sache, so würde sich eine gründliche Widerlegung der ewigen Gotteslästerungen im rosafarbenen Ornat wohl ganz so anhören, wie KURT TUCHOLSKY sie in seinem Gedicht *Gebet nach dem Schlachten* formuliert hat[26]:

> Kopf ab zum Gebet!
>
> Herrgott! Wir alten vermoderten Knochen
> sind aus den Kalkgräbern noch einmal hervorgekrochen.
> Wir treten zum Beten vor dich und bleiben nicht stumm.
> Und fragen dich, Gott:
> Warum – ?
>
> Warum haben wir unser rotes Herzblut dahingegeben?
> Bei unserm Kaiser blieben alle sechs am Leben.
> Wir haben einmal geglaubt … Wir waren schön
> dumm …!
> Uns haben sie besoffen gemacht …
> Warum – ?
>
> Einer hat noch sechs Monate im Lazarett geschrien.
> Erst das Dörrgemüse und zwei Stabsärzte erledigten ihn.
> Einer wurde blind und nahm heimlich Opium.
> Drei von uns haben zusammen nur einen Arm …
> Warum – ?
>
> Wir haben Glauben, Krieg, Leben und alles verloren.
> Uns trieben sie hinein wie im Kino die Gladiatoren.
> Wir hatten das allerbeste Publikum.
> Das starb aber nicht mit …
> Warum – ? Warum – ?

Herrgott!
Wenn du wirklich der bist, als den wir dich lernten:
Steig herunter von deinem Himmel, dem besternten!
Fahr hernieder oder schick deinen Sohn!
Reiß ab die Fahnen, die Helme, die Ordensdekoration!
Verkünde den Staaten der Erde, wie wir gelitten,
wie uns Hunger, Läuse, Schrapnells und Lügen den Leib zerschnitten!
Feldprediger haben uns in deinem Namen zu Grabe getragen.
Erkläre, daß sie gelogen haben! Läßt du dir das sagen?
Jag uns zurück in unsre Gräber, aber antworte zuvor!
Soweit wir das noch können, knien wir vor dir – aber leih uns dein Ohr!
Wenn unser Sterben nicht völlig sinnlos war,
verhüte wie 1914 ein Jahr!
Sag es den Menschen! Treib sie zur Desertion!
Wir stehen vor dir: ein Totenbataillon.
Dies blieb uns: zu dir kommen und beten!
Weggetreten!

Warum nur sind alle diese Totengebete ungehört geblieben? – Wohl, TUCHOLSKY wußte: »Soldaten sind Mörder.«[27] Doch gerade er glaubte nicht, daß Kriege aus der privaten Mordlust einzelner entstehen; im Gegenteil, Notwendigkeit und Ziel des »Trainings« zum Soldaten liegen ja gerade darin, jene ganz »normalen« Menschen, die ehrbare Bürger, gute Mitmenschen, wohlmeinende Eheleute, zuverlässige Steuerzahler und auch im übrigen nette Zeitgenossen sind oder doch sein könnten, allererst dazu fähig zu machen, ein Seitengewehr in den Leib eines Menschen zu stechen, ihn mit Napalm zu verbrennen, ihn mit High-speed-Guns zerplatzen zu lassen, ihn mit Splitterbomben zu zerfetzen, und was der Greueltaten mehr sind. Der Krieg ist kein Bedürfnis einzelner, er ist die Vergewaltigung der vielen Einzelnen, die ihn zu führen haben. Doch worum wird er dann überhaupt geführt? Das Märchen sagt es deutlich: um Teufelsdreck, um Geld!

3. Der fahrende Musikant oder: Ein neuer Ton erklingt

Irgendwann, als »die Zeit vollends herum war«, kommt der Teufel in die Hölle und erkundigt sich, ob Hans in den sieben Jahren all seinen Ordnungsdienst als Kesselheizer zufriedenstellend abgeleistet hat; das hat er, aber er hat, seiner Anweisung entgegen, eben doch auch in die Kessel geschaut. Aber mußte der Teufel nicht von vornherein damit rechnen? Natürlich wird ein Gebot, etwas Bestimmtes nicht zu tun, gewiß als erstes übertreten –, offenbar hat der Teufel die ganze Zeit über davon bereits gewußt. Ja, nachträglich will es sogar so aussehen, als hätte er mit seinem Hinweis auf den geheimen Inhalt dieser Kessel Hans erst recht dazu verleiten mögen, die Deckel (vom Geheimnis seines Unbewußten) aufzuheben und genauer nachzuschauen. Allerdings hätte Hans sein Leben verwirkt, wie wir jetzt hören, wenn er gezögert hätte, beim Einheizen der dekorierten Mordbrenner, seiner Vorgesetzten von einst, nur tüchtig Holz noch nachzulegen; es hätte für ihn tödlich enden müssen, wenn er beim Ausagieren seiner eingesperrten Aggressionen, beim Abarbeiten seiner Traumata, beim Wiederherstellen der Urteilskompetenz in eigenen Dingen zu furchtsam sich verhalten hätte oder sogar in den alten Kadavergehorsam gegenüber seinen ehemaligen Peinigern zurückgekrochen wäre. Auf Lebenszeiten wäre er dann nichts geblieben als ein »Untertan«, lebendig tot und preisgegeben an die Willkür all der Großschnauzen und Schreihälse des »Töte, töte!« Um ihnen ihr Handwerk zu legen, *muß* man so handeln wie ein amerikanischer GJ vor Jahren in Los Angeles: als ihn sein Sergeant zur Ausbildung für den Irak-Krieg anschrie: »Kill, kill!«, drehte er sich langsam um, legte das Gewehr auf den Boden, richtete sich auf und flüsterte dieser Bulldogge ins Gesicht: »No, Sir«; dann ging er weg. Selbstredend wurde er »unehrenhaft« aus der Armee entlassen. Doch nur so kam er aus der Hölle frei, nur so gewann er seine Würde wieder, nur so gelang es ihm, wieder ein kultivierter Mensch zu werden. Andernfalls wäre er in dem Konflikt von Trotz und »Treue«, Lebenwollen und Loyalität, eigenem Antrieb und entfremdender Angst auf halbem Wege steckengeblieben und wie zwischen zwei Mühlsteinen zerrieben worden.

Tafel 1 *Francisco de Goya (1746–1828), Der Koloß, etwa 1808–1812, Prado, Madrid (vgl. S. 13)*

Tafel 2 *Ilja Jefimowitsch Repin (1844–1930), Rückkehr in die Heimat, 1878, Staatliche Tretjakow-Galerie, Moskau (vgl. S. 14)*

Tafel 3 *Otto Griebel (1895–1972), Drei Frontsoldaten, 1923, Museum für Geschichte der Stadt Dresden* *(vgl. S. 30)*

Tafel 4a links, 4b rechts *Otto Dix (1891–1969), Großstadt (Triptychon), 1928, Galerie der Stadt Stuttgart (vgl. S. 31–32; 139)*

Tafel 5 *George Grosz (1893–1959), Sonnenfinsternis, 1926, Huntington, NY, Collection of the Heckscher Museum (vgl. S. 34)*

Tafel 6 *George Grosz (1893–1959), Grauer Tag/Magistratsbeamter für Kriegsbeschädigtenfürsorge, 1921, Nationalgalerie, Berlin* *(vgl. S. 37)*

Tafel 7 *Francisco de Goya (1746–1828), Ermordung einer jungen Mutter, etwa 1808–1812, Städel, Frankfurt* *(vgl. S. 67)*

Tafel 8 *Gotländischer Bildstein, 8.–9. Jh. n. Chr., Statens Historiska, Stockholm (vgl. S. 128)*

So aber zeigt sich, daß die Zeit des »Nachsehens« und »Nachlegens« in der »Hölle« nicht umsonst war. Als »Lohn« empfängt Hans das, was er beim »Saubermachen« immer neu zusammengefegt hat: er darf den Höllen-»Kehrdreck« »mit nach Haus« nehmen!

Unüberhörbar klingt in der Metapher zweierlei zugleich an: Zum einen hat sich die Selbstreinigung der Hölle(nseite) seiner Seele überaus gelohnt – was er sich da erworben hat, ist wirklich »goldwert« –; zum andern wird hier, wie nebenbei, auch definiert, was »Gold« (oder Geld) im Grunde ist. Die mittelamerikanischen Indios hielten Gold für Götterkot[28], – es besaß in ihren Augen einen göttlichen Ursprung, doch war es nur das Ausscheidungsprodukt ihres eigentlichen Lebens; um so entsetzter waren sie, als sie erleben mußten, wie sich die spanischen Eroberer in ihrer Gier nach Gold wirklich in wahre Teufel verwandelten. Das Märchen der Gebrüder Grimm erklärt ganz nach der Art des Volksmundes wohl eben deshalb Gold (und Geld) für Teufelsdreck; es ist imstande, das Schmutzigste und das Gemeinste in Menschen wachzurufen, und schon um größere Gewinne anzuhäufen, muß man im Vorfeld bereits seine Seele an den Teufel überschrieben haben. Es ist nicht wahr, daß Geldbesitz und Reichtum unvoreingenommen betrachtet werden könnten; sie führen stets den Schwefelruch von Ungerechtigkeit, Gewalt und Diebstahl mit sich. Und das ist es denn auch, was Hans, nachdem er das Soldatsein drangegeben hat, erfahren muß.

Wie schwer diesem Soldaten Hans bei seiner Heimkehr die Anpassung an die normale Welt in Friedenszeiten fällt, symbolisiert die Auflage des Teufels, nach wie vor »ungewaschen und ungekämmt, mit langen Haaren am Kopf und am Bart, mit ungeschnittenen Nägeln und mit trüben Augen« herumlaufen zu müssen und einem jeden, der erstaunt oder erschrocken über solchen Aufzug fragt, woher er komme, zu antworten: »Aus der Hölle« und als Identitätsangabe dabei noch zu ergänzen, er sei »des Teufels rußiger Bruder«.

Männer, die lange Zeit im Felde waren, haben an Schlamm und Dreck, an Staub und an Gestank, an Flöhe, Läuse, Ratten und an Aasgeruch, an Blut und Schleim und an die Überreste von zerfetzten und verbrannten Menschenleibern sich bis zur Abstumpfung gewöhnt; die

Ordnungszwänge beim Appell auf den Kasernenhöfen waren erkennbar nichts als lächerliche Unterwerfungsgesten, in keiner Weise eine Vorbereitung auf all das Grauen, das beim Vormarsch, in der Schlacht, im Stellungskrieg, in den Rückzugsgefechten, auf den Truppenverbandsplätzen, im Lazarett dann sich ereignen würde. Kein Wunder, daß jemand, der endlich nun nach Hause kommt, erst einmal lernen muß, *nicht* mit den »Knobelbechern« (den Kommißstiefeln) ins Bett zu gehen und den verwahrlosten Zustand seines Äußeren *nicht* wie ein Ehrenzeichen zur Schau zu stellen oder als ganz gewöhnlich zu vergleichgültigen. Und nicht nur die hygienischen und ästhetischen Gefühle scheinen wie abhanden gekommen; zerstört oder doch weitgehend deformiert sind vor allem die kultivierte Sprache, die menschliche Rücksichtnahme und das moralische Urteilsvermögen.

Im Jahre 1978 schon drehte der amerikanische Regisseur HAL ASHBY unter dem Titel *Coming home – Sie kehren heim* einen Antikriegsfilm[29], der keine einzige Kampfszene zeigt, dafür aber wie eine vorweggenommene Warnung vor den Erfahrungen der jetzigen »humanitären Auslandseinsätze« schildert, wie die traumatisierenden Erfahrungen des Vietnamkrieges damals bereits das (Weiter)Leben der heimkehrenden »Helden« geprägt haben. Insbesondere die ebenso idealistisch gesonnene wie ahnungslose Offiziersfrau Sally (gespielt von Jane Fonda) muß von dem querschnittgelähmten Luke, den sie noch vom College her kennt, bei ihrer Tätigkeit im Lazarett lernen, wie tief der Krieg ihn und all die anderen Rollstuhlfahrer und Krükkengeher verächtlich und zynisch gemacht hat. Diese Leute sind aus einer Welt zurückgekommen, in der es richtig schien, Widerstände des »Feindes« mit äußerster Härte niederzukämpfen und auszuschalten; was Wunder da, wenn sie auch jetzt, im Privatleben, an der »Heimatfront« nach dem gleichen Muster agieren? Wer sich ihren Interessen in den Weg stellt, *ist* ein »Feind«, und er löst augenblicklich die gleichen Aggressionen aus wie die »Gooks« – die Vietnamesen (die »Kanaken«) – damals; alltägliche Kleinigkeiten können augenblicklich zu gewalttätigen Szenen eskalieren; – die da zurückgekommen sind, laufen jetzt, ohne formenden Befehl, auf sich gestellt, in ihrer neuen Umgebung aus dem Ruder. Da genügt ein Lichtreflex, ein Ton, ein lauter Knall, eine Bewegung, – und plötzlich ist alles wieder da: der Granateneinschlag, die Explosion, der Hilfeschrei eines Kameraden, die stete Angst, was dies und das am Straßenrand bedeuten mag, der permanente Zwang zur Wachsamkeit, das Lauern auf stets mögliche Gefahren; und dann die Wut, die Ausgesetztheit, das Wartenmüssen, das Nichtstunkönnen, so daß es fast eine Erlösung ist, endlich nach »vorn« geschickt zu werden; anschließend wieder: Dienst nach Vorschrift, – also herumblödeln, sich gegenseitig anstacheln zu Zoten und Zynismen, verdrängen, betäuben, alles Wichtige verschweigen, nur nicht die wahren Gefühle zeigen. Mit all dem kommt »man« nach »Hause« wie jemand, der einen Fluß hätte – nicht durchschwimmen, sondern, um unentdeckt zu bleiben – durchtauchen müssen und nun am anderen Ufer an Land klettern würde: Er hätte keinen Atem mehr, zu reden.

So hier jetzt der Soldat Hans, als er wie ein Schreckensgemälde aus dem Kinderbuch unter die Menschen tritt. Er kann und will nicht reden, weder mit seinen Angehörigen noch mit seinen »alten Kameraden«, nicht davon, wie es wirklich war, nicht von der Angst, der Wut, nicht von der Einsamkeit inmitten all der Menschenmarionetten … Da ist ein Schmerz und eine Trauer, die er nicht auszusprechen weiß, – da war zu lang ein »Deckel« drauf. Den Deckel hat er wohl für sich selbst gelüftet, doch allen anderen gegenüber wagt er es nicht, sich mitzuteilen; hier herrscht noch eine Weile – oder auch für immer! – das Tabu.

Und was noch schwerer wiegt: Die da zurückkehren, haben alle Grenzen der Zivilisation überschritten, jetzt gibt es für sie keine mehr. Der Mythos vom »Bürger in Uniform« erweist sich schon deshalb als arglistige Täuschung; denn bereits die Kriegsvorbereitung, erst recht dann der Kriegseinsatz verformt Menschen, die mal gute Jungs, brave Ehemänner, treusorgende Väter, eben: liebenswerte Mitmenschen, »Bürger« halt gewesen sind, in das genaue Gegenteil: in »Krieger«, welche in der Roheit urzeitlicher Grausamkeit den Rückweg in die Welt der Zivilisation (beinah) verloren haben.

In einer kleinen Szene aus seinen Lesebuchgeschichten hat WOLFGANG BORCHERT die Schizophrenie von »Bürger« und »Soldat« auf den Punkt gebracht: »Als der Krieg aus war, kam der Soldat nach Haus. Aber er hatte kein Brot. Da sah er einen, der hatte Brot. Den schlug er tot. – Du darfst doch keinen totschlagen, sagte der Richter. – Warum nicht, fragt der Soldat.«[30] – Krieg und Kultur sind absolut konträre Welten; was in der einen richtig und verdienstvoll, ja, pflichtgemäß und rühmenswert erscheint, ist in der anderen schlicht ein Verbrechen, etwas Ungeheuerliches, das kaum genug gestraft gehört. Man kann daher nur sagen: Das verwahrloste Äußere des Soldaten Hans, das seine Zeitgenossen vor ihm fliehen und das Weite suchen läßt, ist nur der Ausdruck einer solchen inneren Verwilderung.

Vielleicht ist dieser Zug auch angedeutet in der zusätzlichen, rätselhaften Angabe, die Hans im Auftrage des Teufels machen soll, falls er gefragt wird, wer er sei: Er sei, soll er zur Antwort geben, des Teufels rußiger Bruder – »und mein König auch«. Das könnte heißen, daß er sich jetzt aufspielt als jemand, der nicht nach Gut und Böse mehr zu fragen braucht, sondern der selber festzusetzen sich getraut, was gut und böse ist; in diesem Falle würde er tatsächlich so vermessen denken, wie die Könige in der Zeit des Absolutismus: sie brauchten sich an keinerlei Gebot der Sittlichkeit zu halten; sie sahen sich als Quell und Ursprung aller Sittlichkeit. Ein Mann, der als Soldat erlebt hat, was alles ihm sein »König« (oder General) gebietet, kann jetzt, wo er nicht mehr in Diensten seines Königs steht, sehr wohl auf den Gedanken kommen, daß er nun selber souverän genug sei, zu befinden, was »Recht« und »Ordnung« ist. – Es könnte aber auch gerade umgekehrt gemeint sein: daß Hans sein eigener »König« (in tiefenpsychologischem Sinne) wurde durch die Mühe seiner Selbsterkenntnis, die er in der siebenjährigen Nacharbeitung der Kriegshölle gewonnen hat; dann wartete alles jetzt darauf, diese innere Klarheit und Wahrheit mit sich selber in die Welt zu tragen, das heißt, die äußere Verwilderung nach und nach abzustreifen und die innere Idealität in die Realität zu heben. Der weitere Gang des Märchens zeigt, daß nur diese zweite Auffassung von einem eigenen Königtum, von einer neu entdeckten Autonomie, für den Soldaten Hans zutreffen kann, wenn er denn kein Soldat mehr ist.

Der Widerspruch, die Irritation zwischen der äußeren Erscheinung und der inneren Wirklichkeit könnte größer nicht sein. Ein Mann, der »so entsetzlich aussah, ärger als eine Vogelscheuche«, und auf Anfrage, woher er komme und wer er sei, nur sagen kann: »Aus der Hölle« und: »Dem Teufel sein rußiger Bruder«, wird kaum vermuten lassen, daß er auch sein eigener »König« ist. Das freilich tritt sogleich hervor, »wie er ... das Gold zeigte«; da klinkt der bis vorhin noch unwillige Wirt gleich selbst die Türe auf und läßt Hans in »die beste Stube« ein.

Man darf wohl denken, daß die nachfolgende Szene in der Realität beliebig lange Zeit umfassen wird: »Da ließ sich Hans ... köstlich aufwarten, aß und trank sich satt ... und legte sich ... schlafen.« Rein physisch versucht der zurückgekehrte Soldat Hans offenbar erst einmal wieder »Mensch« zu werden, indem er nach all der Zeit der Härte und Entbehrung sich regeneriert. Das Essen und Trinken wird man sich entsprechend gierig vorzustellen haben. Viele Soldaten, die nach dem Zweiten Weltkrieg aus russischer oder französischer Gefangenschaft zurückkamen – aus Ländern, die unter der nationalsozialistischen Besatzung und Verwüstung am meisten gelitten hatten –, berichteten als schlimmstes von dem Hunger, der sie endlos phantasieren ließ von Nahrungsmitteln, Lieblingsspeisen, Kochrezepten ... Jetzt endlich werden diese Träume wahr! Man hat es überlebt. Man hat es sich verdient. Man kann es sich jetzt wieder leisten! Also: Jetzt wird in vollen Zügen nachgeholt. Das Nachkriegsdeutschland fühlte so ...

Aber auch diese Zeit des nachgeholten »Fronturlaubs« bleibt eine Phase noch des nachlaufenden Imperfekts, – es kann nicht ewig nur so weitergehen. Das Leben ist nicht nur essen, trinken und schlafen, solange das Geld reicht. Oder umgekehrt: »Geldbesitz« im äußeren Sinne kann kein tragender Grund zum Leben sein; er mag die Lebensmittel zur Verfügung stellen, doch wollte man das Geldbeschaffen und das Geldausgeben nach wie vor zum Zweck an sich verklären, befände man sich immer noch im Überlebenskampf, im Krieg. Es ist – symbolisch gelesen – absolut notwendig, daß gerade der »Wirt« selber, der Nutznießer des Geld- und Warenkreislaufs also, zum »Dieb« wird an dem prasserisch zur Schau gestellten Geldbesitz. Denn nur so wird offenkundig: Dieses ganze System der Geldvermehrung durch Geld *ist* recht betrachtet ein Diebstahl, eine Enteignung von Leben und Lebensressourcen, ein Spiel, bei dem, die bereits aus der Hölle kommen, nur verlieren und als Bettler enden können. Solange der Soldaten-Hans nichts weiter will, als es sich wohlergehen zu lassen, bleibt er ein »Wilder«, ein Verwilderter, der immer noch nicht bei sich selber ist, so viel er auch bereits von der Vergangenheit in »Teufelsküche« aufgearbeitet hat.

Der Diebstahl, den der Wirt, ganz ruhelos beim bloßen Anblick all des Gelds bereits, begeht, ist so gesehen der wohl sinnreichste und nützlichste im ganzen Grimmschen Märchenbuch. Vor allem nämlich führt er dem Soldaten vor Augen, wie er selbst die ganze Zeit als einfacher Kommiß gelebt hat. Wohl, Kriege führt man stets den Worten nach für hehre Ziele – für Freiheit, für die Menschenrechte, für Gerechtigkeit, für Gott, auch für die »Sicherheit«, für die Demokratie …, für was auch immer, der Auswahlkatalog ist lang; in Wahrheit aber führt man niemals einen Krieg, der nicht als Hauptmotiv den Willen zur Bereicherung enthielte – zum Rauben, Plündern, Ausbeuten, Versklaven. Ob Kolonialismus, Imperialismus oder schon wieder Neokolonialismus oder NATO-Osterweiterung – unter wechselnden Vorwänden handelt es sich immer um dasselbe, beginnend mit der Pax Romana bis zur Pax Americana[31]. Wenn der Soldat tatsächlich davon frei sein will, Soldat zu sein, dann muß er davon lassen, Geldbesitz zum Glücksfetisch zu nehmen und damit immer noch den eigentlichen Kriegsgründen sich auszuliefern. Derselbe Mann, der ihn mit allem, was er wünscht, beliefert, solange er nur Geld genug dafür bezahlt – der Wirt, der »Wirtschaftsweise«, der Vertreter dieser »freien« Wirtschaftsordnung –, erweist sich selbst als hinterhältiger gemeiner Dieb, und erst wenn der Soldat das merkt, indem er es am eigenen Leib erfährt, kann er auf seinen Wildheitszustand Verzicht tun. »Du bist«, spricht er jetzt zu sich selbst, »ohne Schuld unglücklich gewesen.«

Es ist zum ersten Mal, daß in der Selbstbetrachtung wieder ein moralisches Prinzip zum Tragen kommt. Die Welt besteht nicht länger mehr nur aus Gewalt und Unglück; es gibt darinnen auch etwas wie Unschuld, die es zu schützen und zu hüten gilt. In dem Moment dieser

Entdeckung spricht ihn der »Teufel« frei und macht sich selber zum Friseur dieses Soldaten; er wäscht ihn, kämmt ihn, schneidet ihm die Haare und die Nägel, und jetzt auch wischt er ihm die Augen aus: er reinigt ihn, mag man wohl meinen, von all den ungeweinten Tränen. Die mühsame Rekultivierung ist vollendet; der Teufel, dieser Schattengeist, der sich im Hintergrund der Kriegserfahrung bildete, hat nunmehr seine therapeutische Funktion erfüllt.

Zu fürchten bliebe, daß die seelische Nachreifung bzw. daß die mühselige Traumaarbeit an und für sich vielleicht ganz gut und schön sei, doch letztlich als brotlose Kunst erscheinen müßte, gemessen an den »Werten« der »wirklichen« Welt. Auch wenn Hans diese Scheinwelt inzwischen hinter sich gelassen hat, besteht sie gleichwohl unverändert noch für seine Mitmenschen, – den »Wirt« zum Beispiel. Auch dieser Mann ist nur ein »Typ« wie bisher der Soldaten-Hans; er ist die wohlfeile Verkörperung all dieser »Wirte«: der »Volkswirte«, »Betriebswirte«, der »Ökonomen« aller Art; gleich ob als Unternehmer, Dienstleister, Lohnabhängiger, als Ich-Agent, – jeder, der Geldgewinn und Geldanlage zum wesentlichen Inhalt seines Lebens macht, ist solch ein Diebstahls-Wirt, und jemand, der genug dadurch gelitten hat, wie jener »Hans«, ist jetzt der rechte Mann, es zu erläutern: Wenn dieser Wirt gesonnen bleibt, an seinem Raub-Gold festzuhalten, führt sein Weg ganz gewiß genau in jenen Zustand, aus dem sich Hans befreien konnte. Es ist nicht nur der Wunsch, die Geldversessenen möge der Teufel holen, es ist in erster Linie nichts als die logisch notwendige Einsicht, die sich aus dieser Haltung selbst ergibt: Wirtschaft als Instrument zur Geldbeschaffung und zur Geldvermehrung, Wirtschaft als Diebstahl, Wirtschaft als Krieg der Konkurrenz des Kapitals – das *ist* die Hölle. Jeder wird es merken, spätestens wenn ihm wieder abgenommen wird, was er soeben einem andern abgejagt zu haben meinte. Wer es aber, wie Hans, erkennt, der ist tatsächlich »nun ein reicher Mann«.

Die Probe aufs Exempel besteht Hans geradezu bravourös, indem er als einfacher Mann zurückkehrt in sein Vaterhaus. Nun ist er wirklich bei sich selber angekommen; er hat wieder zu seinem »Vater« hingefunden als dem Urbild seiner Herkunft, seines Wesens. Und er braucht nichts, absolut gar nichts mehr zu tun, um sich ins Rampenlicht zu stellen. Umgekehrt: er kauft »sich einen schlechten Linnenkittel«, und mit dem geht er als Musikant herum. Der Mann, der wirklich »reich« (im Inneren) geworden ist, kann gar nicht anders, als jegliche »Uniform«, auch die der Mode und der Schickeria, abzulegen. Er hat es nicht mehr nötig, sich anders darzustellen, als er wirklich ist.

Das schönste Bild dafür ist die »Musik«, die er während der Zeit der Läuterung unter des »Teufels« Anleitung gelernt hat. Erstaunlich: So viel ist auf diesen Soldaten Hans gebrüllt und eingeschrien worden, daß er auf Jahre hin sich selber, seine eigene Stimme, nicht mehr hören konnte. Jetzt hört er sie, jetzt schwingt er auf sie ein, jetzt macht er sich zum Resonanzkörper, daß sie erklingen kann. Wenn irgend man »Glück« definieren will, – *so* ist's am einfachsten: ein Schwingen in sich selber, eine Eigenresonanz in Harmonie, ein Wohlklang, der das Innere durchströmt und sich nach außen hörbar macht. – Eine berühmt gewordene Szene des italienischen Spielfilms *Mein Vater, mein Herr* aus dem Jahre 1977 mag dieses Wunder wiedererwachender innerer Freiheit verdeutlichen: PAOLO und VITTORIO TAVIANI nahmen den autobiographischen Roman von GAVINO LEDDA zur Vorlage[32], der als sardischer Bergbauernjunge zum Militär kam, dort Lesen und Schreiben lernte und es schließlich zum Professor für Linguistik brachte. Als er eines Abends seinem Vater mitteilt, welch hochfliegende Pläne er verfolgt, nimmt dieser das Radio, in dem gerade MOZARTS Musik erklingt, und steckt es in ein Wasserbassin; sein Sohn aber trägt die Musik in sich, – er summt sie einfach weiter. Er braucht kein Radio, um sie zu hören, sie durchströmt ihn wie sein eigener Atem.

Ganz ähnlich Hans. Wer ihm zuhören könnte, vernähme wohl die warme Melancholie fast aller Bänkelsänger, nur daß er, dieser Straßenmusikant in dem weißen Gewande neu gefundener Unschuld, nicht Moritaten und Balladen singt, sondern sich selber intoniert. Und da ist nun ein alter »König«, – auch er ein Vaternachbild oder ein Symbol des eigenen Selbst[33]; nur wie ganz anders geht dies Märchen jetzt als die Geschichte von dem *Blauen Licht*. Der »König« hier muß nicht bekämpft und mit Gewalt vom Thron gestoßen werden, er vernimmt gern den Klang dieser Musik des Spielmanns in dem weißen Kittel, so sehr, daß er die älteste Tochter ihm zur Frau verspricht. Die aber will nicht, – sie denkt nicht daran, einen so ganz gewöhnlichen, »gemeinen Kerl« zu heiraten. Sie weiß nicht, daß sie sich damit vom Glück des eigenen Lebens ausschließt und daß ihre Entscheidung, die nur auf Wohlergehen und gesellschaftlichen Status achtet, ein folgenschweres Mißverständnis ihrer selbst darstellt. Gottlob gibt es die jüngste Tochter dieses »Königs«.

Stereotyp in Märchen werden *die jüngsten Söhne und Töchter*, auch wo es nicht derart ausdrücklich mitgeteilt wird, wie etwa in dem Märchen *Der goldene Vogel* (KHM 57) oder *Das Wasser des Lebens* (KHM 97), im Gegensatz zu ihren älteren Geschwistern zumeist als dümmlich, einfältig und tölpelhaft geschildert, doch gerade sie sind es, die in der Authentizität ihres Gefühls, in der Natürlichkeit ihrer Gedanken und in der Unverdorbenheit ihres Charakters das Leben ihres »Vaters« retten und ihn von schwerer Krankheit heilen[34]. Auch das Motiv: *der König stirbt* ist in der Darstellung der Märchen ein Symbol, das gern verwendet wird[35], wenn jemand an der isolierten, einseitigen, überlasteten Verstandestätigkeit sich zu verlieren droht und ihm nur die sanfte Melodie einer in sich stimmig gewordenen Lebensform helfen kann. Zuliebe diesem König, ihrem Vater, heiratet die jüngste der Prinzessinnen diesen »gemeinen Kerl im weißen Kittel«, der ehedem des Teufels rußiger Bruder war, nun aber sich gewandelt hat zu dessen geradem Gegenteil. Der Soldat Hans ist nun ein Mensch geworden, fähig, des »Königs« Erbe anzutreten. Und man möchte, ja, man müßte sagen: Nur Leute, die derart geläutert wurden, sollten auf den Thronen sitzen. Die Kriegsgewinnler, die Kriegsoptionisten und Kriegsopportunisten sollten nicht länger den Völkern »dienen« dürfen, indem sie Menschen beim Barras »dienen« lassen. Ihre Regentschaft hätte ausgedient.

III. Der Bärenhäuter oder: Die fast unmögliche Reifung zur Liebe

Die Erzählung von *des Teufels rußigem Bruder* (KHM 100) endet mit einem Loblied auf die erlösende Kraft der Liebe. Die innere wie äußere Verwilderung jenes Soldaten-Hans hebt sich hinweg in Schlichtheit, Reinheit, Musikalität und Zuneigung; jedoch: die Reihung dieser Motive läßt sich intensivieren, variieren, dramatisieren, und vor allem: sie läßt sich auf ihren menschlichen Erfahrungsgehalt hin noch einmal verifizieren, und das geschieht gleich in dem nächsten Märchen der Gebrüder Grimm – in der Geschichte vom *Bärenhäuter*.

Es war einmal ein junger Kerl, der ließ sich als Soldat anwerben, hielt sich tapfer und war immer der Vorderste, wenn es blaue Bohnen regnete. Solange der Krieg dauerte, ging alles gut, aber als Friede geschlossen war, erhielt er seinen Abschied, und der Hauptmann sagte, er könnte gehen, wohin er wollte. Seine Eltern waren tot, und er hatte keine Heimat mehr, da ging er zu seinen Brüdern und bat, sie möchten ihm so lange Unterhalt geben, bis der Krieg wieder anfinge. Die Brüder aber waren hartherzig und sagten: »Was sollen wir mit dir? Wir können dich nicht brauchen, sieh zu, wie du dich durchschlägst.« Der Soldat hatte nichts übrig als sein Gewehr, das nahm er auf die Schulter und wollte in die Welt gehen. Er kam auf eine große Heide, auf der nichts zu sehen war als ein Ring von Bäumen; darunter setzte er sich ganz traurig nieder und sann über sein Schicksal nach. »Ich habe kein Geld«, dachte er, »ich habe nichts gelernt als das Kriegshandwerk, und jetzt, weil Friede geschlossen ist, brauchen sie mich nicht mehr; ich sehe voraus, ich muß verhungern.« Auf einmal hörte er ein Brausen, und wie er sich umblickte, stand ein unbekannter Mann vor ihm, der einen grünen Rock trug, recht stattlich aussah, aber einen garstigen Pferdefuß hatte. »Ich weiß schon, was dir fehlt«, sagte der Mann, »Geld und Gut sollst du haben, soviel du mit aller Gewalt durchbringen kannst, aber ich muß zuvor wissen, ob du dich nicht fürchtest, damit ich mein Geld nicht umsonst ausgebe.« »Ein Soldat und Furcht, wie paßt das zusammen?« antwortete er, »du kannst mich auf die Probe stellen.« »Wohlan«, antwortete der Mann, »schau hinter dich.« Der Soldat kehrte sich um und sah einen großen Bär, der brummend auf ihn zutrabte. »Oho«, rief der Soldat, »dich will ich an der Nase kitzeln, daß dir die Lust zum Brummen vergehen soll«, legte an und schoß den Bär auf die Schnauze, daß er zusammenfiel und sich nicht mehr regte. »Ich sehe wohl«, sagte der Fremde, »daß dir's an Mut nicht fehlt, aber es ist noch eine Bedingung dabei, die mußt du erfüllen.« »Wenn mir's an meiner Seligkeit nicht schadet«, antwortete der Soldat, der wohl merkte, wen er vor sich hatte, »sonst laß ich mich auf nichts ein.« »Das wirst du selber sehen«, antwortete der Grünrock, »du darfst in den nächsten sieben Jahren dich nicht waschen, dir Bart und Haare nicht kämmen, die Nägel nicht schneiden und kein Vaterunser beten. Dann will ich dir einen Rock und Mantel geben, den mußt du in dieser Zeit tragen. Stirbst du in diesen sieben Jahren, so bist du mein, bleibst du aber leben, so bist du frei und bist reich dazu für dein Lebtag.« Der Soldat dachte an die große Not, in der er sich befand, und da er so oft in den Tod gegangen war, wollte er es auch jetzt wagen und willigte ein. Der Teufel zog den grünen Rock aus, reichte ihn dem Soldaten hin und sagte: »Wenn du den Rock an deinem Leibe hast und in die Tasche greifst, so wirst du die Hand immer voll Geld haben.« Dann zog er dem Bären die Haut ab und sagte: »Das soll dein Mantel sein und auch dein Bett, denn darauf mußt du schlafen und darfst in kein anderes Bett kommen. Und dieser Tracht wegen sollst du Bärenhäuter heißen.« Hierauf verschwand der Teufel.

Der Soldat zog den Rock an, griff gleich in die Tasche und fand, daß die Sache ihre Richtigkeit hatte. Dann hing er die Bärenhaut um, ging in die Welt, war guter Dinge und unterließ nichts, was ihm wohl und dem Gelde wehe tat. Im ersten Jahr ging es noch leidlich, aber in dem zweiten sah er schon aus wie ein Ungeheuer. Das Haar bedeckte ihm fast das ganze Gesicht, sein Bart glich einem Stück grobem Filztuch, seine Finger hatten Krallen, und sein Gesicht war so mit Schmutz bedeckt, daß wenn man Kresse hineingesät hätte, sie aufgegangen wäre. Wer ihn sah, lief fort, weil er aber allerorten den Armen Geld gab, damit sie für ihn beteten, daß er in den sieben Jahren nicht stürbe, und weil er alles gut bezahlte, so erhielt er doch immer noch Herberge. Im vierten Jahr kam er in ein Wirtshaus, da wollte ihn der Wirt nicht aufnehmen und wollte ihm nicht einmal einen Platz im Stall anweisen, weil er fürchtete, seine Pferde würden scheu werden. Doch als der Bärenhäuter in die Tasche griff und eine Handvoll Dukaten herausholte, so ließ der Wirt sich erweichen und gab ihm eine Stube im Hintergebäude; doch mußte er versprechen, sich nicht sehen zu lassen, damit sein Haus nicht in bösen Ruf käme.

Als der Bärenhäuter abends allein saß und von Herzen wünschte, daß die sieben Jahre herum wären, so hörte er in einem Nebenzimmer ein lautes Jammern. Er hatte ein mitleidiges Herz, öffnete die Türe und erblickte einen alten Mann, der heftig weinte und die Hände über dem Kopf zusammenschlug. Der Bärenhäuter trat näher, aber der Mann sprang auf und wollte entfliehen. Endlich, als er eine menschliche Stimme vernahm, ließ er sich bewegen, und durch freundliches Zureden brachte es der Bärenhäuter dahin, daß er ihm die Ursache seines Kummers offenbarte. Sein Vermögen war nach und nach geschwunden, er und seine Töchter mußten darben, und er war so arm, daß er den Wirt nicht einmal bezahlen konnte und ins Gefängnis sollte gesetzt werden. »Wenn Ihr weiter keine Sorgen habt«, sagte der Bärenhäuter, »Geld habe ich genug.« Er ließ den Wirt herbeikommen, bezahlte ihn und steckte dem Unglücklichen noch einen Beutel voll Gold in die Tasche.

Als der alte Mann sich aus seinen Sorgen erlöst sah, wußte er nicht, womit er sich dankbar beweisen sollte. »Komm mit mir«, sprach er zu ihm, »meine Töchter sind Wunder von Schönheit, wähle dir eine davon zur Frau. Wenn sie hört, was du für mich getan hast, so wird sie sich nicht weigern. Du siehst freilich ein wenig seltsam aus, aber sie wird dich schon wieder in Ordnung bringen.« Dem Bärenhäuter gefiel das wohl, und er ging mit. Als ihn die älteste erblickte, entsetzte sie sich so gewaltig vor seinem Antlitz, daß sie aufschrie und fortlief. Die zweite blieb zwar stehen und betrachtete ihn, von Kopf bis zu Füßen, dann aber sprach sie: »Wie kann ich einen Mann nehmen, der keine menschliche Gestalt mehr hat? Da gefiel mir der rasierte Bär noch besser, der einmal hier zu sehen war und sich für einen Menschen ausgab, der hatte doch einen Husarenpelz an und weiße Handschuhe. Wenn er nur häßlich wäre, so könnte ich mich an ihn gewöhnen.« Die jüngste aber sprach: »Lieber Vater, das muß ein guter Mann sein, der Euch aus der Not geholfen hat, habt Ihr ihm dafür eine Braut versprochen, so muß Euer Wort gehalten werden.« Es war schade, daß das Gesicht des Bärenhäuters von Schmutz und Haaren bedeckt war, sonst hätte man sehen können, wie ihm das Herz im Leibe lachte, als er diese Worte hörte. Er nahm einen Ring von seinem Finger, brach ihn entzwei und gab ihr die eine Hälfte, die andere behielt er für sich. In ihre Hälfte aber schrieb er seinen Namen, und in seine Hälfte schrieb er ihren Namen und bat sie, ihr Stück gut aufzuheben. Hierauf nahm er Abschied und sprach: »Ich muß noch drei Jahre wandern. Komm ich aber nicht wieder, so bist du frei, weil ich dann tot bin. Bitte aber Gott, daß er mir das Leben erhält.«

Die arme Braut kleidete sich ganz schwarz, und wenn sie an ihren Bräutigam dachte, so kamen ihr die Tränen in die Augen. Von ihren Schwestern ward ihr nichts als Hohn und Spott zuteil. »Nimm dich in acht«, sagte die älteste, »wenn du ihm die Hand reichst, so schlägt er dir mit der Tatze darauf.« »Hüte dich«, sagte die zweite, »die Bären lieben die Süßigkeit, und wenn du ihm gefällst, so frißt er dich auf.« »Du mußt nur immer seinen Willen tun«, hub die älteste wieder an, »sonst fängt er an zu brummen.« Und die zweite fuhr fort: »Aber die Hochzeit wird lustig sein, Bären, die tanzen gut.« Die Braut schwieg still und ließ sich nicht irremachen. Der Bärenhäuter aber zog in der Welt herum, von einem Ort zum andern, tat Gutes, wo er konnte, und gab den Armen reichlich, damit sie für ihn beteten. Endlich, als der letzte Tag von den sieben Jahren anbrach, ging er wieder hinaus auf die Heide und setzte sich unter den Ring von Bäumen. Nicht lange, so sauste der Wind, und der Teufel stand vor ihm und blickte ihn verdrießlich an; dann warf er ihm den alten Rock hin und verlangte seinen grünen zurück. »So weit sind wir noch nicht«, antwortete der Bärenhäuter, »erst sollst du mich reinigen.« Der Teufel mochte wollen oder nicht, er mußte Wasser holen, den Bärenhäuter abwaschen, ihm die Haare kämmen und die Nägel schneiden. Hierauf sah er wie ein tapferer Kriegsmann aus und war viel schöner als je vorher.

Als der Teufel glücklich abgezogen war, so war es dem Bärenhäuter ganz leicht ums Herz. Er ging in die Stadt, tat einen prächtigen Sammetrock an, setzte sich in einen Wagen, mit vier Schimmeln bespannt, und fuhr zu dem Haus seiner Braut. Niemand erkannte ihn, der Vater hielt ihn für einen vornehmen Feldobrist und führte ihn in das Zimmer, wo seine Töchter saßen. Er mußte sich zwischen den beiden ältesten niederlassen; sie schenkten ihm Wein ein, legten ihm die besten Bissen vor und meinten, sie hätten keinen schönern Mann auf der Welt gesehen. Die Braut aber saß in schwarzem Kleide ihm gegenüber, schlug die Augen nicht auf und sprach kein Wort. Als er endlich den Vater fragte, ob er ihm eine seiner Töchter zur Frau geben wollte, so sprangen die beiden ältesten auf, liefen in ihre Kammer und wollten prächtige Kleider anziehen, denn eine jede bildete sich ein, sie wäre die Auserwählte. Der Fremde, sobald er mit seiner Braut allein war, holte den halben Ring hervor und warf ihn in einen Becher mit Wein, den er ihr über den Tisch reichte. Sie nahm ihn an, aber als sie getrunken hatte und den halben Ring auf dem Grund liegen fand, so schlug ihr das Herz. Sie holte die andere Hälfte, die sie an einem Band um den Hals trug, hielt sie daran, und es zeigte sich, daß beide Teile vollkommen zueinander paßten. Da sprach er: »Ich bin dein verlobter Bräutigam, den du als Bärenhäuter gesehen hast, aber durch Gottes Gnade habe ich meine menschliche Gestalt wieder erhalten und bin wieder rein geworden.« Er ging auf sie zu, umarmte sie und gab ihr einen Kuß. Indem kamen die beiden Schwestern in vollem Putz herein, und als sie sahen, daß der schöne Mann der jüngsten zuteil geworden war, und hörten, daß das der Bärenhäuter war, liefen sie voll Zorn und Wut hinaus; die eine ersäufte sich im Brunnen, die andere erhenkte sich an einem Baum. Am Abend klopfte jemand an der Türe, und als der Bräutigam öffnete, so war's der Teufel im grünen Rock, der sprach: »Siehst du, nun habe ich zwei Seelen für deine eine.«

So hätte denn am Ende die Macht des Bösen durch diesen einen Sieg des Guten in Wahrheit sich doppelt bestätigt? *Die* Frage bleibt; – sie ist wie ein Heckruder, das, in falscher Stellung, die Fahrt des Kahns von Anfang an abdriften lassen muß, und sie taucht tief; denn derart eindringlich wie hier ist die Verzweiflung eines »Heimkehrers« ohne Heimat, eines »Rückkehrers« ohne Aussicht, eines Kriegsveteranen ohne Zukunft in keinem der bisherigen Märchen geschildert worden, mithin auch nicht die wie ein Fatum geformte Flucht in die Fänge jenes Grünrocks mit dem Pferdefuß …

1. Was der Krieg aus Menschen macht oder: Die Bilanz einer chronischen Verwilderung

»Es war einmal ein junger Kerl, der ließ sich als Soldat anwerben, hielt sich tapfer und war immer der Vorderste, wenn es blaue Bohnen regnete.«

Es heißt, daß gerade jetzt, in Zeiten einer schweren Wirtschaftskrise, der Zustrom von »Freiwilligen« zur US-Army ungebrochen anhalte, ja, sogar zunehme[1], – wie anders auch kaum zu erwarten; es ist das Proletariat, es sind die Rechtlosen, es ist die Unterschicht, die in der Uniform des Staates, der die Interessen aller Bürger zu schützen vorgibt, am Ende die Interessen einer winzig kleinen Oberschicht – von der Gesamtbevölkerung nur etwa 10 Prozent der Reichen und der Superreichen – durchzusetzen hat. Vor rund 200 Jahren waren es wohl ganz genauso wirtschaftliche Zwänge, die junge und gesunde, doch sozial so gut wie chancenlose Leute dem Moloch Militär zutrieben, nur daß die Anwerbeverfahren allemal noch übler ausfielen als heute üblich: Man setzte sich in den Kaschemmen an den Tisch, spendierte Freibier, gaukelte den Halbbetrunkenen ein Leben voller Abenteuer, Golddukaten und der wildesten Genüsse vor und ließ sie bald schon eine Klitzekleinigkeit auf einem nebensächlichen Papierchen unterschreiben. Das Weitere ging dann nach Recht und Ordnung. Auch Fürsten verkauften ihre Bürger an ausländische Mächte, die zur Führung ihrer Kriege noch nicht genügend Truppen ausgehoben hatten[2]; damit erkauften sie sich das Gold zur Finanzierung ihres luxuriösen Lebensstils oder diplomatische Vorteile zur Durchsetzung ihrer Hegemonieansprüche. Der einzelne Soldat galt den Regierenden ein Nichts. Der Krieg ernährt den Krieg; wenn aber der Krieg aus ist, ernährt er niemanden.

Das alles ist und war schon immer so. Eins aber gewiß hat sich geändert: Mut und Tapferkeit sind heute wohl kaum mehr die entscheidenden Voraussetzungen für den Soldatenberuf. Ein Soldat – in Afghanistan, am Horn von Afrika, im Mittelmeer oder wo auch immer – muß schon lange nicht mehr »tapfer« sein. Selbst wenn er nicht ohnehin seinen »Dienst« als technisch hochqualifizierter Spezialist an einem High-Tech-Arbeitsplatz mit Satelliten-Aufklärung und ferngesteuerten Präzisionswaffensystemen ableistet, so ist doch heute jeder Soldat in erster Linie nur ein »Vermittler« des Todes, der, persönlich möglichst ungefährdet und unbedroht, geschützt durch die haushohe technische Überlegenheit seiner Armee bei der »asymmetrischen« Kriegsführung, so mechanisch, zuverlässig und emotionslos seinen Kriegsgegner ausschalten soll wie jemand, der mit der Kettensäge Bäume fällt oder an den Rändern einer Großstadt in den Hallen einer Schlachtfabrik am Fließband Tiere zur Hinrichtung schlachtfertig macht, zerlegt, ihre Körper ausnimmt und verpackt. Bei dem Soldaten, der einmal ein »Bärenhäuter« werden soll, erscheint demgegenüber am bemerkenswertesten, daß er »tapfer« und »immer der Vorderste« ist, »wenn es blaue Bohnen« regnet. – An dieser Stelle schon erscheint es angebracht, das Bild vom »Bärenhäuter« auszumalen, das in der Menschheitsgeschichte eine lange Tradition besitzt und in den verschiedenen Kulturen viele Parallelen aufweist.

Im Ursprung war der »Bärenhäuter« ein in Bärenfelle eingehüllter Krieger, – ein »Berserker« also (von altnordisch *beri* = Bär und *serkr* = Gewand); er war damit verwandt dem Wolfshäuter, dem *ulfhetnar*[3]. Beide Gestalten, die den Vorstellungen vom *Werwolf* entsprechen, verweisen »in die jägerische Urzeit der Totemgruppen mit ihren Tiertotems. Neuere Forschungen ergaben, daß die nordischen Krieger wohl mit psychotropen … Drogen aus Fliegenpilz gedopt wurden; der Rauschzustand, den das *Muscarin* erzeugt, ähnelt dem LSD-Rausch. Man weiß, daß der Fliegenpilz auch für die schamanischen Praktiken bei den nordsibirischen Jägerstämmen eine Rolle spielt; die Anwendung bei den *Wikingern* dürfte eine weit zurückreichende kulturelle Beziehung zum Schamanismus bezeugen … In der *Ynglingsage* ist der Zustand der im Rausch kämpfenden Berserker beschrieben: Sie ›gingen ohne Panzer in den Kampf, toll wie Hunde oder Wölfe; sie bissen in ihre Schilde und waren stark wie Bären oder Stiere; sie mähten ohne Unterschied nieder, und weder Feuer noch Eisen taten ihnen etwas an‹.«[4] Als solch ein wilder, unverwundbarer, den Tod herausfordernder, doch ihn nie erleidender, siegreicher Kriegsheld – als »Berserker« eben, und zwar nicht unter dem Einfluß psychedelischer Substanzen, sondern kraft Kampfeswille und Charakterstärke – erscheint der Soldat dieses Märchens gleich in der Einleitung.

Die Einteilung eines Heeres in (totemistische) Tierkrieger-Gruppen verlockt darüber hinaus zu einem Vergleich auch mit der Kulturentwicklung in der Neuen Welt, die, weil ohne jede historische Vermittlung, auf eine erstaunliche Gleichförmigkeit derartiger Vorstellungen verweist: Die mittelamerikanischen Azteken zum Beispiel kannten die Kriegerorden der Adler und der Jaguare, benannt »nach den beiden stärksten und mutigsten Raubtieren Mexikos, die im religiösen Weltbild Repräsentanten von Himmel und Erde, Licht und Dunkelheit, Sonne und Sternenhimmel waren, aus deren wechselndem Widerstreit und Zusammenspiel sich nicht nur das kosmische Geschehen ergab, sondern auch das gesamte irdische Leben; der irdische Krieg ist (sc. in diesem Weltbild, d. V.) nur ein Spiegelbild und Widerhall des himmlischen. Das sind Gedanken, die auch bei vielen nordamerikanischen Indianern geläufig waren; denn bei den höherstehenden Ackerbauvölkern im östlichen Nordamerika, die zur Sioux- oder Maskoki-Familie gehören, zerfiel jeder Stamm in zwei Gruppen, das Himmels- und das Erdvolk, die als Totems den Adler und den Bären hatten: den größten Raubvogel und das größte Landraubtier Nordamerikas. Symbole des Kriegertums waren Adler und Jaguare schon bei den Tolteken, auf deren Denkmälern beide Tiere oft mit Menschenherzen in den Klauen nebeneinander dargestellt sind. Bei den Azteken bildeten Krieger, die als Jaguare und Adler kostümiert waren, eine Art Orden, eine Elitetruppe[5]. (Vgl. Abb. 2: Adler- und Jaguarkrieger, die mit Obsidianschwertern in den Krieg ziehen[6])

Einen derartigen metaphysischen Hintergrund zum Kriegführen braucht der spätere »Bärenhäuter« in dem Grimmschen Märchen nicht; alles, was er tut, unternimmt er gewissermaßen aus erdverhafteter Mannesstärke auf eigene Rechnung; dafür aber scheint ihm der andere Pol: das Adlerhafte, das Geistige und Sinnhafte, ganz zu fehlen. Sein Soldatsein betrachtet er nicht sehr viel anders als die amerikanischen Piloten, die 1991 von den US-Flugzeugträgern im Persischen Golf aus Nacht für Nacht Bagdad sowie die irakischen Stellungen mit Tomahawk-Raketen, Napalm- und Sprengbomben angriffen, – ihr

Abb. 2 *Adler- und Jaguarkrieger*

Ziel war kein heroisches, es lautete ganz simpel: to get the job done. Es spielte und spielt für diese Art von Kriegshandwerkern absolut keine Rolle, daß in Kulturen wie der aztekischen Kriege heilige Handlungen waren, fest verankert im religiösen Weltbild, aufgeführt von den Angehörigen der Kriegerorden, abgestimmt von den Priestern mit dem kosmischen Geschehen nach dem Willen der Götter im Himmel. Soldatsein aber kann nicht als »Job« betrieben werden. Das Töten von Menschen ist keine bezahlbare Berufsausübung wie jede andere. Der Mann indes, der bald danach zum »Bärenhäuter« wird, macht sich darüber keinerlei Gedanken. Im Gegenteil. Gerade die problemlose Selbstverständlichkeit, mit der er draufgängerisch den Dienst verrichtet, scheint ihm jene unbedenkliche Keckheit zu verleihen, die unter dem Stichwort »Tapferkeit« an ihm besonders auffällt und bewundert wird. So wartet förmlich alles nur darauf, daß seine sonderbare Wohlgemutheit irgendwann sich selbst mit hohem Tempo in die Krise steuert und – hoffentlich! – in Nachdenklichkeit umschlägt.

Die Krise kommt prompt, als der Krieg zu Ende geht. »Solange der Krieg dauerte, ging alles gut, aber als Friede geschlossen war, erhielt er seinen Abschied.« Welch ein Soldat, der Tag für Tag lediglich Glück hat, wenn er noch am Leben ist, kann sich erlauben, langfristig zu planen oder eine Zukunft zu entwerfen? Er muß so tun, als ob er ewig leben würde, er muß verdrängen, daß die nächste Stunde schon die letzte sein kann; also wird er geneigt sein, sich über das eine wie über das andere möglichst wenige, am besten gar keine Gedanken zu machen, und diese selbstverordnete Gedankenlosigkeit, parallel zur fremdverordneten Skrupellosigkeit bei Ausführung gegebener Befehle, bildet auf der Stelle ein ernstes Problem, sobald diese Mischung aus phlegmatischem Fatalismus und militaristischem Opportunismus ihr Ende findet. Ab sofort ist es notwendig, selbst für sich zu denken und sein Leben (wieder) selber in die Hand zu nehmen. Jetzt, mit dem Friedensabschluß, wird der Soldat entlassen in die »Freiheit«, – doch was heißt das für ihn? Da öffnet sich ein Raum, den er niemals betreten, geschweige denn gestaltet oder eingerichtet hat. Zudem führt das Wort »Freiheit« hier den Zynismus mit sich, der ihm im Wirtschaftsleben üblicherweise anhaftet, wenn wieder einmal die Rede davon geht, daß man die Mitglieder einer Belegschaft »frei«gesetzt hat: man unterwirft sie ökonomisch lediglich noch ärgeren Abhängigkeiten und Erpreßbarkeiten. Dieser Soldat stellt fest, daß er vollkommen mittellos ist. Unzählige Male hat er, wer weiß wofür, sein Leben riskiert, – jetzt wie zum Lohne und zum Hohne hat er nichts weiter übrig als sein Leben. Natürlich hat er keinen Anspruch auf Versorgung, natürlich hat er keinerlei eigene Vorsorge treffen können, natürlich ist er mittellos.

In solcher Lage scheint von alters her die heimische Familie der wichtigste Zufluchtsort. Blut sei dicker als Wasser, pflegt man zu sagen und meint damit, daß die verwandtschaftliche Zusammengehörigkeit Menschen, wenn es drauf ankommt, zuverlässiger miteinander verbindet als alle scheinbar noch so wichtigen gemeinsamen Aufgaben und Interessen; wie schwierig es ist, den »Generationenvertrag« auf dem Gesetzeswege einzuhalten, wenn die Familien unter psychischen und gesellschaftlichen Zwängen auseinanderbrechen, zeigt sich derzeit als chronisches »Finanzloch« in den staatlichen Pflege- und Sozialkassen. Also: die Familie! Doch nun: Dieser Soldat hat keine Eltern mehr, – sie sind gestorben; was einmal seine Heimat war, gibt es nicht mehr; so bleiben nach Verlust des Elternhauses vermeintlich immerhin die Brüder. Aber Geschwisterliebe ist nicht Elternliebe; nicht einmal eine Übergangszahlung bis zum nächsten Krieg wollen die Brüder ihm gewähren. In Friedenszeiten ist der Mann des Krieges in ihren Augen schlicht überflüssig, unbrauchbar und unnütz, – er soll nur sehen, wie er sich weiter durchschlägt.

Eigentlich müßte diese klare Abweisung dem Soldaten Hinweis genug sein, endlich sich im zivilen Leben einzurichten, doch gerade das zieht dieser Spezialist des Tötens auch nicht entfernt nur in Erwägung. Noch hat er sein Gewehr, dies Utensil des Krieges, und das führt er mit sich als seinen Bettelstab, als seinen Halt, als Zeichen seiner immer noch vorhandenen Potenz. Auf die Idee auch nur, es könnte etwas anderes geben, als auf den nächsten Krieg zu warten, kommt er gar nicht. *Mit* dem Gewehr könnte er sich wohl auch als Jäger oder Wachmann irgendwo bewerben, er aber findet offenbar auf keinem Wege in den zivilen Nach-Kriegs-Alltag mehr zurück. Die »Hartherzigkeit« seiner Brüder erscheint jetzt wirklich wie ein Markenzeichen seiner eigenen Herkunft und Gesinnung: aus *der* Welt kommt er, und in ihr hat er sich eingerichtet, nur daß er's immer geradeaus versucht hat – draufhalten und abziehen, nicht diese feinen Kniffe, diese gemeinen Artigkeiten, diese berechneten Maskeraden des *kissing and killing*, die das zivile »Bürgersleben« aufs tödliche durchziehen. Er war und ist auf seine Weise das, was man als eine »ehrliche Haut« bezeichnet. Nur: was hat er jetzt davon? Es bleibt ihm anderes nicht übrig: Jetzt oder nie *muß* er zum Nachdenken kommen.

2. Der Pakt mit dem Teufel oder: Die Aufarbeitung einer schweren Hypothek

Der Ort der Einkehr ist symbolisch gut gewählt: Da ist die Heide – eine von Menschenhand durch Abholzung der Wälder geschaffene Freifläche[7], bestanden von Zwergsträuchern, Wacholder, Ginster und Gräsern, ein übersichtlicher Platz, der den Blick nicht ins Unendliche schweifen läßt, aber ihn auch nicht verengt und verstellt; das einzige, was es zu sehen gibt, ist »ein Ring von Bäumen«.

Seit eh und je besitzt *die Kreisform* etwas Magisches, mit dem kreisförmigen Sonnenobservatorium in Goseck vor etwa 7000 Jahren beginnend[8] über die steinernen Schutzkreise, die man um die Grabhügel der Bronzezeit setzte[9], bis hin zu den Kränzen, die man windet zum Zeichen der Treue inmitten des Wechsels der Zeiten. Die Einladung ergeht in diesem Bild an den Soldaten, sich in den Mittelpunkt des Baumkreises zu setzen und damit selber den Punkt aufzusuchen, von dem her sein bisher so exzentrisches Dasein sich richtiger zentrieren ließe. Tatsächlich nimmt er denn auch unter den Bäumen Platz und sinnt »traurig ... über sein Schicksal nach: ... ich habe nichts gelernt als das Kriegshandwerk, und jetzt, weil Friede geschlossen ist, brauchen sie mich nicht mehr; ich sehe voraus, ich muß verhungern.« – So die Gedanken, die sich ihm vor der Hand aufdrängen.

Doch immerhin: Zum ersten Mal in seinem Leben merkt er, wohin in Wahrheit er geraten ist oder, wohl richtiger, wohin es mit ihm selbst gekommen ist. Noch immer sieht er in dem Krieg ein »Handwerk«, einen »Job«, und er bedauert geradezu, daß Frieden ausgebrochen ist. Für jeden, der vom Kriege lebt, wird Krieg zum Lebensinhalt und zum Selbstzweck. Das Tötenmüssen, um zu überleben, erreicht hier seine psychische Absolutsetzung als Tötenwollen, um davon zu leben; doch gerade das heißt es, Berufssoldat zu sein. Es ist – wie in den beiden anderen Soldatenmärchen auch –, daß dem Betreffenden erst jetzt, wo alles aus ist, sein bisheriges Dasein bewußt wird und er es wie einen Albtraum auf sich zukommen sieht. Was jetzt im Brausen wie der Pfingst-Geist auf ihn niederfährt, wird wenig später als der Teufel sichtbar werden, – doch eigentlich ist es der Kriegsgeist selbst, der als ein Teil der eigenen Seele in des Soldaten Selbstbewußtsein tritt.

Die Züge dieses Geistes erinnern *en détail* an den Gott Odin (nordgermanisch) oder Wotan (südgermanisch), an »Walvater«, an den Herrn der Walstatt, an den Gott des Schlachtfelds. Er war der höchste Gott aller Germanenstämme: »Er hält den Kampf unter den Menschen wach, um im Endkampf die Tapfersten um sich zu haben«[10] – eine Art eschatologische Selektion der Fittesten inmitten einer Welt, die durch und durch von Krieg bestimmt ist und keinen Frieden kennen *soll.* Die »Tapferkeit«, die bisher als Haupteigenschaft dieses Soldaten gerühmt wurde, erzeigt sich jetzt mithin als der abgespaltene Dämon einer überlebten Religionsform, für die der Krieg zum höchsten Gott entartet war, – kein Wunder, daß die Nationalsozialisten im Revival solcher Schichten der »deutschen« Volksseele sich propagandistisch verständlich zu machen suchten.

Doch wie sich jetzt zeigt, erlebt das längst obsolet gewordene »Heidentum« immer von neuem in der Geistesart des Militärs seine Renaissance in Gestalt des Kriegers – oder in dessen eineiigem Zwillingsbruder: in der Gestalt des Jägers[11]. Der Mann, der da im »grünen Rock« erscheint, ist als ein solcher klar erkennbar schon an der Berufskleidung, und wiederum erinnert er an den Germanengott des Krieges: Vor allem zwischen Weihnachten und Neujahr stellte Odin »mit seiner Meute als der *wilde Jäger* dem ungeheuren *Eber Gullinborsti* nach«.[12] Selbst der berühmte *Pferdefuß*, der sprichwörtlich den Teufel kennzeichnet, könnte an Odins achtbeinigen Hengst Sleipnir erinnern, den der Gott Loki, in eine Stute verwandelt, zeugte, als er das Pferd des Riesen weglockte, der mit dem Bau der Mauern von Asgard die Göttin Freya für sich gewinnen wollte[13]. Auf einem Bildstein von Tjängvide im Kirchspiel Alskog auf Gotland aus dem 8.–9. Jahrhundert n. Chr. ist dargestellt, wie ein Krieger oder gar Odin selbst auf Sleipnir nach Walhall reitet, woselbst ihn eine Walküre als einen vornehmen Gast mit einem Horn voll Met empfängt; darunter geht die Welt des Kampfes weiter: wieder läuft ein Wikingerschiff mit neun Kriegern aus zu neuen Raub- und Handelszügen (vgl. *Tafel 8*)[14]. Üblicherweise wird der Teufel auch mit Bocksfüßen und Bockshörnern dargestellt, doch in dieser Gestalt erweist er sich eher als Nachfahre des griechischen Weingottes Dionysos, in dem sich Rausch und Wollust als verführerische Mächte zeigen[15]. Davon kann bei dem »Grünrock«-Teufel keine Rede sein: Was er verkörpert und wozu er selbst verführt, ist eben – Tapferkeit, und genau diese Einstellung ist es, mit deren Überhöhung und Einseitigkeit sich der Soldat im folgenden wird auseinandersetzen müssen.

Eigentlich hört sich den Worten des Teufels nach alles so an, als wenn der Soldat nur so fortfahren müßte wie bisher, um »Geld und Gut« so viel zu bekommen, daß er's selbst »mit aller Gewalt« nicht wird durchbringen können. Es steht ihm in Aussicht, wofern er nur eine weitere Mutprobe ablegt, – was also soll dabei sein, sich auf so etwas einzulassen? Noch tut das Märchen so, als wenn sein Held nicht wirklich wüßte, mit wem er es in der Gestalt des Grünrockes zu tun hat, doch wie sich sogleich zeigen wird: er weiß es nur zu gut, er ignoriert nur eine Weile lang das Offensichtliche, um mit dem Teufel ins Geschäft zu kommen.

Die »Mutprobe«, die er bestehen soll, ist eine Aufgabe, die wahrlich kaltes Blut erfordert, – eine Bärentötung. Derlei Tötungen geschahen rituell und waren auch bei den Germanen üblich, wie eine bronzene Prägeplatte für Zierbleche aus dem schwedischen Torslunda zeigt (vgl. Abb. 3)[16]. Dahinter dürften Vorstellungen stecken, die noch im 20. Jahrhundert bei den sibirischen Wogulen und Ostjaken verbreitet waren und in Verbindung mit entsprechenden Astralkulten standen wie der Verehrung der Großen Bärin. – So erzählt das Märchen von der Mos-Frau, sie sei auf der Suche nach einem geraubten Fell von den Jagdhunden (ebenfalls ein Sternbild am Nordhimmel) verschlungen worden, aber im Frühling in Gestalt einer Blume zu neuem Leben erblüht. Als Blume ward sie jedoch von einer Bärin gefressen, allerdings nur, um hernach als himmlisches Kind zur Welt geboren zu werden. Die Bärin und ihre Kinder wurden schließlich, in Gehorsam zum Willen des Himmelsgottes Torem, in einer Höhle von den Menschen getötet. Das ganze Dorf versammelte sich daraufhin zu Spiel, Gesang und Tanz, nur das Himmels-Mädchen weinte und weinte, bis es ihm gelang, die Nägel der Hände und Füße der getöteten Bärin zu

Abb. 3 *Kultische Bärentötung*

sammeln und in den Wald zu tragen. Auf diese Weise entstand am Himmel das Sternbild »Haus der Bärin«. Vom Fleisch der Bärin aber zu essen weigerte sich das Mädchen. Denn so sprach es: »Ich esse nicht vom Fleisch meiner Mutter, ich kann das Fleisch meiner Bärenmutter nicht essen!« Indem es aber bei seinem Stamm blieb, gewährte es ihm Jagdglück und guten Fang[17].

Was in Erzählungen wie dieser sich ausdrückt, ist *das Schuldgefühl*, das Jägervölker überall auf Erden bei der Tötung (heiliger) Tiere empfinden: sie müssen töten, um zu leben, doch sie haben Skrupel, so zu handeln. Dieser religionsgeschichtlich sehr verbreitete Tiertöterskrupulantismus ist bedeutsam seit dem wohl schon eiszeitlichen Kult des Bären bis hin zu der Verehrung der griechischen Artemis[18]. Ganz anders geht demgegenüber der Soldat im Grimmschen Märchen bei seiner Mutprobe in Teufels Auftrag vor; für ihn ist diese Bärentötung nur eine Verlockung zur Selbstbestätigung in seiner Hauptsoldatentugend: »Oho«, ruft er, als er den Bären sieht, »der brummend auf ihn zutrabte«, »dich will ich an der Nase kitzeln, daß dir die Lust zum Brummen vergehen soll«, legt an und schießt »den Bär auf die Schnauze, daß er zusammenfiel und sich nicht mehr regte«. Das ist genau jenes naßforsche Draufhalten und Umlegen, dessen er sich als »Kriegshandwerker« gewiß schon all die Zeit befleißigt hat. Es ist seine Vergangenheit, die da von hinten her, buchstäblich als sein »Hintergänger«[19], an ihn herantritt und die er nur wahrnehmen kann, wenn er, wie ihm der Teufel aufträgt, hinter sich schaut. Es ist dieser Rückblick auf das, was er ständig tat und war, der ihm erkennbar macht, wer er in Wahrheit ist: der Bär, den er da ohne jeden Anflug von Gewissensbissen, wie man waidmännisch zu sagen pflegt, »zur Strecke bringt«, – der ist er selbst! Genau dieses Untier ist aus ihm, dem Schützen, dem »Feldjäger« ohne moralische Bedenken, im Nachlauf vieler Jahre als Soldat geworden!

Alles, was nun folgt, ist deshalb, wie auch schon im Märchen von *des Teufels rußigem Bruder*, nicht eigentlich ein Neues, das dem Soldaten von dem sonderbaren Fremden zugemutet würde; es ist nur ein Erinnern und ein Innewerden dessen, was als Wirklichkeit in seinem Leben längst schon sich herausgebildet hat: die äußere, vor allem aber seelische Verrohung und Verwilderung, die mit ihm und in ihm über geraume Zeit vor sich gegangen ist. Auch er darf sich »in den nächsten sieben Jahren … nicht waschen, … Bart und Haare nicht kämmen, die Nägel nicht schneiden und kein Vaterunser beten«. Man kann auch sagen: Er muß sieben Jahre lang sich – endlich! – damit auseinandersetzen, daß er so geworden ist, und man darf wohl auch vermuten, daß es zumindest sieben Jahre dauern wird, bis er die Hintergrundgestalt des »Bären«, die er so leichthin meinte umlegen zu können, in sich wirklich besiegt hat. Erneut ist hier ein »therapeutischer« »Teufel« am Werke, der dazu nötigt, den Kulturschock, die seelische Deformation, die innere Vertiertheit anzuerkennen, die mit dem Worte »Kriegshandwerk« einhergeht und die in dem »kleinen schwarzen Männchen« in *Das blaue Licht* oder dem »kleinen Männchen« aus *Des Teu-*

fels rußiger Bruder oder gerade eben in dem »Grünrock«, Gestalt gewonnen hat. Nur daß zu all den schon bekannten Zügen jetzt noch ein wichtiges neues Moment hinzutritt: Der Soldat darf die ganze Zeit kein Vaterunser beten!

Ein solches Verbot mag geradezu grotesk erscheinen, wird doch kaum sonst so viel gebetet wie in Kriegszeiten. Das Gefühl der Hilflosigkeit drängt wie von selbst dahin, den Himmel zu bestürmen um Beistand und um Schutz; die Kirchen füllen sich zu »Sturmandachten« beim Flehen um den Sieg, – und segnen soll die Gottheit stets die eigenen Soldaten, die der »gerechten Sache« unter Einsatz ihres Lebens aufzuhelfen suchen, wie man glauben soll ...[20] Gemessen an der offiziellen Theologenheuchelei in Sachen Krieg erscheint des Teufels Direktive hier als Ausgeburt seltener Ehrlichkeit. Überhaupt gar kein Vaterunser soll der Soldat mehr beten, – das heißt, er muß sich eingestehen, daß er als »Kriegshandwerker« niemals so gebetet hat, wie Jesus mit dem »Vaterunser« seine Jünger beten lehrte (Mt 6,9–13). Was er betrieb, war mitleidlos, es kannte keine Gnade, es war buchstäblich »gottlos«, so wie die Brüder Grimm in ihren Märchen dieses Wort verwenden, um einen Menschen zu bezeichnen, der keinerlei Gebot von Menschlichkeit und Sittlichkeit beachtet[21]. Alle »Gebete« sind da nichts als Selbstbetrug. Mit dieser Einsicht muß der Soldat jetzt erst einmal zurechtkommen, wenn je es für ihn eine Zukunft geben soll. Wohl, er beginnt zu fürchten, dabei seine Seele zu verlieren; aber er kann nur dann sich wiederfinden, wenn er begreift, wie seelenlos, wie gnadenlos, wie gottvergessen er all die Zeit gelebt hat. – In Zeiten, da die Kirchen, im Bemühen, staatstragend zu sein, sich stolz geben auf ihre Militär»seelsorger«, welche »unsere« Soldaten bei ihren »friedenerzwingenden Auslandseinsätzen« moralisch stützen und unterstützen, stimmt das Gebets*verbot* des Grimmschen »Teufels« nicht nur nachdenklich, es untersagt, beim Wort genommen, die Fortsetzung jedweder bürgerlich-bigotten Heuchelei und Frömmelei. Es ist in jedem Fall anständiger als die weihrauchdurchtränkte Form der Gotteslästerung in »Gottes« Namen.

3. Berserker- und Werwolf-Phantasien oder: Vom Tier im Menschen

Für den Soldaten selbst aber beginnt nun eine lange Prüfungs- und Reifezeit. Es ist ein »Spiel« um Alles oder Nichts: Entweder hält er durch und überwindet den Zustand völliger Entfremdung oder er »stirbt« und verliert sich für immer. So viele Schlachten hat er schon geschlagen, doch keine so wie diese. Jetzt muß er wirklich allen Mut zusammennehmen, um in sich selbst das Riesenraubtier zu erlegen: Er muß als erstes sich in diesem Konterfei erkennen und wider Willen anerkennen, und er muß diese Zerrgestalt, die einst sein Ideal gewesen, so lange mit sich tragen, bis sich die Zeit erfüllt, sie abzulegen. Der »Grünrock« zieht die eigene Kleidung aus und überreicht sie dem Soldaten mit dem Versprechen: »Wenn du den Rock an deinem Leibe hast und in die Tasche greifst, so wirst du die Hand immer voll Geld haben.« Doch zu der Jägeruniform muß er als Mantel und als Bett das abgezogene Fell des Bären mit sich führen und darf auf keinem anderen Lager ruhen als auf diesem. »Und dieser Tracht wegen«, fügt der Teufel noch hinzu, »sollst du Bärenhäuter heißen.«

Bis zu diesem Moment war es scheinbar egal, wie der Soldat sich nannte; hier, mit der Namensverleihung durch den »Teufel«, steht er erstmalig zu seinem Wesen; in diesem Augenblick wird er auch für sich selber – worthaft, aussprechbar und ansprechbar – das Ungeheuer und das Raubtier, das er, der »tapfere« Soldat, sein Leben lang sein mußte, ohne es zu wissen und zu wollen; zwar hielt sich dieses Monster nach wie vor für einen Menschen und wurde von den anderen auch so betrachtet, doch ohne es zu sein. Jetzt weiß der Soldat um die barbarische, tierhafte Verwilderung, die sich in ihm vollzogen hat, und nur so öffnet sich für ihn die Chance zu einer möglichen Vermenschlichung.

Damit, Gottlob, ist nun freilich ein alles entscheidender Unterschied zu zahlreichen anderen Geschichten gegeben, die von Tierverwandlungen berichten. Parallel zu der Gestalt des »Berserkers«, des in Bärenfelle gehüllten Kriegers, hörten wir soeben schon von den »Wolfshäutern«, die mit den Erzählungen von sogenannten »Werwölfen« zusammenhängen dürften. Abb. 4 zeigt auf einer weiteren bronzenen Prägeplatte aus dem schwedischen Torslunda eine solche Werwolfsfigur neben einem Darsteller des einäugigen Gottes Odin mit Schwert und Speer und Hörnerhelm[22]. Auch diese Werwölfe waren Krieger; doch sie beleben bis heute die Soldatenphantasie in einer Weise, daß kein Geringerer als HERMANN LÖNS ihnen einen eigenen Roman gewidmet hat[23]; Ende des Zweiten Weltkriegs rief Joseph Goebbels sogar allen Ernstes die deutsche Bevölkerung zum »Werwolf« auf – zur Lynchjustiz nämlich an allen »Feinden«, deren man auf deutschem Boden sollte habhaft werden können. Die eigentliche Bedeutung der Werwolfsphantasien liegt jedoch nicht in ihrer ideologischen oder politischen Mißbrauchbarkeit, sondern in der Psychologie, die sich in ihnen vermittelt: Wie kommt ein Mensch dahin, zu einem »Werwolf« zu werden? Nur wer darauf eine Antwort weiß, vermag sich in die Lage eines »Bärenhäuters« zu versetzen.

Wie eine derartige Tierverwandlung, wie eine solch »dämonische Metamorphose«[24] sich vollziehen kann, hat psychologisch meisterhaft ALEXANDRE DUMAS in der Novelle *Werwolf* dargestellt[25]; sie sei an dieser Stelle in gebotener Kürze vorgetragen, weil sie einen ergreifenden Einblick in die Gefühlswelt und in die tragische Biographie eines Mannes erlaubt, der schlechthin nicht mehr ein noch aus weiß, – genau so wie der »Bärenhäuter« der Gebrüder Grimm.

In einer Sturmnacht fleht der Holzschuhmacher Thibaut an der Pforte eines Klosters um Einlaß, in dem er selber einmal Schüler war, und bittet seinen einstigen Lehrer um Beichte und Vergebung, denn er ist mit seinem Leben am Ende. War es ein Fehler, daß sein Vater ihm die Chance vermitteln wollte, ein gebildeter Mensch zu werden? Die vorrevolutionäre Zeit um 1780 läßt alle Hoffnungen auf gesellschaftlichen Aufstieg im Keim ersticken und legt eine mürrische Unzufriedenheit auf die Seele des noch jungen Mannes. Insbesondere die despotische Art, in welcher der Baron Jean de Vez, der Wolfsjäger in der Region, seine Verachtung für die kleinen Leute demonstriert, brennt sich als Widerwille in Thibauts Seele, als er von diesem verhaßten Höfling wegen eines Hirschen, dessen Stand er ihm nicht anzeigt, ausgepeitscht wird. Die schöne, seelengute, herzensreine Agnelette,

Abb. 4 *Gehörnter einäugiger Wodandarsteller mit »Werwolffigur«*

die ihrem Namen »Lämmlein« durch ihre unschuldige Güte alle Ehre macht, bittet mit dem Opfer eines Kusses, den der Baron ihr abnötigt, den Gepeinigten frei; beide sind vom ersten Moment an von Herzen einander zugetan und versprechen sich ewige Liebe, nur mit Agnelettes Großmutter müßte noch gesprochen werden; da aber ereignet sich etwas höchst Sonderbares: Als Thibaut seine Hütte betritt, findet er den geretteten Hirschen darin, und bald hernach stürzt ein großer Wolf auf der Flucht vor den Jägern des Barons herein, der sich unter schrecklichen Zuckungen nach und nach in einen Menschen verwandelt. Alsbald eröffnet dieser unheimliche Fremde dem entsetzten, doch selber in Begehren und Zorn gefangenen Thibaut, er könne aller Sorgen und Erniedrigungen ledig werden, wofern er mit ihm einen

Bund eingehe: Immer wenn er jemandem etwas Böses wünsche, werde es ihm in Erfüllung gehen, nur daß dafür auf seiner Haut mit jedem Wunsch ein Wolfshaar wachsen werde: erst eins, dann zwei, dann vier und so fort. Mit einem Ring, der die Initialen TS (Thibaut-Satan) trägt, wird dieser Pakt besiegelt.

Am nächsten Morgen schon zieht es Thibaut nicht länger hin zu Agnelette, sondern zu der reichen und schönen Müllerin Polet. Sie ist verwitwet, doch insgeheim liebt sie ihren weit jüngeren Diener Landry, der sie wie eine Göttin verehrt; freilich hat sie ihm ihre Zuneigung noch nicht gestanden, und aus Kummer darüber betrinkt sich Landry. In diesem Zustand wird er von den Anwerbern des Königs verleitet, sich für ein Handgeld als Militärangehöriger zu verschreiben. Gerade als Thibaut bei der Müllerin weilt, kommen sie ihn abholen. Wohl versucht die anmutige Polet, fast mit Erfolg, die Häscher abzulenken, aber Thibaut erweckt den Wunsch, man möge den törichten Landry finden und mitnehmen, und augenblicks geschieht's. Erfüllt von Schrecken und Ekel über solch zaubermächtige Niedertracht verjagt Polet ihren grausamen, egoistischen Liebeswerber, der zugleich erkennen muß, daß er auch die Liebe Agnelettes verloren hat; der Ring an seinem Finger hat ihr gerade noch rechtzeitig seinen wahren Charakter offenbart.

Dafür umwirbt Thibaut hinfort Susanne, die schöne Frau des Amtsmannes Magloire, der nicht bemerkt, daß seine Gemahlin in Wahrheit längst schon den jungen Nepomuk sich als Liebhaber hält, – Thibaut wird von ihr nur geduldet, weil seine neuen Freunde, die Wölfe, ihm allerhand Wildbret zutreiben, das er mit einigem Erfolg in Geld und Gunst umzumünzen versteht. Auch wenn die Menschen mich hassen, sagt sich Thibaut, so lieben mich doch meine Wölfe. Agnelette indessen, obwohl sie Thibaut immer noch in ihrem Herzen trägt, heiratet einen der Jäger des Barons, Etienne Engoulevent, und dieser ist es, der eines Tages auftragsgemäß die Hütte des ehemals armen Holzschuhmachers Thibaut in Brand steckt. Alle Welt glaubt ja mittlerweile von ihm, er stehe mit dem Bösen im Bunde. Dafür aber revanchiert sich Thibaut, indem er durch die Wölfe seinerseits Angst und Schrecken verbreitet. Auch Agnelette gerät in Gefahr. Als sie Thibaut wiedersieht, gesteht sie, daß sie ihn, der schon für tot galt, nach wie vor immer noch liebt; nun aber ist es zu spät: sie darf nicht ihrem angetrauten Manne untreu werden. Wohl weiß sie, daß nur sie den bereits Halbvertierten retten kann, doch um den Preis der Untreue, einer Todsünde, darf sie es nicht tun. So nimmt denn die Tragödie ihren Lauf: Thibaut wünscht, der Jäger des Barons, sein Widersacher an der Seite des Wesens, das ihn allein aus all den Teufelskreisen seiner Haßgefühle herauszuführen vermöchte, möge sterben. Auch dieser Wunsch erfüllt sich; mit ihrem Gemahl aber stirbt auch Angnelette – in Thibauts Armen.

Ein Jahr ist so vergangen, da trifft Thibaut erneut den Großen Wolf; er klagt ihm, daß ihn inzwischen alle Menschen hassen und seine einzige Geliebte tot sei. »Aber das waren deine Wünsche«, entgegnet ihm der Wolf; und er eröffnet ihm, daß er nicht mehr zurück kann: Er trägt nur noch die Maske eines Menschen, denn inwendig ist er bereits ein Wolf geworden, und in den Vollmondnächten wird er künftig selber Wolfsgestalt annehmen.

In dieser Lage, wieder ist es Vollmond, beichtet Thibaut dem Pater in jenem Kloster und bittet ihn, er möge am Todestag Agnelettes jährlich ein Seelenamt für die Verstorbene ausrichten; er selbst verfüge nur noch über einen einzigen freien Wunsch, – der laute, niemals mehr rückverwandelt zu werden in einen Menschen. Es war, als wenn er alle Erinnerungen habe auslöschen wollen, schreibt der Pater, der diese Geschichte überliefert; er fügt aber hinzu, es werde sein Geheimnis bleiben, ob ihm das gelungen sei. Am Jahrestag des Todes von Agnelette jedenfalls wird beobachtet, wie ein Wolf ihr Grab umkreist; er war nicht wild, sagt man, und seine Augen schienen traurig. – So ward Thibaut ein Werwolf, wo er doch einmal nur ein unglücklicher Mensch gewesen.

Was als Gemeinsamkeit dieser Novelle mit dem Grimmschen Märchen besonders auffällt, ist die Hoffnung dieser Tierverwandelten – Thibauts nicht anders als des Bärenhäuters, – auf Rettung durch die Liebe einer Frau: sie soll die Welt der bitteren Demütigungen und Enttäuschungen aufheben durch die Auszeichnung und die Wertschätzung, die ihre Zuneigung vermittelt. Entscheidend aber ist der Unterschied: Agnelette liebt Thibaut wirklich, er könnte mit ihr glücklich sein, würde er nicht nach der Begegnung mit dem Großen Wolf seine Gefühle an seine Gier nach Geldbesitz und Sinnenrausch verraten und würde nicht der Teufelsring an seinem Finger seine Geliebte zutiefst irritieren. Am Ende hat Thibaut nicht nur das Verhalten eines Wolfes angenommen, er ist ein »Wolf« geworden und fühlt sich gequält, solange er noch als Mensch unter Menschen leben soll. Demgegenüber muß und will der »Bärenhäuter« seine Vergangenheit als »Berserker« auf sieben lange Jahre hin tapfer und klaglos abarbeiten, um den Spuk des »Grünrocks« (oder des Blaurocks in der kaiserlich-preußischen Armee oder der Uniform der »Feldgrauen«) hinter sich zu bringen; er wartet geradezu auf eine zutiefst menschliche Begegnung, die nicht durch ökonomische Erwägungen oder rein äußerliche Sinnenfreude verunreinigt ist, und er erhofft sich von ihr nichts Geringeres, als daß ihm seine eigene verlorengegangene Menschlichkeit zurückgegeben werde.

Freilich verhält er sich zunächst, wie es wohl alle tun, die einen neuen Weg unter die Füße nehmen möchten: er verstärkt erst einmal alle alten Fehler. Im Verlauf vieler Therapien wird man das erleben: Kaum werden die bisher unnütz gefundenen oder sinnlos verbrauchten Energien endlich frei, nutzt man sie lediglich, um noch viel mehr zum Fenster hinaus zu heizen; der Umgang mit den neu gewonnenen Ressourcen in eigener Regie läßt sich nur langsam lernen und kann nicht wie im Handstreich von Fremdbestimmung zu mehr Selbstbestimmung den Besitzer wechseln. So sieht man auch den Bärenhäuter »guter Dinge«, wie es heißt, nichts unterlassen, »was ihm wohl und dem Gelde wehe tat«. Mit einem Wort: Er lebt so weiter, wie er es bisher gekannt hat. Wenn jeder Augenblick der letzte sein kann, sollte man ihn auskosten, so intensiv es geht, scheint er weiterhin zu denken, und was »auskosten« für ihn heißt, läßt sich leichthin an den Veränderungen ablesen, die sichtbar an ihm vor sich gehen: Es können nur die rohesten und primitivsten »Genüsse« sein, die er mit seinem neuerdings schier unerschöpflichen Geldvermögen sich erkauft.

Auch das gehört seit eh und je als offenes Geheimnis zum Soldatenleben, keine Chance auszulassen, die sich bietet, um suchtähnlich in kürzester Zeit in sich hineinzupumpen, was der »Dienst« an »Lebensfreude« untersagt. Keine Kaserne, die nicht umgeben wäre von einem Ring aus Sex-Shops, Nightclubs und Bordellen; kein Heer, dessen »Moral« nicht aufrechterhalten würde durch ein ganzes Aufgebot von »Sex-Bomben« und Sex-Filmen, – das Militär ist nun einmal kein Kloster. Im Zweiten Weltkrieg rekrutierte die kaiserliche japanische Armee zwangsweise rund 200 000 sogenannte Comfort-Girls, vor allem Koreanerinnen, denen man die »Dienste« von Prostituierten abverlangte[26]; im Vietnam-Krieg machten die amerikanischen GIs das thailändische Bangkok zu ihrem Rotlicht-Hinterhof, der es für die Tourismus-Industrie hernach denn auch bislang geblieben ist. Wenn es für »männlich« gilt, zu jagen und zu töten, zu kämpfen und zu konkurrieren, zu schlagen und sich Schlägen auszusetzen, dann scheint es psychologisch wichtig, daß »ganze« Männer, daß »gestandene« Kerle auch oft genug auf ihre Kosten kommen. Man nimmt dabei die jetzt auch auf den sexuellen Bereich übergreifende Vertierung der Soldaten ganz bewußt in Kauf. Wie in der Grundausbildung von *Full metal jacket* soll das Soldatendasein zynisch und sadistisch durchsexualisiert sein, – aus Schutz vor einer Infektion mit so etwas wie Liebe, die verweichlichend, also wehrkraftzersetzend wirken könnte; was da gewünscht wird, sind Instinkthandlungen zum Triebabbau, reflexartig ausgelöst von den primären Reizsignalen. Wenn schließlich alles vorbei ist, kommt es zu jenen traurigen, erniedrigenden Szenen, die OTTO DIX auf seinem Triptychon gemalt hat *(Tafel 4a)*.

Ganz ähnlich muß anscheinend auch dieser Bärenhäuter sich erst mal austoben, bis er allmählich anderen Sinnes wird. An seinem Äußeren bereits kann jeder den Grad seines seelischen Verfalls ablesen: im zweiten Jahr, heißt es, »sah er schon aus wie ein Ungeheuer. Das Haar bedeckte ihm fast das ganze Gesicht, sein Bart glich einem Stück grobem Filztuch, seine Finger hatten Krallen, und sein Gesicht war so mit Schmutz bedeckt, daß, wenn man Kresse hineingesät hätte, sie aufgegangen wäre.« Wer ihn erblickt, nimmt schon von weitem Reißaus. Doch eben so gerät der Bärenhäuter jetzt in einen Teufelskreis, dessen wachsende Unerträglichkeit irgendwann eine Neubesinnung herbeiführen muß: Er kann sich auf der einen Seite Kontakte einfach kaufen, auch wenn er als monströser Widerling dabei empfunden wird; andererseits ist es genau diese Kontaktform, die ihn seelisch gar nichts kostet und eben deshalb immer weiter aushöhlt. Allein der Gedanke, daß mit Geld die Welt zu haben wäre, die Illusion, es könnte Liebe käuflich sein, kann seelisch sich nur desaströs auswirken, und es ist unvermeidlich, daß so ein Bärenhäuter über kurz oder lang das auch merken wird. Spätestens dann stellt sich ihm die Frage, wie es weitergehen soll. Die Gefahr ist außerordentlich groß, gewissermaßen dem Gesetz der Schwerkraft nachzugeben und die Dinge einfach ihren Gang gehen zu lassen: je länger dieses Leben währt, desto rascher, wie im freien Fall, wird es dann auf eine Katastrophe zustürzen.

Daß es im Fall des Bärenhäuters so weit nicht kommt, liegt ganz und gar an einem Charakterzug, den er sich trotz allem offensichtlich hat bewahren können: seiner Fähigkeit zum Mitleid! Er gibt »allerorten den Armen Geld …, damit sie für ihn beten, daß er in den sieben Jahren nicht stürbe.« In dieser knappen Mitteilung tritt eine gänzlich andere Seite an dem Mann zutage, als sie in dem feuchtfröhlichen »immer-lustig-nur-drauf-zu« bisher zum Ausdruck kam. Wohl, daß er sterben könnte, war als Gefahr ihm all die Zeit bewußt, es diente bislang aber nur als ein Motiv zum Zeit-Totschlagen; jetzt erst formt sich daraus ein Grund, planvoll und zielgerecht die festgesetzte Frist an Zeit zu nutzen. Man könnte kritisch einwenden, er setze seine Almosen nur ein, um sich nun auch den Beistand Gottes zu erkaufen; so kann es wirklich aussehen, jedoch – so ist es nicht! Derselbe Mann, der sich bisher dafür bezahlen ließ, daß er Starke besiegte und Schwache beraubte, erzeigt sich jetzt spendabel gegenüber Armen. – Bei dem Wort »Mitleid« wird heutigentags gewiß sogleich die Kritik laut, das sei doch ein Verhalten der Herablassung und der Betulichkeit, das eher der narzißtischen Befriedigung des Gebenden als einer effektiven Hilfe für die Notleidenden zugute komme, – es demütige und es erniedrige. Faßt man das Wort jedoch so auf, wie ARTHUR SCHOPENHAUER es als Quelle der Moral beschrieben hat[27], so handelt es sich überhaupt gar nicht um ein Gehabe oder ein Verhalten, sondern um eine Haltung, die auf einer einfachen Evidenz beruht: Ich bin genauso arm wie jener Bettler, und so wie ihm könnt' es auch mir ergehen.

Dieses Gefühl einer Wesensverbundenheit, das alle materiellen Unterschiede aufhebt oder als bloßen Schein entlarvt, nötigt ganz von allein dazu, durch eigenes Tun die Wahrheit wieder herzustellen: Ich gebe dir von meinem Geld, um in gewissem Sinn ein Unrecht auszugleichen, das du erleiden mußt; es ist nicht recht und nicht gerecht, daß ich genügend Geld besitze, du aber nicht. In einer Welt der ungerecht verteilten Güter mach' ich, so gut es geht, die Schuld meiner unverdienten Wohlhabenheit ein Stück weit wieder gut, indem ich einen Teil des Eigentumsgefälles abtrage. Der Bärenhäuter weiß, wenn er mitleidig den Armen Geld gibt, um die eigene Armut, und dieses Wissen wird nun seelisch mehr und mehr zur Quelle einer neuen Form von Reichtum.

Daß es sich so verhält, zeigt nicht zuletzt sein Wunsch, man möge für ihn beten. Bis dahin lebte er nach der Devise aller preußischen Soldaten: Hilf dir selbst, dann hilft dir Gott. Jetzt anerkennt er seine Angewiesenheit auf fremde Fürbitte. Er selber darf für sich nicht beten, – es würde nur ein Beten sein, das den privaten wie den kollektiven Egoismus himmelhoch erweiterte. Wer aber einen anderen auffordert: »Bet für mich«, der spürt, wie ausgeliefert er fremdem Wohlwollen ist. Angst vor dem Tod, Angst vor dem Verlust der Seele – derlei wurde bisher beantwortet mit »tapferen« Parolen zum Durchhalten und Weitermachen. Jetzt sieht der Bärenhäuter, daß nicht einmal der Erhalt des eigenen Lebens in seinen Händen liegt. Er, der in einer absolut gnadenlosen Welt zu Hause war, kann nur nach Hause finden im Bitten um Gnade. Mit dem »Prinzip« des Mitleids betritt er eine Welt, gänzlich konträr zu jener anderen des Krieges. Jetzt, da er seine Bärenhäuter-Existenz wie eine schwere Last mit sich herumträgt, vollzieht sich im Hintergrund der komplette Umbau seiner Grundeinstellung. Von nun an bringt ihn jeder Tag von seinem alten Dasein weg und trägt ihn hin in eine Welt menschlichen Umgangs – mit sich selber und mit den Menschen an seiner Seite.

4. Die Grenzen des Käuflichen oder: Von der Unbezahlbarkeit des Mitleids

Ein Hindernis jedoch versperrt die weitere Entwicklung, – das ist die Neigung, sich das Wichtigste im Leben einzukaufen. Anfangs mag der mit Teufels Hilfe reich Gewordene sogar schon davon überzeugt sein, man könne alles, was man wolle, käuflich erwerben, so als sei die ganze Welt ein einziger großer Markt. Jedoch »Gnade« einzukaufen, – das ist so paradox und so pervers, wie es der Ablaßhandel der römischen Kirche war und ist. Gerade Gnade ist etwas, das man sich nie verdienen oder gegen Bezahlung sich erwerben kann; sie ist, wo immer sie gewährt wird, ein Geschenk. So ist es absolut vor Gott, so ist es relativ vor Menschen. Die einzige Kontaktbrücke zu seinen Mitmenschen indessen, die einem Bärenhäuter bleibt, besteht darin, die Widerwärtigkeit seiner Erscheinung durch das Zahlungsmittel Geld zu kompensieren; doch selbst wenn er damit Erfolg hätte, würde er nur erreichen, daß man ihn duldet – des Geldes wegen. Was er in Wahrheit sucht, ist ein ganz anderes: daß man ihn liebhat als Person. Wie aber soll es dahin kommen? – Von nichts weiter als davon erzählt fortan das Märchen, und tut es auf gewisse Weise genial: Es (er)findet den einzig möglichen Mittelweg.

Denn als im vierten Jahre seiner inneren Gefangenschaft der Bärenhäuter eines Abends »allein saß und von Herzen wünschte, daß die sieben Jahre herum wären, so hörte er«, erzählen die Gebrüder Grimm, »in einem Nebenzimmer ein lautes Jammern. Er hatte ein mitleidiges Herz, öffnete die Türe und erblickte einen alten Mann, der heftig weinte und die Hände über dem Kopf zusammenschlug.« Manchmal gerät das Leben eines Menschen an eine Weiche, an der sich für lange, manchmal für alle Zeit entscheidet, welch eine Richtung es mit ihm nun nehmen wird; je nach dem, was in diesem Krisenaugenblick geschieht, legt sich wie schicksalhaft die Zukunft fest; die »Weichenstellung« aber erfolgt nicht von seiten einer »Fahrdienstleitung« außerhalb des »Zuges«, sie wird sich gerade so vollziehen, wie wir als Menschen sind. Anders gesagt: Würde der Bärenhäuter an diesem Abend, als er das Jammern aus dem Nachbarzimmer hört, *nicht* die »Türe«

öffnen, würde er sich selbst dazu verurteilen und bliebe fortan auch dazu verurteilt, sein Bärenhäuterdasein weiterführen zu müssen; in diesem Falle wäre nicht nur eine Chance vertan, sein ganzes Leben wäre dann verwirkt, – er selber wäre tot längst vor der Zeit, und seine »Seele« fiele zurück an den »Teufel« –, er bliebe unentrinnbar verhaftet eben jener Welt, die er für sich als Soldat einzunehmen trachtete und die er jetzt als Veteran nach Kräften auszunehmen sich bemüht. So aber kann er nicht nur, er *muß* geradezu diese Türe öffnen, weil er »ein mitleidiges Herz« hat. Dieses sein »mitleidiges Herz« eröffnet ihm nicht nur die Tür zu einem Nebenraum, es stößt endlich sperrangelweit die Pforte auf zu einem vermenschlichten und menschenwürdigen Dasein. Bisher vermochte er mit seinem Geld nur gerade das Herz des »Wirtes« in dem »Wirtshaus« Welt bis dahin zu erweichen, daß man ihm »eine Stube im Hintergebäude« zuwies; selbst mit einer »Handvoll Dukaten« erreichte er nur, daß man ihn duldete, wenn er versprach, »sich nicht sehen zu lassen«. Allein sein eigenes weiches Herz verschafft ihm Zugang nun wenigstens zu *einem* Menschen, der in gewissem Sinn genauso arm ist wie er selbst.

Nur weil er das erkennt und auf den weinenden alten Mann zugeht, tritt er in eine gänzlich neue Art der menschlichen Beziehung ein. Er, den man nur aushält, wenn er die anderen »aushält«, erlebt zum ersten Mal – genau zur Hälfte seiner festgelegten Frist der Reifung –, daß er anderen wirklich etwas zu geben hat. Er muß sie sich nicht länger »einkaufen«; mitten im »Wirtshaus« Welt entdeckt er seine Fähigkeit, vermöge seines Reichtums anderen persönlich hilfreich zu werden. Aber in dem Moment, wo der Bärenhäuter »näher« an den alten Mann herantritt, wo er tatsächlich versucht, einem anderen Menschen näherzukommen, muß er als erstes erleben, daß seine Nähe nichts als Angst in seinem Gegenüber auslöst. Die erste Reaktion ist: »Rette sich, wer kann!« – Es ist gewiß die schlimmste Hypothek allen Soldatenseins, gerade so zu wirken. Was auf dem Schlachtfeld einmal »Tugend« war, das ist jetzt nur noch tragisch, wo nicht schwere Schuld.

Man muß, um sich die abstoßende Wirkung eines Bärenhäuters im alltäglichen Leben richtig vorzustellen, nur einmal fragen, welch einen Eindruck wohl ein Mann bei anderen, und hier besonders bei des

Mannes schönen Töchtern, hinterlassen wird, der nichts als Krieg kennengelernt hat. Zur Einfühlung mag dabei die Lebenssituation eines Bundeswehroffiziers der Luftwaffe dienen, der in die Therapie kam, weil seine Frau ihn nicht länger ertrug.

Er war als Kind mit seinen Eltern nach dem Zweiten Weltkrieg nach Südafrika ausgewandert, – sein Vater fürchtete, er könnte wegen einiger Vorkommnisse in der Nazi-Zeit eventuell zur Rechenschaft gezogen werden. Doch in der Schule dort traf er als deutsches Kind auf lauter Kinder jüdischer Emigranten, die Deutschland rechtzeitig verlassen hatten, um sich vor der Schoah zu retten; und diese Kinder übten ihrerseits an diesem Nazi-Bastard Rache. Ein jeder Tag bedeutete für ihn Spießrutenlaufen. Er lernte asiatische Kampfsportarten bis zur Meisterschaft, um sich auf diese Weise wenigstens ein bißchen Hochachtung bei seinen Kameraden zu verschaffen. Die Welt war Krieg, man mußte hart und stark sein, um sie zu bestehen, Gefühle waren dazu da, Waffen daraus zu schmieden … Er war kaum 18, als er sich freiwillig als Berufssoldat einschreiben ließ, – ein stattlicher, geistig hellwacher Mann, der gern genommen wurde. Nur seine Frau, die er auf seine Art von Herzen liebte, litt unter ihm, je enger das Verhältnis zu ihr wurde. Die Auseinandersetzungen besaßen für sie eine tief symbolische Bedeutung: Sie öffnete im Frühling die Tür zum Garten, um den Duft der Fliedersträuche einzulassen; – er schloß die Türe, um die Insekten aus dem Zimmer fernzuhalten; sie liebte es, Blumenbouquets in Bodenvasen aufzustellen, – er bestand ultimativ darauf, diese floralen Leichen zu entfernen. »Ich kann nicht mehr«, sagte sie eines Tages. »Du bist der Tod.« Für ihn brach damit eine Welt zusammen, und doch begriff er nur zu gut, wie recht sie hatte. »Ich will mir nicht mehr ausweichen«, erklärte er. »Irgend etwas in mir ist ganz tief zerbrochen. Ich bin den anderen unheimlich, weil ich Menschen niemals ohne Angst hab' sehen können. Kämpfen ist nicht leben, allerhöchstens überleben. Alles, was ich nicht kontrollieren kann, verwirrt mich. Doch menschliche Beziehungen – wie sollen sie gelingen, wenn man sie kontrollieren will? Ich muß mich ändern, aber wie?«

An gerade dieser Stelle weiß das *Bärenhäuter*-Märchen eine Antwort. Sie lautet: »Folge deinem Herzen besonders in seinen sanften,

›weichen‹ Gefühlsregungen; sie helfen dir, all den Regelterror zu vermeiden, unter dem du dich all die Jahre deines Soldatdaseins fügen mußtest. Erlaube dir die Regungen des Mitleids: der Armut gegenüber, dem Alter gegenüber; all das ist Teil auch deines Lebens, denn es gehört zum Leben.«

Genau entsprechend solchen »Weisungen des Herzens« handelt jetzt der Bärenhäuter, und zwar spontan, ohne zu zögern oder lange nachzudenken. Er ist in diesem Augenblick persönlich ganz präsent und mit sich einig, und sein Gefühl des Mitleids legt sich auch in seine »menschliche Stimme«. Jetzt spricht er Worte, wie man sie noch nie von ihm vernommen hat: »freundliches Zureden«! Damit bringt er es dahin, den verängstigten alten Mann zu beruhigen und *ihm* das Herz und den Mund aufzuschließen. Zum ersten Mal gelingt es dem Soldaten, Menschen nicht einzuschüchtern, sondern ihr Vertrauen zu gewinnen. Was er bislang verkörperte, war die Gewähr, daß er, der tapfere Soldat, jedwede Schwäche augenblicks ausnutzen würde; nunmehr strahlt er ein gänzlich Neues aus: Mitleid, Barmherzigkeit und Hilfsbereitschaft, und es ist glaubhaft für die anderen! Der alte Mann vertraut ihm seine desolate Lage an: Er ist – gewiß moralisch ohne Schuld – unfähig, seine wirtschaftlichen Schulden abzutragen; ja, er ist außerstande, auch nur die laufenden Kosten für sich und seine Töchter aufzubringen. Es geht ihm wie so manchem, der mit der Miete schon seit ein, zwei Monaten im Rückstand ist; ihm wird gekündigt werden, und dann steht er auf der Straße, das heißt, er kann sich an den Straßenrand zum Betteln setzen; für einen solchen gibt es keine Hoffnung. Und eben das ist es, was diesen Mann erwartet! Er kann den »Wirt« nicht mehr bezahlen; und wohlgemerkt: damit verliert er sein Aufenthaltsrecht in einer Welt, die keine Gnade kennt, nicht gegenüber Armen, nicht gegenüber Habenichtsen, nicht gegenüber Menschen, die am Boden liegen.

In dieser Lage kommt der Bärenhäuter jetzt endlich dazu, mit Geld nicht länger etwas einzukaufen, sondern das Geld zu nehmen als ein Mittel, andere von ihren Sorgen zu befreien, als Hilfe, andere aus dem Ruin zu retten. Mit diesem Schritt verläßt er endgültig die Welt der Bärenhäuterei und tritt in die Sphäre praktisch gelebter Menschlichkeit ein. Die Frage ist für ihn nicht länger: Wie kann ich mich vor anderen schützen?, sie lautet: Wie kann ich Zugang finden zu den anderen? Was kann ich ihnen geben und bedeuten ohne Gegenrechnung? Der Bärenhäuter ist so reich, daß er auf alle Rückzahlungsforderungen großzügig verzichten kann. Er kann es sich leisten, großzügig zu sein.

In diesem Zug des Märchens freilich kann ein Mißverständnis liegen. »Wenn ich«, dürfte manch ein Leser meinen, »auch nur so in die Tasche greifen müßte, um nach Belieben die Dukaten rauszuholen, dann wollte wohl auch ich spendabel sein. Warum auch nicht? Es würde mich dann ja nichts kosten.« Jedoch so herum geht es nicht! Wie sich im Leben zeigt, genügt es keinesfalls, viel Geld zu haben, um weitherziger zu werden. Im Gegenteil: Wie sinnlos gerade die Superreichen Unsummen ausgeben für Villen, Yachten und Juwelen und für ein Leben wie am Hof des Sonnenkönigs, läßt sich tagtäglich in der Zeitung lesen und im Fernsehen betrachten. Umgekehrt also: Man muß ein mitleidiges Herz besitzen, um mit Geld so umzugehen, daß es anderen nützlich wird. Entsprechend muß man auch die Logik der Erzählung psychologisch an dieser Stelle umdrehen: Der Bärenhäuter gibt dem alten Mann nicht Geld, weil er davon zuviel besäße, – er merkt erst, wieviel er besitzt, wenn er in seine Taschen greift, um anderen zu helfen. Es ist, als wenn dieser Kriegsveteran bis in das vierte Jahr der Probezeit Woche um Woche einen steilen Berg bestiegen hätte, auf dessen Gipfel er nun steht; hier erst liegt das Ziel, wenn auch noch fern, recht deutlich vor ihm. In diesem Augenblick hat er den eigenen Schatten übersprungen. Von jetzt an arbeitet die Zeit für ihn.

Und das Entscheidende: Er hat etwas geschenkt, ohne dafür auf eine Gegenleistung aus zu sein! Gerade deshalb wird er etwas gewinnen, das ebenso goldwert wie unbezahlbar ist.

Ein armer Mann mit Töchtern, die ein »Wunder« sind »von Schönheit«, wäre in einem französischen oder russischen Gesellschaftsroman des 19. Jahrhunderts wohl längst darauf gekommen, dieses Produkt seiner Lenden auf dem »freien« Markt zu kapitalisieren[28], und wenn schon im Roman, wieso nicht auch im Leben? Wie viele Ehen wurden und werden angebahnt, indem ein attraktives Mädchen in die »Schlacht« geworfen wird, um, wie man sagt, eine gute Partie zu machen? Alles auf Erden hat seinen Preis. Wenn man für schöne Steine viele Dollar ausgibt, warum nicht auch für schöne Frauen? Sie sind es wert, wie alle Wunder der Natur, und wer sie haben will, der muß für sie bezahlen. So einfach kann es sein. Ein armes schönes Mädchen, das zum Königsthron aufsteigt, – das ist der Stoff, aus dem die Träume auch der Märchen sind, auch die des *Bärenhäuters*. Aber da ist ein Unterschied, der gar nicht ernst genug genommen werden kann: Natürlich kann ein Mädchen hoffen, mit seiner Schönheit von jemandem entdeckt zu werden, der es mit seiner Zuneigung in vermögende Verhältnisse einführt; es hält auf sich, indem es die Regeln von Anstand und von Sitte einhält; es läßt sich sehen, doch es läßt nicht zu, daß es, wie man ebenfalls sagt, die Haut zu Markte trägt. Das Märchen vom Bärenhäuter aber erzählt sich gänzlich anders. Es spricht von einer Grenzmarke, an der zwei Welten zueinanderfinden, die nur an dieser höchst sensiblen Stelle, wie mit den Fingerspitzen, einander berühren können.

Da ist in seiner Welt der Bärenhäuter. Er hat viel Geld gezahlt, doch nicht, um eine Frau sich einzukaufen; zwar bietet dieser arme alte Mann seine drei Töchter ihm zur Wahl, doch nur als ein Geschenk der Dankbarkeit, nicht als Verpflichtung eines Entgelts oder einer Wiedergutmachung. Der Bärenhäuter überschreitet damit die Grenzen seiner Welt der harten Forderungen und Eroberungen, – er hat etwas getan, das er nicht hätte tun müssen, und er erhält dafür etwas, das ebenfalls ihm nicht gegeben werden müßte. Die dritte Tochter muß sich nicht verkaufen, um die finanzielle Lage ihres Vaters zu sanieren; ihr Gefühl der Verpflichtung gilt nicht einem Zahlungsausgleich, es folgt vielmehr vollkommen dem moralischen Empfinden menschlicher Verbindlichkeit: »habt Ihr ihm … eine Braut versprochen«, sagt sie zu ihrem Vater, »so muß Euer Wort gehalten werden.« Es ist die Ehre ihres Vaters, dessen Ehrenwort beziehungsweise dessen gegebenes Versprechen sie glaubt wahren zu müssen; oder, etwas anders ausgedrückt: es ist die Bindung an ihren Vater, die sich in ihrer selbst eingegangenen Verbindlichkeit auf den Bärenhäuter verschiebt.

Nur: wie viele Hindernisse müssen dabei überwunden werden, die von den beiden älteren Geschwistern in aller Deutlichkeit auch ausgesprochen werden! Die älteste muß nur den Bärenhäuter zu Gesicht bekommen, um ganz genau so zu reagieren wie ursprünglich auch ihr Vater: sie ist entsetzt, und sie läuft schreiend fort. Die zweite flüchtet sich in Spott, – sie findet schon das Ansinnen, einen solchen Mann, »der keine menschliche Gestalt mehr hat«, zu heiraten, absurd; und man darf ihr getrost zugute halten, daß sie mit ihrem Widerwillen nicht an Geschmacksverirrung leidet. Man muß nicht SCHOPENHAUER heißen, um allein schon in einem männlichen Vollbart ein Exemplar von »Ferocität und Atrocität«, von Gräßlichkeit und Wildheit, von einer Überbetonung der Maskulinität vor der Humanität zu erblicken; – man sehe einen solchen Kerl nur essen, im Profil! empfahl der Philosoph zur Urteilsbildung[29]; gar nicht zu reden von dem »Bart« des Bärenhäuters, der »einem Stück grobem Filztuch« gleicht; »der rasierte Bär ..., der einmal hier zu sehen war und sich für einen Menschen ausgab«, gefiel dem Mädchen da schon besser, »der hatte doch einen Husarenpelz an und weiße Handschuhe«. Ein vermenschlichtes Tier taugt wenigstens für eine Zirkusnummer, hingegen ein vertierter Mensch erregt einfach nur Abscheu.

Daß die jüngste Tochter so nicht entscheidet, kommt von einer Einsicht, die ihr der Vater nahelegt, die sie aber aus freiem Antrieb übernimmt. »Lieber Vater«, spricht sie, »das muß ein guter Mann sein, der Euch aus der Not geholfen hat.« Es wäre also falsch, erkennt sie, vom Äußeren aufs Innere zu schließen. Das ist im allgemeinen eine zweifellos korrekte Feststellung. Hier aber muß man weit genauer hinsehen: Die Vertiertheit und Verwilderung so eines Bärenhäuters beschränkt sich keinesfalls nur auf sein Äußeres – das wäre in zwei Stunden wohl in jedem Frisiersalon zu richten –, sie ist ein Teil auch seines Inneren, das wie ein Fluch auf seiner Seele liegt; daß er »ein guter Mann« ist, verdankt sich einzig seinem mitleidigen Herzen; bis aber *das* für jeden sichtbar sich auch in seinem Äußeren durchsetzt, wird es noch Jahre brauchen.

Um so bedeutsamer, daß dieses Mädchen es hier schon so wahrnimmt. Es läßt sich von dem Teufelsaufzug dieses Mannes nicht ins

Bockshorn jagen, es sieht entgegen aller Offensichtlichkeit in ihm das Gute, mehr noch: es vertraut darauf, daß die bezeigte Güte den eigentlichen Kern des Bärenhäuters ausmacht. Und das entscheidet über alles. Nur weil es eine Frau gibt, die diesen Glauben an das Gute in ihm mitbringt und dafür alles einsetzt, vermag der Bärenhäuter langsam die Reste seiner dämonischen Verwandlung abzutragen; es ist allein die Liebe dieses Mädchens, die ihn erlösen wird. – In manchen Vampir-Mythen geht die Kunde, der unglückselige Untote mit seiner Gier nach fremdem Blut könne erlöst nur werden, wenn eine reine Jungfrau es vermöge, eine Nacht an seiner Seite zu verbringen[30]. Die jüngste Tochter dieses armen Mannes muß drei Jahre lang noch durchhalten im Hoffen auf die reifende Vermenschlichung dieser unmenschlichen Chimäre zwischen Bestie und Brautwerber: »... sie wird dich schon wieder in Ordnung bringen«, hat der Vater ihm versprochen. Es ist der eigentliche Auftrag, den er der Tochter stellt: mit ihrer Liebe und mit ihrer Treue die Menschlichkeit des Bärenhäuters wieder hervorzulokken und seine Tiergestalt hinwegzulieben.

Im Märchen von *des Teufels rußigem Bruder* war es die Macht der Musik, mit welcher der Kriegsveteran sich in das Herz des alten Königs spielte, daß dieser ihm voll Freude eine seiner Töchter anvertraute; hier ist es die Mildtätigkeit, die einen anderen Sinn verrät als das erzwungene Gehabe eines Bärenhäuters. Wie es indessen möglich wird, in so verwilderten Gesellen, als welche Soldaten daherkommen, die Menschen wiederzuerkennen, die sie »im Grunde« sind, hat – noch einmal – STANLEY KUBRICK in der Schlußszene eines der erschütternsten Anti-Kriegsfilme gezeigt, die je gedreht wurden: in seinem Film *Wege zum Ruhm*[31] aus dem Jahre 1957. Die Geschichte greift einen Vorfall während des Ersten Weltkriegs im Jahre 1916 auf, der sich auf französischer Seite tatsächlich ereignet hat: Bei einem von vornherein unsinnigen Angriff auf die Höhe 21, befohlen von dem ehrgeizigen General Mireau, rennen die Poilus Welle um Welle in das Sperrfeuer der Deutschen, bis sie, wofern sie noch leben, sich in ihre Gräben zurückziehen; die französische Generalität, um den »Feiglingen« Beine zu machen, läßt die Artillerie auf die Planquadrate der eigenen Stellungen schießen, und um ein Exempel zur Aufrechterhaltung von Disziplin und Kampfmoral zu statuieren, werden drei Mann wegen Feigheit vor dem Feind in einem Scheinprozeß zum Tod durch Erschießen verurteilt. Colonel Dax, der vergebens versucht, seine Leute zu verteidigen, kann immerhin die Verlogenheit und Karrieresucht seiner Vorgesetzten offenlegen, – und er tut es nicht, um in jenen Club von menschenverachtenden, egoistischen, eitlen und wichtigtuerischen Greisen aufzusteigen, der sich »Generalität« nennt und deren Vertreter gerade in diesem Scheinverfahren über seine Leute zu Gericht sitzen; er tut es aus einem Gefühl von Loyalität und Verantwortung gegenüber seinen Kameraden. Was aber *die* für Menschen sind, enthüllt eine Begebenheit am Ende des Films: Man hat eine junge Deutsche aufgegriffen, deren Erscheinen auf der Bühne eines Soldatentheaters sogleich die ausuferndsten Phantasien der Männer beflügelt. Das schöne blondhaarige Täubchen soll sich aber nicht, wie allgemein erwartet und von einigen lauthals schon gefordert wird, »ausziehen«, es soll ein deutsches Lied zum Besten geben. Vor Angst und Schamgefühl steht es wie starr und wie versteinert da; es dauert lange, bis es stockend und dann viel zu leise endlich zu singen anfängt: »Es war ein einmal ein treuer Husar, der liebt' sein Mädel ein ganzes Jahr, ein ganzes Jahr und noch viel mehr, die Liebe nahm kein Ende mehr.« Vom Text verstehen die französischen Soldaten kein einziges Wort; aber das Wesen dieses Mädchens, seine Unschuld und seine Hilflosigkeit gehen ihnen zu Herzen und nicht zuletzt auch die schlichte Melodie dieses Volkslieds. Die eben noch obszön Grölenden werden still, die Gesichter der gemein Grinsenden glätten sich und werden wehmütig und ernst, einigen werden die Augen feucht, und sie alle beginnen mitzusummen, als wären es die Töne ihres eigenen Herzens, die da erklingen. Plötzlich gibt es keine Soldaten und Staatsfeinde mehr, in diesem Augenblick gibt es nur Menschen, die sich nach Liebe sehnen, wirklich nach Liebe, nicht nach deren Surrogaten. – Was aber hat man dann mit diesen Männern gemacht, und was wird man weiter mit ihnen machen, wenn wieder die Signalpfeife zum Angriff ertönt? Alles empört sich dagegen, und so soll der Zuschauer ein für allemal den Krieg beenden, den selbst ein Mann wie Colonel Dax im Jahre 1916 nicht beenden konnte.

Hier im Märchen der Brüder Grimm stellt sich, ganz ins Persönliche gewendet, der dritten Tochter des armen Alten eine vergleichbare Aufgabe. Wie schon in *des Teufels rußigem Bruder* ist es auch hier die »jüngste«, die wohl am wenigsten geltende, die am wenigsten »kluge«, also am wenigsten berechnend kalkulierende Tochter, die imstande ist, alle äußeren Interessen fahrenzulassen und nur auf das gute Herz eines solchen Bärenhäuters zu schauen. Selbst sein Reichtum, von dem er nach Belieben Gebrauch machen kann, spielt keine Rolle, – er wird ja auch nur von Fall zu Fall sichtbar, wenn der Soldat in die Tasche seines Grünrocks greift. Für den Bärenhäuter ändert sich damit alles, – als er die Worte der jüngsten Tochter zu ihrem Vater vernimmt, hätte man unter seinem Schmutz und seinen Haaren »sehen können, wie ihm das Herz im Leibe lachte«: Ganz zögernd, verborgen noch, teilt sich ein Gefühl von Freude und Hoffnung mit. Da ist jemand, der trotz allem an ihn glaubt! Und dieser Jemand ist zudem noch wunderschön! Und er hat eine gute Seele mitten in der Armut! Diese Frau muß der Bärenhäuter lieben. Sie wird für ihn der Sonnenaufgang am Ende eines unerträglich langen arktischen Winters sein. Sie wird für ihn die bessere Hälfte seiner selbst bedeuten. Mit ihr muß er sich jetzt verbinden, um zu sich selbst zu finden.

Es ist ein feierlicher Augenblick, in dem der Bärenhäuter mit dieser Frau eine Art Gegenpakt abschließt, um den Teufelspakt zu lösen. Die schwere Hypothek des einen soll sich hinwegheben durch die Verheißung dieses neuen: Er nimmt den Ring vom Finger und bricht ihn in zwei Teile, dann schreibt er den eigenen Namen in die Hälfte, die er der Geliebten gibt, und ihren Namen trägt er in seine Hälfte ein. »Wir beide«, soll das Zeichen sagen, »können in uns nur dann eins sein, wenn wir zusammen eins sind und eins bleiben. Ich werde mich Dir noch nicht zumuten, so wie Du mich jetzt siehst; ich werde mich bemühen, gereinigter, geläuterter und klarer zu Dir zurückzukommen. Doch so weit vorerst auch Raum und Zeit zwischen uns treten mögen, – auf allen Wegen werde ich versuchen, mich auf Dich hin zu bewegen. Du wirst der Grund sein, mich ein zweites Mal zu wandeln und die Verformungen meiner Vergangenheit nach und nach abzustreifen. Ich werde wiederkehren, glaube mir, denn nur wenn wir uns wie die Hälften dieses Ringes zueinanderfügen, werden wir, Du ebenso wie ich, ein Ganzes bilden. Verhindern kann das nur der Tod. Drum bet' für mich, daß ich am Leben bleibe.«

5. Vom späten Glück des Heimgekehrten oder: Der lange Weg der Reifung aufeinander hin

Wie man auf einem Ring sich immer selbst von den beiden am weitesten auseinanderliegenden Punkten her notwendig aufeinander zubewegt, so werden jetzt die beiden Anvertrauten, auch wenn sie, um sich vertraut zu machen, vorerst getrennte Wege gehen müssen, doch nur scheinbar voneinander weggeführt; in Wahrheit kann die »Geometrie« ihrer Beziehung, wie sie sich in dem Ring des Bärenhäuters ausdrückt, sie nur zusammenführen. Allerdings müssen beide, je für sich, noch eine Wartezeit des Reifens – mehr als drei lange Jahre – ausharren: Die Braut muß lernen, ihre Angst, ihr Grausen, ihren Ekel, ihren Schmerz zu überwinden, die sie bei der Begegnung mit dem »Bärenhäuter« unvermeidlich überfielen; der Soldat seinerseits wird eben diese Bärenhäuter-Eigenarten als ichfremde Störungen von seinem wahren Wesen abzulegen suchen.

Die spöttischen Vorhaltungen der beiden älteren Schwestern träfen die jüngste nicht so bitter, sprächen in diesen Witzeleien sich nicht zutiefst auch ihre eigenen Befürchtungen und Zweifel aus, und Punkt für Punkt muß sie dagegen eine eigene Überzeugung geltend machen. – In den Worten *der ältesten* klingt generell die Furcht vor der ungezähmten und unbezähmbaren Gewalttätigkeit eines Bärenhäuters an: »Nimm dich in acht«, erklärt sie, »wenn du ihm die Hand reichst, so schlägt er dir mit der Tatze darauf.« In manchen Ehen ist gerade dies ein Hauptgrund wachsender Zerrüttung: die Angst der Frau, von ihrem Manne geschlagen zu werden, – weil der zu viel getrunken hat, weil er sich überhaupt nicht im Griff hat, weil er nach Macho-Art der »Herr im Haus« sein will ... »Du mußt nur immer seinen Willen tun«, führt die älteste denn auch ihre Besorgnis weiter aus, »sonst fängt er an zu brummen.« Was ist darauf zu sagen?

Gewiß, ein Bärenhäuter muß so wirken. »Aber so ist er nicht wirklich«, wird die jüngste Schwester dem entgegensetzen; »was will man schon erwarten bei einem Menschen, der immer nur herumkommandiert wurde, den man dafür prämiert hat, sich gegen alle Gegenwehr des ›Feindes‹ durchzusetzen, und der am Ende selber schon hat glauben müssen, daß recht nur hat und Recht nur der bekommt, der stark genug ist, seine Ansprüche auch gegen Widerstände zu vertreten? Es stimmt, er wird schnell laut, krakeelt und poltert, aber wie hätte er auch lernen sollen, Meinungsverschiedenheiten stehenzulassen oder in Ruhe auszudiskutieren? Er brüllt und brummt herum, wohl wahr, doch nur, weil er niemals seine eigenen Wünsche hat verständlich machen dürfen. Deshalb können für ihn die kleinsten Anlässe im Handumdrehen eskalieren. Er mißversteht mitunter schon die einfachsten Gebärden. Fast ist es wie bei Hund und Katze: der Hund hebt seine Pfote, um zum Spielen einzuladen, die Katze aber sieht darin ein Warnsignal zum Angriff und reagiert gereizt. So kommt es, daß er wirklich manchmal auf die Hand einschlägt, die ihn nur streicheln möchte. Im Grunde ist er selbst sehr dünnhäutig; nur deshalb hat er sich in dieser garstigen Bärenhaut verkrochen. Er besteht selber nur aus Angst; deshalb verbreitet er dieses Gefühl der Angst um sich herum. Er selbst hat nie erlebt, daß man feinfühlig mit ihm umgegangen wäre; deshalb schützt er sich hinter Grobheiten und derben Sprüchen. Er kann tatsächlich äußerst ungehobelt wirken; doch sicher will er so nicht sein.«

Wieder und wieder muß die jüngste Schwester versuchen, ihren Verlobten gegen ihre eigenen Ängste, Vorwürfe und Zweifel zu verteidigen, wenn sie die Liebe zu ihm aufrechterhalten will. Buchstäblich braucht sie dafür einen langen Atem. Es ist die Zeit des Weinens und der Traurigkeit. Mit dem Konflikt steht sie gänzlich allein. Wenn sie mit anderen darüber sprechen wollte, hätte sie stets die gleichen Redensarten zu gewärtigen wie aus dem Munde ihrer älteren Schwestern: »Das haben wir Dir doch gesagt! Warum läßt Du ihn nicht ganz einfach laufen? So einer ist doch nicht der richtige für Dich. So wie Du aussiehst, kannst Du hundert andere für Dich im Handumdrehen gewinnen. Du und *der* Kerl – geht's noch?« Da ist es besser, mit niemandem davon zu reden und die drückende Einsamkeit mit sich selber auszumachen. Am meisten aber schmerzen die Bekundungen des Mitleids, – was für ein armer Mensch er ist, wie man ihn nur derart verwüsten konnte und daß er es mit sich hat machen lassen müssen, weil er sich gegen den Teufel sowieso nicht hätte wehren können. So viel steht fest: Man muß vor seiner Aggressivität nicht wirklich auf der Hut sein; man darf ihn aber auch nicht ganz so ernst nehmen; er meint's nicht böse, selbst wenn er herumtobt und sich gebärdet wie der leibhaftige Gott-sei-bei-uns.

Ganz ähnlich steht es auch um seine Art von Zärtlichkeit. Darauf zielen die spöttischen Warnungen der *zweiten Schwester.* »Hüte dich«, spricht sie, »die Bären lieben die Süßigkeit, und wenn du ihm gefällst, so frißt er dich auf.« Man sagt im Deutschen auch: »Ich habe Dich zum Fressen gern«, oder man nennt tatsächlich die Freundin eines Mannes seine »Süße«. SIGMUND FREUD erinnerte daran, daß der Sexualtrieb sich nur durch eine »orale« Phase hindurch entwickeln könne, in welcher der Mundraum und die Nahrungsaufnahme selber »sexualisiert« seien[32]. So mag man derlei Redewendungen wohl verstehen; jedoch die Angst einer Frau, von der sexuellen Begierde ihres Mannes verschlungen zu werden, ist auf diese Weise noch nicht erklärt. Sie hat damit zu tun, als Person gar nicht wahrgenommen zu werden und nur als eine Süßigkeit oder gar als ein Stück rohes Fleisch sich dem »Appetit« des Mannes hinhalten zu sollen, und es sind viele Frauen, die darüber klagen. – »Wenn mein Mann zu mir kommen will«, schilderte eine Frau ihre Not, »soll ich ihn einfach über mich ergehen lassen. Er ist in wenigen Minuten fertig; was aus mir wird und was das mit mir macht, hat er sich wohl noch nie gefragt. Anscheinend will er sich an mir nur seine Männlichkeit beweisen. Ich soll ihn wohl auch noch dafür bewundern, was für ein Hengst er ist.« – »Männer können im Bett sich aufführen wie Tiere«, verriet eine andere. »Meiner grunzt wie ein Schwein oder er heult unmenschlich auf wie ein Wolf, und wenn er wieder Luft genug hat, benennt er alles, was an mir schön ist, mit den obszönsten Ausdrücken. Offenbar reden die so untereinander, oder er liest die falschen Hefte. Ihn scheint das zu stimulieren, aber ich finde es widerlich.« – »Ich weiß nicht, was mit meinem Mann los ist«, gestand eine dritte; »er will immer was Neues ausprobieren; er ist wie ein Süchtiger, und er hat immer verrücktere Ideen; manchmal muß er mich fesseln, – mit der Nummer könnten wir zum Zirkus oder in die Peep-Show gehen. Um mich ist es dabei noch nie gegangen, glaube ich.«

In Äußerungen wie diesen spricht sich eine Ironie aus, die einem gewissen Selbstschutz dient; doch für die jüngste Schwester ist ein solcher Weg nicht gangbar. Sie kann sich verletzt fühlen, sich zurückziehen und im verborgenen unendlich weinen; aber sie kann sich ganz sicher nicht über den Bärenhäuter lustig machen, so kurios er ihr auch vorkommen mag. Statt dessen wird sie auch und gerade hier, in den sensibelsten und schutzlosesten Formen der Begegnung, nach Erklärungen suchen, um ihren Mann zu verstehen und ihn dann auch sich selbst verstehbarer zu machen: »Er hat halt nie gelernt, etwas in Ruhe zu genießen«, könnte sie der *ersten* Frau erwidern; »so etwas wie Ausruhen, wie Luxus, wie kultivierte Verfeinerung hat er noch nie an sich herangelassen, vielleicht weil er das für verzärtelt und für unmännlich zu halten hatte. Wir müssen, ja, wir dürfen miteinander einüben, daß schöne Dinge Zeit benötigen. Man hat halt mehr davon, wenn ein Tisch hübsch gedeckt ist, wenn Kerzen brennen, Blumen duften, wenn man nicht alles runterschlingen muß, damit es einem andere nicht ›wegfressen‹. Auch die Liebe kann ein wunderschönes Spiel sein, das gar nicht lange genug dauern mag, – und man lernt dabei so viel vom anderen besser zu verstehen.« – Der *zweiten* Frau könnte sie womöglich sagen: »Jetzt tu nicht so, als wenn Du das nicht selber kennen würdest. Als wir Kinder waren, wurde uns doch alles für unanständig erklärt, was mit ›so was‹ zu tun hatte. Es gab keine Worte dafür. Es war alles tabu. Man durfte es nicht sehen, nicht wissen, nicht aussprechen, und wenn, kamen dafür höchstens lateinische Fremdwörter in Frage. Nur auf der Straße redete man davon, und *die* Sprache hat er von früh an übernommen. Natürlich haben sich auch seine ersten Wünsche mit diesen Worten verbunden. Doch was die Worte bezeichnen, ist durchaus nicht unanständig, und es kann Spaß machen, mal eigene Worte dafür zu erfinden, – Worte, die nur uns gehören.« – »Da hast Du wirklich recht«, müßte sie zu der *dritten* sagen; »seine Gier und Unersättlichkeit machen auch mir große Angst. Aber es wird mir langsam klar, was da passiert ist: Er ersetzt seine Gefühle durch sinnliche Sensationen. So wie er einmal geglaubt hat, sich alles einkaufen zu können, so verwechselt er immer noch Liebe mit körperlichen Attraktionen und Aktionen. Er will etwas tun; aber Liebe ist kein Herumgebastel an bestimmten Körperteilen oder eine sportliche Fitneßübung. Vielleicht wissen wir Frauen das instinktiv besser als Männer, aber es gilt doch für alle. Es ist wie bei jeder Sucht: Was nicht innerlich als befriedigend erlebt wird, verschiebt sich ins Äußere, und dann kann man nie genug bekommen, weil man niemals findet, was man sucht. Wie wäre es, er täte einmal gar nichts und ließe sich verwöhnen? Dann müßte er allerdings die Angst davor verlieren, schwach zu sein, und das ist wahrscheinlich das Hauptproblem in allem: Er ist so viel herumkommandiert worden, daß er sich kaum mehr etwas sagen läßt; aber er soll ja gar nicht wieder etwas für andere machen, er bräuchte nur einfach mal für sich selbst gar nichts zu machen, er empfände, wie es sein kann, zu genießen. Ich will nichts von ihm, ich möchte etwas für ihn. – Als Kinder verbanden wir einander manchmal die Augen und ließen uns blind von unserer Freundin führen. Das war sehr schön, weil es ein Geschenk des Vertrauens war. Schöner als Fesselungsspiele sind solche Vertrauensspiele. Sie geben ein Stück Kindheit zurück.« – Auseinandersetzungen dieser Art gelingen, wenn die Braut »sich nicht irremachen« läßt, wie die Brüder Grimm hervorheben.

Der Bärenhäuter unterdessen setzt noch für lange Zeit sein unstetes und richtungsloses Leben fort, das doch konstant begleitet wird von seiner Angewohnheit, »den Armen reichlich« Geld zu geben, »damit sie für ihn beteten.« Er also übt auf seine Weise genau das ein, was seine Braut ihm eigentlich vermitteln möchte: Menschen verhalten sich nicht zueinander aufgrund von Lohn für Leistung oder von Vergütung für Verdienst, sie stehen auch nicht zueinander in dem Verhältnis von Beherrschern und Beherrschten, von Machthabern und von Entmachteten, von Angstverbreitenden und von Verängstigten, – sie leben wesentlich in einem Miteinander von Schenkenden und von Beschenkten, von allesamt Gnadebedürftigen, von Menschen, die nur eins sich wechselseitig schuldig sind, und das ist: Dankbarkeit. Auch die Gebete, die der Bärenhäuter andere für sich verrichten läßt, beschreiben diese innere Haltung: All die Empfänger seiner Almosen können ihm nichts zurückgeben oder erstatten, außer daß ihre Freude und ihr Wohlwollen zum Himmel aufsteigen und von dort auf ihn zurückkommen. Und in ihm selbst verstärkt sich jedesmal, wenn er in seinen Grünrock greift und die Dukaten daraus hervorholt, um sie den Armen zu geben, das tragende Empfinden menschlichen Mitleids. Von Mal zu Mal bewegt er sich einen Schritt weiter, weg aus der Welt der Widersprüche hinüber ins Land der Leichtigkeit und der Versöhnung; und nach und nach kommt er auf diese Weise bei sich selber an.

Als sich die sieben Jahre runden, rundet sich auch sein Weg und kehrt an seinen Ausgangspunkt zurück. Wieder tritt er hinaus auf die Heide und setzt »sich unter den Ring von Bäumen«. Genau an dem Punkt, da er anfing, sich die Frage vorzulegen, was das Soldatsein all die Zeit aus ihm gemacht hat, trifft er erneut den Schattengeist, sein Gegen-Ich, den Hintergänger seines wahren Wesens wieder, diesmal um von ihm selbst sich »reinigen« zu lassen. Seine Verwandlung kann nicht erfolgen, wie jemand seine Kleider wechselt; die Abschlußszene der Begegnung mit dem Teufel faßt vielmehr symbolisch bloß zusammen, was während sieben langer Jahre schon geschehen ist. Wie eine christliche Taufe die »Sünden« nur »abwaschen« kann, wenn zuvor durch Einsicht und durch Umkehr das Leben eines Menschen eine wirkliche Änderung erfahren hat[33], so findet die Reinigung mit Wasser, das Kämmen der Haare und das Schneiden der Nägel nicht erst in diesem Augenblick statt; vielmehr wird lediglich mit quasi rituellen Mitteln jetzt bestätigt, was sich bis dahin Schritt für Schritt ereignet hat: die Rehumanisierung eines Bärenhäuters aus dem Status systematischer Verwilderung. Und endlich steht er da »wie ein tapferer Kriegsmann ... und war viel schöner als je vorher«.

Zwei Dinge wirken dabei sonderbar. *Zum einen:* Man versteht, daß laut Kontrakt der Teufel die Partie verloren hat und daß er sein Opfer ein für allemal freilassen muß; doch wieder, ganz wie schon in der Erzählung von *des Teufels rußigem Bruder*, mag es verwunderlich erscheinen, daß hier erneut der Teufel sich als Therapeut betätigt: er ist es, der – wenn auch auf hohes Risiko, sich selber zu verlieren – die

Chance zur Reinigung eröffnet und sie am Ende auch vollzieht. Ist es nicht seltsam, kann man fragen, daß hier *der Teufel*, bekannt sonst als das Böse in Person, derart wohltätig auftritt?

Man kann an dieser Stelle etwas lernen, das für die Interpretation von Märchen oder Mythen höchst bedeutsam ist: Wenn da von Teufeln oder Engeln oder Gott die Rede geht, so darf man all diese »Erscheinungen« nicht »metaphysisch«, wie es Theologen tun, begreifen, man muß sie psychologisch: als Mächte oder Teile in der Psyche eines Menschen, ansehen. Eine Hauptaufgabe von Märchendeutungen besteht in diesem Zusammenhang deshalb auch gerade darin, die dogmatische Dämonisierung ganzer Bereiche der menschlichen Seele aufzulösen und die Projektionen persönlicher Ängste und Hoffnungen auf äußere Gestalten der Umgebung rückgängig zu machen, um damit der Integration des Bewußtseins dienlich zu sein[34]. Genauso nämlich geschieht es in dem Märchen hier: Als endlich der Bärenhäuter den Albtraum seines Soldatseins durch- und abgearbeitet hat, nimmt der Teufel seinen grünen Rock zurück und ist alsbald »glücklich abgezogen«, worauf seinerseits dem Bärenhäuter »ganz leicht ums Herz wird«. Und auch anders herum: Je leichter es dem Bärenhäuter wird, der nun keiner mehr ist, löst sich zugleich mit seiner eigenen Zerrgestalt auch die Figur des Teufels auf. Anders gesagt: Der Teufel existierte psychologisch überhaupt nur so lange, wie die Existenzform des Soldatseins existierte; der Teufel war und ist an dieser Stelle lediglich soviel wie das bewußte Erleben der Unmenschlichkeit eben jener Lebensweise, zu welcher der Bärenhäuter im Militär genötigt war; und das Leiden daran trieb ihn zu dem quasi therapeutischen Entschluß, das alles hinter sich zu lassen. – So kommt es zu der heilsamen Funktion des »Teufels« in manchen Märchen. Es ist bei der Deutung solcher Erzählungen nicht anders, als wenn man den Berichten von Menschen zuhört: Die Frage muß sein, was sie selber meinen, wenn sie von Engeln oder Teufeln erzählen; nicht ob es Engel oder Teufel in transzendentem Sinne wirklich gibt, läßt sich mit Hilfe von Märchen klären, wohl aber, welch unterschiedliche psychische Inhalte derlei Gestalten in der Seele von Menschen annehmen können, – als Nachfolgebilder von Mutter und Vater, als Überich-Repräsentanten, als verdrängte Triebmächte oder, wie hier: als bewußtgewordene Deformationen des eigenen Wesens.

Doch *zum zweiten:* Wenn es solch eine Perversion des Menschlichen bedeutet, Soldat zu sein, wie können dann die Brüder Grimm betonen, der ehemalige Bärenhäuter sehe nun aus »wie ein tapferer Kriegsmann«? Wird damit nicht die alte Icheinstellung nachträglich bestätigt? Und gäbe es das also doch: den schmucken, adretten Offiziersanwärter, diese Edelausgabe des »Bürgers in Uniform«, den dekorierten und herausgeputzten Vorzeigesoldaten, der stolz und von den Blicken der Damenwelt bewundert durch die Straßen schreitet? – Das alles gibt es *nicht*; vielmehr führt dieses Märchen in dem Ring der Zeit an gerade die Stelle zurück, wo der Mann, der hernach zum Bärenhäuter deformierte, sich einst entschied, Soldat zu werden: Da freilich sah er dieses Bild noch vor sich, da glaubte er daran, da wußte er noch nicht, welch einer fürchterlichen Illusion er aufgesessen war. Jetzt weiß er es. Deshalb kehrt er zu seiner Braut mitnichten als Soldat zurück, der er einmal war, vielmehr begibt er sich »in die Stadt«, – er wird urban, er nimmt gepflegte Sitten und Manieren an, putzt sich heraus, wirft sich in Schale: er »tat einen prächtigen Sammetrock an«; für einen »vornehmen Feldobristen« hält ihn denn auch der Vater der drei Töchter, als er in »einem Wagen, mit vier Schimmeln bespannt, ... zu dem Haus seiner Braut« fährt. Und wider alles Vermuten: Diese Selbstinszenierung macht Sinn.

Denn der Bärenhäuter kann und darf auch gegenüber der Geliebten nicht so tun, als wenn es seine Zeit als »tapferer Soldat« nie gegeben hätte; sie gehört zu ihm, – und sie war nicht gänzlich falsch: Mannesmut, Courage, Willensstärke, Entschlossenheit, Ritterlichkeit, Verläßlichkeit und Treue bleiben menschlich wertvoll, auch wenn sie der Soldat als Tugenden vornehmlich im Schlachthaus der Geschichte erlernen mußte; durchaus läßt sich ein anderer Gebrauch davon machen, als es unter den Bedingungen von Krieg und Gewalt bis heute möglich war und ist. Zum Beispiel: Den Armen Almosen zu geben – wer das gelernt hat, wird nie mehr an den Grundgedanken aller Kriege glauben, daß nunmehr, da man am Verhandlungstisch sich über Recht und Unrecht nicht hat einigen können oder wollen, derjenige, welcher im Ausstoß der schlimmsten Vernichtungsmittel auf dem Schlachtfeld »Sieger« ward, auch schon das Recht hätte, dem Unterlegenen zu dekretieren, was da rechtens sei, – der effizientere Mörder als Gesetzgeber! So kann's nicht sein: Der Arme und der Unterlegene *darf* nicht rechtlos dem jeweiligen Diktat der Macht sich ausgeliefert sehen, und so wird es geradezu zur Pflicht eines »Soldaten«, mit Herz und Hand Armen und Unterlegenen »ritterlich« beizustehen. Was vormals zum »Soldatsein« zählte, sollte mithin gelebt werden, ohne je wieder als Soldat »Dienst« tun zu müssen; mehr noch: was einst am Soldatsein als lobenswert erschien, läßt sich in seinem Wert nur leben, wenn man aufhört, ein Soldat zu bleiben. Es geht ganz generell um nichts Geringeres als um die Überwindung einer atavistischen Form des Menschseins; im Bild gesprochen geht es um die »Sammetform« der Uniform, – nicht wiederzuerkennen, finden alle, die den einstigen Bärenhäuter wiedersehen.

Doch eben damit entsteht jetzt ein neues Problem. Für gewöhnlich herrscht der Glaube, Märchen seien, recht verstanden, nichts weiter als naive Wunscherfüllungsphantasien. An dieser Auffassung ist sicher so viel richtig, daß in den (meisten) Märchen die Liebenden am Ende zueinanderfinden und miteinander glücklich werden; doch bis hierher bereits hat sich gezeigt, wie außerordentlich komplex die Wege sich gestalten können, die einen Menschen erst in einen »Bärenhäuter«, hernach aber in einen Mann verwandeln, wie es nach Schätzung der beiden ältesten Schwestern »keinen schönern … auf der Welt« zu sehen gibt. Auf sieben Jahre einen Pakt mit dem Teufel zu schließen und daraus »gereinigt« hervorzugehen darf jedenfalls als ein Symbol von hohem »Realitätswert« für die notwendige Auseinandersetzung eines Menschen mit den »Schatten« seiner aufgenötigten Vergangenheit gelten. Doch das ist nur die eine Seite des Beziehungsdramas, welches das Märchen vom *Bärenhäuter* nunmehr schildert; die andere Seite bezieht sich auf *die Braut.*

Sie hat mehr als drei Jahre lang daran gearbeitet, all das Monströse im Gebaren ihres Bräutigams so gut wie irgend möglich zu verstehen und sein Bild zu verteidigen gegen die eigenen Ängste, Zweifel, Sorgen, Vorwürfe und Überforderungen; ihr Hauptmotiv, den Bärenhäuter trotz all der ungeheuerlichen Deformationen seines Wesens für einen guten Menschen zu halten und an ihrer Liebe zu ihm festzuhalten, lag vorwiegend in *ihrem* Mitleid; doch kann man auf die Dauer jemanden als Bräutigam erkennen, der einem einfach »leid tut«? Wie viel an Wissen um die eigene Armut und Armseligkeit liegt auf dem Grund einer derartigen Beziehung? Und was für eine Stimmung wird sich ausbreiten im Herzen einer Frau, die liebt, getragen von der Hoffnung, daß der Mann, dem doch ihr Herz gehören soll, sich eines Tages wider alle vernünftige Wahrscheinlichkeit zu ändern willens und imstand ist, – so daß sein »mitleidiges Herz« den Sieg davonträgt über alle Widerstände? Man muß sich nur das ständige Gefälle zwischen Erwartung und Realitätswahrnehmung (also die permanente faktische Enttäuschung) vor Augen halten, und man wird den Strom an Tränen sich vorstellen können, den dieses Arrangement tagtäglich kostet. »Ich bin ein ›guter‹ Mensch, wenn ich und weil ich alle aggressiven Gefühlsregungen nach innen verarbeite«, wird die Braut zum Trost für all ihr Leid sich sagen können; »vor allem, wenn ich auf das kämpferische Ungestüm und auf das ungebärdige Draufgängertum des Bärenhäuters mit ausgleichender Geduld und Duldsamkeit antworte, wenn ich nur immer wieder meine Traurigkeiten verstecke und keinerlei Vorwürfe mache, dann muß doch irgendwann das Wesen meines Partners sich mildern und besänftigen; ich muß nur durchhalten und warten, bis er, bis es so weit ist.« Entsprechend einem solchen »Skript« hat die Verlobte bisher ihre Rolle bei der »Heimkehr« ihres Bärenhäuters offensichtlich aufgefaßt. Wie aber, wenn er wirklich zu ihr kommt und so ganz anders vor sie hintritt?

Eine »naive Wunscherfüllungsphantasie« wäre es wirklich, wollte man erwarten, daß die Rückkehr eines Bärenhäuters, nunmehr als eines »Kerls in Samt und Seide«, sofort nur Jubel und Glückseligkeit auslösen könnte. Im Gegenteil, bislang hat die jüngste Tochter des einst armen Mannes gewissermaßen die gesamte Last in der Beziehung tragen müssen; ihr Angetrauter hat die Chance genutzt, sich weiterzuentwickeln, das ist wahr; doch sie, die Braut, blieb unter den gegebenen Bedingungen dazu verurteilt, ihre Opferrolle für Vater und Geliebten fortzuschreiben, und das Ergebnis jetzt droht um ein Haar fast tragisch alle zu vernichten. Man kann nur allzugut verstehen, warum: Notwendig kommt es unter den gegebenen Bedingungen zu einer Ungleichzeitigkeit in der Entwicklung von Bräutigam und Braut, die eine durch und durch zerstörerische Energie entfalten läßt. Am Ende hätte es der Bärenhäuter dank der Haltung seiner Braut geschafft, zu seiner eigentlichen Form zurückzufinden, sie aber stünde gerade deshalb jetzt wie fremd daneben, unfähig, an seinem Glück sich zu beteiligen.

Das Märchen schildert den bestehenden Konflikt sehr plastisch: Während der Bärenhäuter gereinigt und geläutert, heiter und hochgemut zu seiner Braut zurückkommt, sitzt sie da düsterfarben, ganz in Schwarz gehüllt, die nach wie vor gestaltgewordene Tristesse. Natürlich nimmt er deshalb Platz zwischen den beiden ältesten Schwestern.

Paradoxer und gleichzeitig realistischer läßt sich die Szene nicht erzählen: So oft hat sich die jüngste wehren müssen gegen die Dreinreden von Spott und Hohn aus dem Munde ihrer älteren Geschwister; sie trugen all die Einwände und Zweifel vor, die sich als erstes auch in ihr selber geltend machten; es muß unendlich schwergefallen sein, sie Tag um Tag niederzulieben und als ungültig zu glauben. Doch da war auch die Dankesschuld gegenüber dem Vater, da war die Evidenz von etwas Mildem in all dem Verwilderten, von etwas Gütigem in all dem so Verwüsteten, von etwas Mitleidigem in all dem äußerst Leidvollen. »Ich muß mich opfern, um den aus seiner Armut zu erretten, der meinen armen Vater rettete«, – diese Einstellung bot der Braut bisher die einzige Verbindung zum Bärenhäuter. Jetzt aber, wo er nicht länger ein Bärenhäuter ist, könnte und müßte sich ihr Mitleid wandeln in Mitfreuen und Mitfeiern; endlich wäre es erlaubt, die Trauerkleidung abzulegen. Doch genau da drohen die oberflächlicheren »Schwestern« der jüngeren den Rang streitig zu machen. Wenn es um Jubel und Trubel geht, sind allemal sie die Routiniers, da kennen sie sich aus und passen *prima vista* zweifellos weit besser zu dem schmucken »Feldobristen«, als welcher jetzt der Bärenhäuter auftritt, zu jener Prunk- und Prachtausgabe all der Parade- und Triumphmärsche, der feigen Siege und der feilen Lebenslügen, – der urzeitlichen Traumhochzeit von höchster Schönheit als dem Attribut des Weiblichen und maximaler

Stärke als dem Attribut des Männlichen, wie es in der Vereinigung Aphrodites mit Ares in der griechischen Mythologie gepriesen ward[35]. Doch wenn sich die Figur des Soldatseins an dieser Stelle wesentlich ins Menschliche zurückträgt, dann muß auch parallel dazu die Form des Frauseins sich entscheidend wandeln: Statt die Kokarden und die Epauletten zu verehren und deren Anblick gleich durch eigene »prächtige Kleider« zu beantworten, wie es die beiden Älteren versuchen, ist jetzt der Augenblick gekommen, daß das, was bisher »depressiv« getönt erschien, als tiefere und wahrere Sicht auf die Wirklichkeit erkennbar wird. Nur so, im Hintergründigen, Verborgenen, erst Freizuliebenden gestaltete sich die Beziehung, die einen Bärenhäuter sich in einen Menschen rückverwandeln ließ und die nun auch der Braut ermöglicht, die Opferhaltung gegenüber ihrem Vater aufzuhellen: unendlich schöner, glücklicher und reicher ist die Begegnung jetzt mit dem Geliebten, als es jemals in der Vergangenheit zu denken war.

Es ist ein wunderschönes Bild, das da dem Bärenhäuter einfällt, um sich seiner so lang gesuchten Braut »erkenntlich« zu erzeigen: Während die beiden Schwestern »in ihre Kammer« laufen, um sich in schönstem Prachtgewand je als die »Auserwählte« zu präsentieren, holt der »Fremde, sobald er mit seiner Braut allein war, ... den halben Ring hervor« und wirft ihn »in einen Becher mit Wein, den er ihr über den Tisch« reicht. Nur wenn sie diesen Becher leert, allein auf dem Boden der Freude, findet die Braut ihren Geliebten wieder, und sie muß – oder sie darf – dazu ihre eigene Ringhälfte – sich selbst – als zugehörig der Hälfte ihres Bräutigams entgegenhalten, bis sich zeigt, »daß beide Teile vollkommen zueinander« passen.

Leicht ist das nicht für die jüngste Tochter. Bislang richtete sich eine Menge Vorwürfe gegen die Verunmenschlichung des Bärenhäuters, – und diese ließen sich überwinden; jetzt aber, wo sie sich erübrigt haben, erheben sich einige Zweifel gegenüber ihrer eigenen Person: Ist sie auch gut genug, verglichen mit dieser so strahlenden Persönlichkeit des anderen? Hat sie, ein Arme-Leute-Kind, wirklich das Zeug dazu, an der Seite eines solch vornehmen Herrn sich zu zeigen? Was hat sie ihm zu bieten außer Dankbarkeit, Verantwortungsgefühl und guten Willen – und einer Schönheit, die sie stets verhüllen mußte, um sie nicht zu sinnenfällig darzubieten? Es gilt, sich als die passende Ergänzung zu begreifen für einen Ring, der in der Innenseite schon den eigenen Namen trägt und der sich nur verbunden mit dem Namen dieses anderen zur Ganzheit fügt. Unsicherheit vor so viel Neuem und Schuldgefühle gegenüber dem noch unbekannten Glück sowie die keinesfalls geklärte Frage: Wer bin ich selbst? lassen für vielleicht lange Zeit die beiden Ringhälften noch nicht zur Einheit sich zusammenfügen. Und doch – der Bärenhäuter liebt gerade diese Schwarzgewandete, die das versprochene Ziel all seiner Mühen war: »... durch Gottes Gnade«, spricht er, »habe ich meine menschliche Gestalt wieder erhalten und bin wieder rein geworden.« »Gottes Gnade« freilich hat auch für ihn eine vermenschlichte Gestalt, und auf die geht er zu und küßt sie auf das innigste. Er muß der Braut erklären, was sie ihm bedeutet, sie aber, die so lange an ihn glaubte, darf es nun ihm nicht minder als sich selber glauben.

Damit könnte die Geschichte ihr wirklich märchenhaftes Ende finden; statt dessen gestaltet sich der Schluß zutiefst verwirrend. Die beiden Schwestern nehmen sich »voll Zorn und Wut« das Leben: die »eine ersäufte sich im Brunnen, die andere erhenkte sich an einem Baum«. Das läßt sich noch so deuten, wie am Ende vieler Grimmscher Märchen, etwa wenn im Märchen von *Brüderchen und Schwesterchen* (KHM 11) die böse Hexe zu Asche verbrannt wird[36] oder wenn in *Schneewittchen* (KHM 53) die böse Stiefmutter in glühenden Pantoffeln sich zu Tode tanzen muß[37]; die größte Ähnlichkeit weist das Märchen vom *Bärenhäuter* zweifellos mit der Geschichte vom *Aschenputtel* (KHM 21) auf, wo die beiden eitlen (Stief)Schwestern die Hochzeit des begehrten Königssohns mit ihrer ungeliebten Schwester begleiten sollen und dabei unter den spitzigen Schnäbeln von zwei Tauben ihr Augenlicht verlieren[38]. Die verschlüsselte Aussage ist dabei stets die gleiche: Die Macht der Lieblosigkeit richtet sich selbst in der Glut der Liebe, die Macht der Eifersucht geht an sich selbst zugrunde, und Eitelkeit und Hoffart sind blind für die wirkliche Schönheit eines Lebens, das in Liebe seine Würde und Erfüllung findet. Entsprechend läßt sich auch hier der Selbstmord der beiden Schwestern so deuten, daß Hochmut und Selbstgefälligkeit sich notwendig den eigenen

Untergang bereiten: das »hoch hinaus« erhenkt sich selbst, weil es die »Bodenhaftung« einbüßt, das »bin ich nicht die schönste?« geht an der eigenen Primitivität zugrunde. Wirklich »erfolgreich« kann am Ende einzig eine Liebe sein, die wechselseitig sich zur Wahrhaftigkeit des eigenen Wesens läutert.

Mit einer solchen Deutung hielte man sich ganz im Rahmen dessen, was man als die zentrale Botschaft wohl der meisten Märchen herausstellen kann. Doch nun kommt es ganz anders: Am Abend klopft der Teufel an die Tür und teilt im Ton des Triumphators dem Bärenhäuter-Bräutigam mit, daß er für seine eine Seele nun deren zwei gewonnen habe. So furchtbar das auch klingt, der Teufel spricht nur aus, was die Moraltheologie besonders der katholischen Kirche seit eh und je behauptet hat: Selbstmord sei eine schwere Sünde, darauf die Höllenstrafe stehe[39]. Zudem, wie sich hier zeigt, obsiegt am Ende allemal bei jedem, der sich auf den Teufel einläßt, der Grünrock mit dem Pferdefuß; mag auch der Bärenhäuter selbst entkommen, so ist es doch zum doppelten Verderben anderer. Paßt also auf, ihr Leser, mahnt demnach das Märchen, glaubt nicht, aus dem Bösen Nutzen ziehen zu können …

Tatsächlich mag das kirchenfromm erzogene Volk diese Geschichte vor der Hand einst so vernommen haben, doch dabei stehen geblieben, wäre ein Verständnis dieser Art ein arges Mißverständnis. Nicht das Prinzip des Bösen und nicht das Seelenheil von Suizidpatienten steht hier zur Debatte, – alle »Theologie« geht an dem Märchen vom *Bärenhäuter* in die Irre. Der »Teufel«, von dem hier die Rede geht, verkörpert psychisch all das Böse in der Seele eines Menschen, der als Soldat die Form des Menschlichen vollständig abzulegen hatte und rein ins Tierhafte verwildert war; doch gerade die Erkenntnis, daß es sich so verhält, verwandelt das Motiv vom Pakt mit dem Teufel in eine Art therapeutischen Vertrag. Alles im Märchen vom *Bärenhäuter* muß deshalb gelesen werden in der Sprache psychologischer Symbole, und so lassen sich in subjektaler Deutung die beiden Schwestern als Seelenkräfte auffassen, die aufhören zu existieren, sobald ein Mensch in einem anderen, den er von Herzen liebt, sich selbst gefunden hat.

Doch auch dann bleibt auf der objektalen Deutungsebene ein Rest von Schuldgefühl, das gerade auf dem Weg zum Glück sensible Menschen von der Art des »Aschenputtels« oder eben dieser »Braut« befallen mag: hat sie die beiden Schwestern nicht selber in den Tod getrieben, weil sie sich als die rechte Braut erwiesen hat? Sehr vielen Menschen stellt sich dies Problem, ob sie ein Recht auf Glück selbst dann noch haben, wenn andere, die darauf Anspruch machen, leer ausgehen. Wenn *das* die Abschlußfrage ist, lautet die Antwort dieses Märchens klipp und klar, daß jeder seinen »Teufel« in sich selbst bekämpfen muß, und wer das nicht tut, wird ihm zwangsläufig anheimfallen. Die Hilfe aber, die man in Verantwortung einander leisten und einander schuldig bleiben kann, liegt einzig darin, an das Gute in dem anderen bedingungslos zu glauben und es freizulieben, bis es rein zurückkehrt. Am Ende wird wohl jeder »Teufel«, wie die beiden Schwestern, an seinen eigenen Erfolgserwartungen zugrunde gehen; oder auch umgekehrt: wenn man dem Licht nicht mehr im Wege steht, wird es auch keinen »Schatten« geben.

Epilog oder: Varianten der Heimkehr

Allen drei Soldaten-Märchen der Brüder Grimm ist gemeinsam, daß sie – in psychologischer Deutung – »Heimkehr« als Einkehr bei sich selbst betrachten und diesen Prozeß ineins setzen mit der Nacharbeit der Haltung, mit der jemand Soldat wurde, sowie der Einstellung, die sich aus seinem Soldatsein ergibt. Läßt sich die innere wie äußere Brutalisierung und Verwilderung eines Menschen im Krieg noch einmal umkehren in ein langsam reifendes Lernen von Menschlichkeit und Liebe? Vor allem das Märchen vom *Bärenhäuter* schildert den Faktor Zeit zwischen Trennung und Wiederbegegnung (drei Jahre!) als ein Hauptproblem für die Akteure selbst, und es steht damit in einer langen Tradition.

Die älteste Erzählung von Kriegsheimkehrern bildet HOMERS *Odyssee* nebst den Tragödien-Dichtungen, die im 5. Jahrhundert v. Chr. das Schicksal der »Helden« vor Troja in ihrer Heimat aufgreifen. In aller Munde ist HOMERS Epos vornehmlich als das Hohe Lied der Gattentreue; doch gerade diese Auffassung erscheint höchst zweifelhaft. Wohl: Zehn Jahre lang wartet Penelope auf die Ankunft ihres Gatten, und sie kann sich nur mühsam der Frechheit der Freier erwehren, die ihr das Versprechen abgenommen haben, einen der Ihren zu heiraten, sobald das Gewand fertig geworden ist, an dem sie so emsig Tag um Tag zu arbeiten vorgibt. In Wahrheit wirkt Penelope ihr Gewebe ganz nach Art der Göttin der Zeit: was sie am Tage geschaffen, löst sie bei Nacht wieder auf. Für eine Frau wie Penelope, im Status der Wartenden, gibt es keinen Fortschritt, nur eine Bewegung im Kreis, die den entschlossenen Stillstand vor dem Gelärm und der Zudringlichkeit der Umgebung beschützen soll. Penelope will keine neue Ehe eingehen, sie darf die bestehende Heirat nicht verraten; jeder Tag ja könnte ihren Gatten zurückbringen, und ein jeder ist daher wie der andere, indem er es nicht tut; auf diesen einen Punkt der Erwartung hin dehnt die Zeit sich für sie ins unabsehbar Unendliche oder, richtiger, sie versinkt in einem schwarzen Loch der Schwere und der Traurigkeit. – Ganz anders Odysseus. Will er eigentlich heimkehren? Die Götter verfügen's, weil Penelopes List denn doch den Freiern nicht auf immer hat verborgen bleiben können; jetzt muß etwas geschehen, um den Knoten zu lösen. Jedoch bis dahin fand sich für den verhinderten Heimkehrer allerlei Gelegenheit zu erstaunlichen Abenteuern; es war keinesfalls nur der grimmige Zorn des erderschütternden und wellenaufwühlenden Meergottes Poseidon, der Odysseus zürnte wegen der Blendung des Kyklopen Polyphem; sieben Jahre verbrachte Odysseus auf Ogygia in der Höhle und in den Armen der schöngelockten Kalypso, wenngleich, wie er sagt, unter ständigen Tränen (Od. VII 259); erst der Wille des Zeus erzwingt seinen Aufbruch. Für die wohlgestaltete Tochter des Atlas bleibt es ein Rätsel, was Odysseus dahin treibt, ihr Angebot abzulehnen, an ihrer Seite alterslose Unsterblichkeit und ewige Lust zu erlangen (Od. V 209); doch Odysseus will nur ein Mensch sein, leidertragend, wenn nötig, um zurückzukehren in seine Heimat. Und bereits sein Weg zur Insel der Kalypso läßt sich lesen als ein schrittweiser Reifungsprozeß in der Wahrnehmung des Bildes einer Frau.

Da war auf der Insel Aiaia die Zauberin Kirke (Od. X 135f), welche die Gefährten des Odysseus in Wölfe und Löwen verwandelt (Od. X 212); vorbeifahren mußte er an der Insel der verlockenden Sirenen, Wesen mit Frauenkopf und mit Vogelleib, die mit ihrem süßen Gesang die Männer unwiderstehlich anziehen, um sie alsbald zu vernichten; nur an den Mast gebunden, vermochte Odysseus ihren Liedern zu lauschen, ohne ihrem Schmelz zu erliegen (Od. XII 39–54). Zu der Halbgöttin Kalypso gelangte er erst, nachdem er mit der menschenfressenden, zwölffüßigen und sechshälsigen Skylla gekämpft hatte (Od. XII 85–100) und dem gefährlichen Meeresschlund der Charybdis entkommen war (Od. XII 104–114). Von Ogygia aus ward er dann von einer zermalmenden Woge Poseidons an den Strand von Scheria gespült, der Insel der Phäaken, wo Nausikaa ihn findet, die so schön gewachsen ist wie das Reis einer Palme (Od. VI 163); die Tochter des Alkinoos ist die erste Frau, die sich in Odysseus nach Menschenart verliebt, freilich mit der Begründung, daß er doch selber »den Göttern gleich« scheine (Od. VI 243). Erst nach dem Abschied von dem jungen Mädchen ist Odysseus reif für die Rückkehr zu seiner Gattin Penelope. Er, der so vieles erfahren, trifft nunmehr auf die Frau, die ihr Haus in einen umlagerten Wartesaal verwandeln mußte. Des einen Zeit gestaltete sich somit als ein langes Reifen, der anderen Zeit verrann als ein unabsehbares Ausharren. Können die beiden so lange und unter derart verschiedenen Schicksalen Getrennten wirklich sich wiederfinden?

Das am meisten Irritierende an der *Odyssee* ist die brutale Ermordung der Freier im 22. Gesang, mit Taten, die auch »in erbittertem Zorne« (Od. XXII 477) nicht begangen werden dürften; daß es dennoch geschieht, scheint einen besonderen Grund zu haben, der freilich in völligem Widerspruch steht zu der allgemein vertretenen »humanistischen« Auffassung der *Odyssee* als eines Epos' der Gattenliebe. Wohl, Odysseus kehrt heim; doch als Gatte? Mitnichten, – als Rächer! Statt des Glücks der wiedergefundenen Einheit zu genießen, steht alles, was er tut, nicht im Zeichen der Liebe zu seiner ihm treu ergebenen Gattin, sondern im Zeichen des Hasses auf ihre Liebhaber. In keiner Weise indessen ist zu begreifen, was derart Todesschuldiges diese hätte begangen haben sollen. Erkennbar geht es Odysseus nicht um »Gerechtigkeit« und auch nicht um »Strafe«, es geht ihm desgleichen nicht um die Ehre seiner Ehefrau oder um die Unantastbarkeit seiner Ehe; er setzt vielmehr den trojanischen Krieg, aus dem er gerade zurückkommt, jetzt im Privaten fort.

Mit einem Wort: auch Odysseus ist auf seine Weise stehengeblieben. Vor Troja wurde (angeblich) gekämpft, um Helena, die Tochter des Zeus und der Leda, die Gattin des Atreus-Sohns Menelaos, die Páris nach Troja entführt hatte, mit Gewalt zurückzuholen; dieses Kriegsmotiv hat Odysseus offenbar so weit verinnerlicht, daß er, genau wie damals vor Ilion, jetzt im eigenen Hause all denen entgegentritt, die ihm seine eigene Frau zu »rauben« gesonnen waren.

Objektiv würde es in seiner Lage genügen, daß er selbst als rechtmäßiger Gatte zurückgekehrt ist und daß sich damit alle Versuche, Penelope zu umwerben, erledigt haben; doch die Beziehungen zwischen Vermählten beruhen für den Kriegsheimkehrer Odysseus anscheinend nicht länger auf den Gefühlen der Zuneigung und der Ordnung wechselseitiger Verpflichtungen, sondern wesentlich, wo nicht ausschließlich, auf dem »Recht« des im Kampfe Stärkeren. Odysseus umwirbt seine Gattin bei seiner Rückkehr nicht, um sie – in Freiheit – für sich zurückzugewinnen, er erobert sie umweglos zurück wie einen Beutegegenstand, indem er ihre möglichen »Räuber« ermordet.

So handelt niemand, der endlich nach langem Mühen an einen Ort gelangt, den er als seine Heimat betrachtet und an dem er wieder heimisch zu werden hofft; so handelt jemand, der inmitten einer feindlichen Welt seine Stellung von neuem glaubt festigen zu müssen. Zu Recht schreibt BERNHARD SCHLINK in seinem Roman *Die Heimkehr*: »Odysseus hat nur deshalb bei seiner Heimkehr die Freier erschlagen und die Mägde, die's mit den Freiern getrieben hatten, aufhängen können, weil er nicht geblieben ist. Er ist weitergezogen. Wenn man bleiben will, muß man sich miteinander arrangieren, nicht miteinander abrechnen.«[1] Kann man deutlicher machen, daß die Kriegserfahrungen auch und gerade die Urgestalt aller Heimkehrer in der abendländischen Literaturgeschichte in der Gestalt des Odysseus prinzipiell daran hindern, je wieder heimisch im eigenen Zuhause zu werden?

Tatsächlich hat der blinde Seher Teiresias bereits bei dem ersten Besuch des Odysseus in der Unterwelt dem von Poseidon Verfolgten untrüglich geweissagt, er werde, nachdem er die Freier getötet, wandern müssen »dann über Land, ein handliches Ruder ergreifend, / Bis du zu solchen Leuten gelangst, die vom Meere nichts wissen, / und die keine mit Salz gewürzte Speise verzehren; / Denen auch nicht bekannt die purpurwangigen Schiffe / Noch die handlichen Ruder, die Flügel sind für die Schiffe.« (Od. XI 121–125) Erst wenn Odysseus durch ein Opfer Poseidon und alle die anderen Götter besänftigt hat, wird es ihm vergönnt sein, »ferne dem Meere« dem Tod zu »erliegen, / Schon von stattlichem Alter gebeugt.« (Od. XII 130–136)

Die »Heimkehr« des Odysseus hat also nie wirklich stattgefunden; sie blieb eine Nicht-Heimkehr. Und schlimmer noch als Odysseus ergeht es dem Artreus-Sohn Agamemnon, dem Anführer des achäischen Expeditionsheers vor Troja: Als er nach Mykene zurückkehrt, bereitet Ägisth ihm »ein trauriges Ende«, auf daß er jämmerlich büße, was er verübte (Od. III 194–195); hatte er doch, was HOMER nicht berichtet, seine eigene Tochter in Aulis als Opfergabe zurückgelassen, um die Götter zu bitten, sie möchten eine Windstille aufheben, welche die Flotte der Griechen an der Fahrt gegen Troja hinderte. Ein Mann, der in der Wahl zwischen den Forderungen des Krieges und den Interessen der eigenen Angehörigen sich für Macht und Ruhm, statt für den Schutz der ihm Anvertrauten entscheidet, verdient der nicht im eigenen Hause den Untergang? AISCHYLOS hat in der Trilogie der *Orestie* diese Frage im 5. Jahrhundert v. Chr. für alle Zeiten gestellt[2].

In der *Odyssee* hat es immerhin den Anschein, als habe der schließlich Heimkehrende sich seelisch weiterentwickelt, während seine Frau zu passivem Warten verurteilt sei; doch auch umgekehrt kann es sich verhalten: In dem eingangs erwähnten Film von GABI KUBACH *Die Frau des Heimkehrers* muß der Soldat Karlheinz Rombach 1944 nach kurzem Heimaturlaub noch einmal an die Front und wird bei einem Stoßtrupp-Unternehmen gefangengenommen. Seinem Freund Sebastian hat er das Versprechen abgenommen, sich um seine Frau Eva und um ihren Sohn zu kümmern. Jahrelang wartet Eva (gespielt von Christine Neubauer) auf eine Nachricht von ihrem in Rußland als vermißt gemeldeten Mann, doch vergebens. Schließlich erfährt sie von einem anderen Heimkehrer, nach menschlichem Ermessen bestehe keine Aussicht mehr, daß Karlheinz noch lebe. Diese Mitteilung veranlaßt sie endlich, ihren Mann gerichtlich für tot erklären zu lassen, in der Absicht, Sebastian zu heiraten; doch gerade zum Zeitpunkt der ersten Intimitäten zwischen Eva und Sebastian kommt überraschend Karlheinz zurück. Er beschimpft seine Frau und seinen Freund, er fordert gewaltsam Evas Liebe zurück, und er meint damit nur, daß sie sich sexuell ihm ausliefern müsse, – in Wirklichkeit ist er es, der in Krieg und Gefangenschaft psychisch stehen geblieben ist und in der Heimat hinter der Zeit jetzt, buchstäblich, herlaufen muß. Er würde seine Frau, die enttäuscht und verärgert im LKW von ihm wegfährt, nicht einholen können, wäre da nicht das Kind. Um nicht dem Ehekrieg nach dem Völkerkrieg in Agamemnon-Art diesen Jungen zu opfern, müssen Vater und Mutter aus der Trennung in der Vergangenheit zu einer Zukunft neuer Gemeinsamkeit in der Gegenwart finden.

In diesem Film ist es augenscheinlich nicht ohne weiteres der Krieg selbst, sondern die Zermürbung durch Gefangenschaft und Flucht, die eine mögliche Heimkehr gefährdet. Den wohl meistgelesenen Roman über das Schicksal eines Spätheimkehrers aus russischer Gefangenschaft stellt das Buch von JOSEF MARTIN BAUER *So weit die Füße tragen* aus dem Jahre 1955 dar; diese als einen authentischen Bericht sich gebende Erzählung blendet die Kriegserfahrungen konsequent aus und zeigt allein die Strapazen jahrelanger Flucht in Angst und Gefahr, in Kälte und Hunger, in Fremdheit und Verfolgung als Ursachen der psychischen Zerstörung eines Heimkehrers, der die Heimat verlor; denn so geht die Geschichte: Ein russisches Bleiwerk am Ostkap. Am letzten Sonntag im Oktober des Jahres 1949 unternimmt Clemens Forell zum zweiten Mal einen Fluchtversuch, vorbereitet und ausgerüstet mit den Anweisungen und Utensilien des Lagerarztes Dr. Stauffer, der selber minutiös seine Flucht geplant hat, aber aufgeben muß, weil er an Krebs erkrankt ist. Wenn Forell das unmöglich Scheinende trotzdem schaffen sollte, muß er Stauffer versprechen, seiner Frau Mitteilung zu machen. Und wirklich: nach drei Jahren und zwei Monaten, am 22. Dezember 1952, kommt Forell über den Iran nach Deutschland zurück. Doch als was? Im Nachwort des Romans heißt es: »So, wie er es sich in Omsk auf einer zufälligen und kalten Station zu Beginn seiner langen Reise vorgenommen hat, ist Clemens Forell in den drei Jahren seither die Kirchen abgegangen, deren Schönheit ihn sein Vater sehen gelehrt hat. – Es will ihn Wunder nehmen, daß nichts mehr so ist, wie er es von damals in Erinnerung hat. Die Räume sind noch die gleichen, und in der Ettaler Kirche hat er wie je seine Stimme ins Leere fallen gespürt. Seit er durch Sibirien gewandert ist, wundert er sich darüber nicht mehr. Die grenzenlose Einsamkeit dort hat ihm das Wort, den Hilferuf, den Fluch und das Stöhnen von den Lippen gewischt, so daß er selbst sich nicht mehr hörte. So ist nun einmal die Akustik der Ewigkeit. – Worüber er sich wundert: Daß aus dem Gold der Stukkaturen Silber geworden ist, ein mattes Silber zudem. Daß roter Samt und blutfarbener Brokat inzwischen verbleicht sind zu einem fahlen Gelb. Daß im Himmel das Blau fehlt, als wäre es ersetzt worden durch eine graue Leinwand. Daß ein sachliches Zeitalter jene hundert Zwischentöne von Grün zu Grün abgeschafft hat, wie der Vater Forell sie auf den Sonntagswanderungen mit den Kindern zu zeigen wußte. – Die Ärzte haben es sich eine Weile überlegt, ehe sie dem heimgekehrten Clemens Forell, als er vergeblich nach den ihm von früher bekannten Dingen suchte, behutsam erklärten, daß er den Sinn für die Farben verloren habe. Nach und nach haben sie ihm noch vielerlei Veränderungen mit Schonung begreiflich machen müssen, weil nun einmal ein Mensch, der jahrelang im Blei gehaust hat und drei Jahre das Leben eines Tieres und bei den Tieren üben mußte, nicht mehr als jener zurückkehren kann, der er vordem gewesen ist. – Schrecklicher ist, daß er für das Erlebte nicht mehr die Erinnerung des Inhalts, sondern nur noch die Umstände besitzt. So erzählt er denn seine sibirischen Jahre an den Kleinigkeiten entlang und starrt beim Erzählen, wo ihm alles durcheinandergerät, in seine Hände, mühsam als Erinnerung beschwörend, was er schon ins Vergessen abgelegt hat, was nur noch gespiegelt da ist wie das Helle und das Dunkle am Himmel über dem Eismeer als Zeichen für treibendes Eis oder freies Wasser. Es ist grausam, die Gnade des Vergessens zu unterbrechen und den Gepeinigten zum Nachdenken zu zwingen. Denn das Vergessen und die Gedächtnislosigkeit ist eine Auswirkung jener Erlebnisse, die den Menschen Clemens Forell zwar zu seiner Zeit heimkehren ließen, aber nur als den äußerlichen Rest eines Menschen.« – Als er an Frau Stauffer schreibt, er habe ihr eine Botschaft von ihrem Mann zu bringen, antwortet diese »kurz und schlicht …: Ich weiß, daß mein Mann tot ist; lassen Sie mich die Zeit seines Todes und den Platz seines Grabes wissen! Das müßte auf brieflichem Weg geschehen. Mit dem spärlichen Gepäck ist dem Flüchtigen alles verlorengegangen, auch das alte österreichische Kochgeschirr, in das Stauffers Magdeburger Adresse eingeritzt war. – Als wirklich einziges sind ihm die Narben am Körper und an der Seele geblieben, die Zeichen vom Blei, und außer diesen Zeichen jene Furcht, die er drei Jahre lang sich selber abzuleugnen versuchte. – Aus dieser Furcht mag es verstanden werden, daß er seinen wirklichen Namen nicht genannt wissen will.«[3]

Es fällt schwer, die soziale Einsamkeit und die seelische Auszehrung eines Menschen eindringlicher zu schildern, als es in dem Flüchtlingsdrama von JOSEF MARTIN BAUER geschieht. Doch die verzweifeltste, konsequenteste und schonungsloseste Abrechnung mit den unmenschlichen Qualen, welche die Geißel des Krieges allen an ihm Beteiligten auferlegt, nimmt der japanische Filmregisseur MASAKI KOBAYASHI in seiner Trilogie *Barfuß durch die Hölle* aus den Jahren 1959–1961 vor[4]: Erzählt wird die Geschichte des idealistischen, pazifistischen Kaji, der als kriegsverpflichteter Soldat zum Zeugen der Menschenrechtsverletzungen der kaiserlichen Armee an Gefangenen wird und den sadistisch zelebrierten Enthauptungen von vermeintlichen Delinquenten beiwohnen muß; doch in seinem Herzen trägt er das Bild seiner Geliebten, und als er selber gefangengenommen wird, ist sie es, die seine Sehnsucht nach Heimkehr in ihm wachhält. In der Gegenwart aber muß er lernen zu töten, er muß sich an das Töten gewöhnen, um seine Flucht zu ermöglichen, und sein Heimweg gerät zu einem unendlichen Marsch durch den Schneesturm, aussichtslos und hoffnungslos, ein Gang ins Nichts bei einer an sich klaren Vorstellung von Wahrheit und Glück.

Doch bleibt dann wirklich nur alternativlos die fatalistische Resignation angesichts der universalen Kriegsbereitschaft der Völker und Staaten?

Es gibt wohl keinen Roman in dem von Kriegen um und um zerfurchten 20. Jahrhundert, der das Problem der »Heimkehr« von »Soldaten« so intensiv darstellen und zugleich so entschieden auf ein Entweder-Oder hinführen würde wie BORIS PASTERNAKS *Doktor Schiwago*, indem er in Pascha Strelnikov und in Jurij Schiwago die Gestalten des Kriegers und des Arztes idealtypisch einander gegenüberstellt. Die komplex verflochtene Handlung des Romans kreist zentral um die Gestalt des gefährlich intelligenten, egoistisch skrupellosen Victor Komarovski. Er hat Schiwagos Vater erst finanziell, dann psychisch in den Tod getrieben, so daß der junge Jurij bei den Gromekos aufwächst, deren Tochter Tonja er später bestimmungsgemäß heiratet, ohne mit ihr wirklich glücklich zu sein. Hingezogen fühlt er sich von ferne zu Larissa, einem jungen Mädchen, das Komarovski mit Duldung ihrer Mutter mißbraucht; aus Verzweiflung heiratet sie den einzigen guten Menschen, den sie kennt: Pascha Antipov, einen glühenden Idealisten, der Rußland Freiheit und Fortschritt zu bringen hofft; doch angesichts der zaristischen Gewalt begibt er sich mit Larissa nach Jurjatino an den Ural, um dort die Jugend zu unterrichten. Der Krieg bricht aus, zu dem Pascha sich freiwillig meldet, während Jurij als Arzt einberufen wird und wie schicksalhaft in einem Lazarett Lara als Krankenschwester wiederfindet. Zwischen beiden entwickelt sich eine starke Zuneigung, die Tonja im fernen Moskau mit ahnungsvoller Sorge erfüllt. Die Revolution beendet den Krieg, doch die Wirren und Zwangsmaßnahmen nötigen die Schiwagos, ebenfalls an den Ural, nach Warykino, in die Nähe von Jurjatino, zu ziehen, wo Jurij und Lara einander ihre Liebe gestehen und leben. Jurij liebt aber auch nach wie vor Tonja und die Kinder, doch ehe er ihr seine Beziehung gestehen kann, wird er von Partisanen entführt und in den neuen Krieg zwischen der Roten und der Weißen Armee hineingezogen. Tonja begibt sich zurück nach Moskau; die Frage Larissas aber ist es, ob Pascha noch lebt. Sie weiß nicht, daß er eine neue Identität unter dem Namen Strelnikov angenommen hat, eines Polit-Kommissars, der ein terroristisches Regime gegen die Dörfer errichtet, die sich der Revolution in den Weg stellen. Schließlich gelingt es Komarovski, Lara und die Kinder mit sich nach Wladiwostok in »Sicherheit« zu bringen. Als Strelnikov eines Nachts nach Jurjatino zurückkehrt, trifft er in Laras verlassenem Hause nur Jurij noch an, den er bei seinem Umzug an den Ural an einem Haltepunkt des Zuges einmal verhört hatte. Jetzt, als ein gesuchter Kriegsverbrecher, gesteht er ihm seine eigene Verzweiflung. – »Wie viele solche vor dem Tode gegebenen Aussagen«, fragt sich Jurij, »... hatte seinerzeit der bedeutende Soldat ...– Strelnikov – lesen und vernehmen müssen. Nun war er selber in der Verfassung eines Besessenen, der in der Wut der Selbstanklage sein ganzes Dasein umzukehren sucht, alles summarisch aburteilt, alles in Fieberglut entstellt und im Krampf verzerrt sieht.«[5]

So aber lautet sein Geständnis: »Es gab eine Welt der Vorstädte, eine Welt der Bahngleise und der Arbeiterkasernen: Schmutz, drangvolle Enge, Bettelarmut ... Es gab die lachende, ungestrafte Gemeinheit der Muttersöhnchen, der Studentenstutzer und Kaufmannssöhne. Mit einem Witz ... setzten sie sich über die Tränen und Klagen der Erniedrigten, der Beleidigten, der Verführten hinweg. … – Wir hingegen betrachteten das Leben als einen Feldzug; für jene, die wir liebten, haben wir Berge versetzt. Und obwohl wir ihnen nichts gebracht haben als Not und Kummer, haben wir sie nicht gekränkt, weil wir, wie sich herausstellte, noch größere Märtyrer waren als sie.« »Die Journalisten zerbrachen sich die Köpfe, wie man die viehische Dreistigkeit der Kapitalisten zähmen könne und wie die Würde, die menschliche Würde der Armen aufs Banner zu schreiben und zu verteidigen sei. Es kam der Marxismus. Er entdeckte die Wurzel des Übels und das Mittel zu ihrer Heilung … Das alles gehört zusammen …: der Dreck, das Erstrahlen der Heiligkeit, die Laster und die Arbeiterviertel, Proklamationen und Barrikaden.«[6] »Denken Sie nur, sechs Jahre der Trennung, sechs Jahre, während derer ich mich habe beherrschen müssen. Aber ich glaubte, noch sei die volle Freiheit nicht erobert. Und erst müßte ich sie erobern helfen, bevor ich ihr ganz angehören dürfte … Und nun sind alle meine Pläne zunichte und mit ihnen mein Leben!«[7]

Im Grunde ist Pascha zum Revolutionär und Polit-Kommissar geworden, um mit Töten und Terror eine Welt zu formen, in der es keine Komarovskis mehr gibt und keine Laras mehr erniedrigt werden. Auch Jurij lehnt sich gegen diesen Mörder seines Vaters und Zerstörer seiner Jugend auf; doch wo der eine seinen Widerstand als Soldat mit den Mitteln der Gewalt organisiert, möchte der andere als Arzt den Menschen helfen, die leiden. Beide lieben sie Larissa; doch während der eine sich von ihr losreißt, um durch den Geburtskanal des Schreckens eine gereinigte Welt ins Licht zu pressen, trägt der andere sie in seinem Herzen, um inmitten einer unmenschlichen Wirklichkeit den Glauben an die Schönheit des Lebens und die Würde des Menschen nicht zu verlieren. Beide stellen sie somit die alternativen Antwortmöglichkeiten auf eine Welt voller Ungerechtigkeit und Leid dar; beide gehören sie zusammen, doch das Plädoyer PASTERNAKS gilt der Hoffnung, es möchte in der Seele der Menschen ebenso wie in der geschichtlichen Wirklichkeit sich der Dichter-Arzt Jurij durchsetzen gegenüber dem verletzten Jungen und verletzenden Soldaten Pascha-Strelnikov; oder noch anders: es möchte der entmenschte Strelnikov die Züge eines Jurij annehmen. Eine solche Versöhnung wäre freilich identisch mit einer wichtigen Bescheidung: »Das Rätsel des Lebens, das Rätsel des Todes, der Zauber des Genius, der Zauber der Nacktheit, das alles haben wir verstanden«, gesteht Lara an Jurijs Bahre, und sie fährt fort: »Was aber die kleinlichen Geschäfte der Welt, die Umgestaltung des Erdballs etwa, anbelangt, so müssen wir bedauern, daß sie unsere Sache nicht ist.«[8] Letztlich groß ist nur die Liebe.

Zwei von Schiwagos Gedichten besingen diese Wahrheit, das erste unter der Überschrift *Begegnung*, das zweite benannt als *Tagesanbruch*. Sie seien der Schönheit ihrer Sprache und der Klarheit ihrer Aussage wegen abschließend aufgeführt.

Begegnung[9]

Wenn Schnee die Straße überschüttet,
Die Dächer belädt,
Werd ich hinausgehen, mir die Füße vertreten,
Vor der Tür stehst du.

Allein, im Herbstmantel,
Ohne Hut, ohne Überschuhe,
Suchst dich zu fassen
Und kaust eine Handvoll Schnee.

Bäume und Zäune
Vergehen fern im Dämmer.
Allein im Schneegestöber
Bist du an der Ecke.

Wasser fließt aus dem Kopftuch
Über die Ärmel in den Aufschlag,
Und Tropfen wie Tau
Glitzern in den Haaren.

Von blondem Gespinst
Umleuchtet: Das Gesicht,

Kopftuch, Gestalt
Und der dürftige Mantel.

Schnee auf den Wimpern,
In deinen Augen Schmerz
Und dein Antlitz
Aus einem Stück.

Als ob mit Eisen
Eingetaucht in Antimon,
Man in mein Herz
Dich eingeschnitten habe.

Für immer hat sich ihm
Die Demut dieser Züge festgesetzt,
Darum bedeutet's nichts,
Daß die Welt so unbarmherzig ist.

Darum verzwiefacht sich
Die ganze Nacht im Schnee,
Und ich vermag die Grenzen nicht zu ziehen
Zwischen dir und mir.

Doch wer sind wir und woher,
Wenn von jenen Jahren allen
Revisionen bleiben,
Uns aber es nicht gibt auf der Welt?

Tagesanbruch[10]

In meinem Schicksal warst du alles.
Dann kam Krieg und Untergang,
Und lange, lange von dir
Keine Nachricht, kein Hauch.

Nach endlosen Jahren erregte
Deine Stimme mich wieder,
Die ganze Nacht las ich in deinem Vermächtnis
Und erwachte wie aus Ohnmacht.

Ich möchte zu den Menschen, in die Menge,
In ihr morgendliches Aufleben.
Ich bin bereit, sie kurz und klein zu schlagen
Und alle in die Knie zu zwingen.

Ich stürze die Treppe hinab,
Als träte ich zum erstenmal
Auf die schneeigen Straßen,
Auf das ausgestorbene Pflaster.

Überall Licht, Geborgenheit,
Sie stehen auf, trinken Tee,
Rennen zur Tram. In wenigen Minuten
Ist die Stadt nicht wiederzuerkennen.

An den Toren flicht Schneegestöber seine Netze
Aus dichtfallenden Flocken.
Das Frühstück halb verschlungen,
Laufen sie davon, um ja zur Zeit zu kommen.

Ich fühle mit allen,
Als steckte ich in ihrem Fell.
Ich schmelze, wie der Schnee schmilzt,
Runzele die Brauen wie der Morgen.

Mit mir namenlose Menschen,
Bäume, Kinder, Daheimgebliebene.
Ich bin ihnen allen unterlegen,
Und nur darin besteht mein Sieg.

Anmerkungen

Vorwort

1 Vgl: JÖRG FRIEDRICH: *Der Brand*, 63–176: Strategie.

2 Vgl. JOHANNES B. HIRSCHMANN: *Die katholische Lehre über die Wehrpflicht*, 1956, in: Ja zu Gott im Dienst an der Welt, 90–94; Hirschmanns Auftritt als »Experte« im Deutschen Bundestag hätte um ein Haar das Gesetz über die Anerkennung der Wehrdienstverweigerung aus Gewissensgründen in der Bundesrepublik verhindert.

3 Vgl. JOHANNES B. HIRSCHMANN: *Kann atomare Verteidigung sittlich gerechtfertigt sein?* 1958, in: A. a. O., 95–109. Vgl. auch Helmut Kramer – Wolfgang Wette (Hg.): Recht ist, was den Waffen nützt, zu den Versuchen, das Grundrecht auf Kriegsdienstverweigerung auszuhöhlen und die Gegner der Wiederbewaffnung zu kriminalisieren.

4 Vgl. JÖRG FRIEDRICH: *Yalu*, 68–76: Generalplan Weltkrieg.

5 Vgl. JÜRGEN WAGNER: *Außenpolitik*, in: Gabriele Gillen – Walter von Rossum (Hg.): Schwarzbuch Deutschland, 77–91, S. 77–82: NATO, EU, Deutschland: Von der Verteidigung zum Angriff.

6 Vgl. LÜHR HENKEN: *Rüstungspolitik*, in: Gabriele Gillen – Walter von Rossum (Hg.): A. a. O., 488–496

7 Vgl. RAINER RUPP: *Alle Signale auf Krieg*, in: junge Welt, 30./31. Okt./1. Nov. 2009, S. 1.

8 Wie die Amerikaner Saddam Hussein in den Krieg gegen Kuwait lockten, beschreibt WILHELM DIETL: *Schwarzbuch Weißes Haus*, 211–248: Saddam Hussein: Heute gut und morgen böse, S. 236–237: Die Botschafterin und der Präsident; vgl. auch RAMSEY CLARK: *Wüstensturm*, 29–71: Die Planung der US-amerikanischen Herrschaft über den Golf.

9 Vgl. zu dem Thema bes. RAMSEY CLARK: *Wüstensturm*, 239–272: Der Wüstensturm.

10 Zum Somalia-Krieg vgl. LUCIANO GARIBALDI: *Das Jahrhundert der Kriege*, 422–425: Der Krieg am Horn von Afrika 1991–1994.

11 Zum Bombardement auf dem Balkan und zum »neuen Humanismus« in der Kriegsbegründung vgl. NOAM CHOMSKY: *War Against People*, 14–15; 61–62; zur Rolle Fischers vgl. JUTTA DITFURTH: *Neue Kriegspartei*. Der Weg der Grünen in die NATO, in: junge Welt, 26.3.2007, Thema, S. 10–11. Zum »Hufeisenplan« vgl. HEINZ LOQUAI: *Der Kosovo-Konflikt – Wege in einen vermeidbaren Krieg*: 138–144: Der »Hufeisenplan« – ein Plan der serbisch-jugoslawischen Führung zur systematischen Vertreibung der kosovo-albanischen Bevölkerung?

12 Vgl. WERNER PIRKER: *Krieg in Europa*, in: junge Welt, 24.3.2009, S. 3.

13 Obwohl politisch kurzschlüssig, unterstützte die SPD auch in der Rolle der Opposition im Febr. 2010 noch das Afghanistan-Mandat der Merkel-Regierung. Vgl. RÜDIGER GÖBEL: *SPD hält Stellung*, in: junge Welt, 17. Febr. 2010, S. 1.

14 Vgl. RALF BESTE u.a.: *Das Ende der Unschuld*, in: Der Spiegel, 38/2009, S. 76. – KONSTANTIN VON HAMMERSTEIN, HANS HOYNG, HANS-JÜRGEN SCHLAMP, ALEXANDER SZANDAR: *Das Afghanistan-Abenteuer*, in: Der Spiegel, 47/2006, 19–30, S. 23, verwiesen schon vor fünf Jahren darauf, daß Worte wie »Kampfeinsatz« vermieden und durch »Friedensmission« oder »Stabilisierungstruppe« ersetzt würden. »Die Deutschen müssen das Töten lernen«, titelte die Spiegel-Ausgabe.

15 DANIEL BRÖSSLER – PETER BLECHSCHMIDT: *Westerwelle: In Afghanistan herrscht Bürgerkrieg*, in: Süddeutsche Zeitung, 11. Febr. 2010, S. 1, berichten, daß der Afghanistan-Krieg inzwischen als »nicht internationaler bewaffneter Konflikt« eingestuft wird; damit wird das Handeln der Soldaten an das Völkerrecht gebunden, das einen weit größeren Spielraum läßt als das Strafrecht.

16 Vgl. MARCO EVERS, UWE KLUSSMANN, CHRISTIAN NEEF, GABOR STEINGART: *Pakt mit dem Teufel*, in: Der Spiegel, 4/2010, 81: »1522 Soldaten der Koalition sind seit 2001 in Afghanistan gestorben, auch die Zahl der zivilen Opfer steigt. Vergangenes Jahr wurden über 2400 Zivilisten getötet, so viele wie nie zuvor innerhalb eines Jahres seit dem Sturz der Taliban ... Allein die USA werden Ende dieses Jahres für den Hindukusch-Krieg bereits 300 Milliarden Dollar ausgegeben haben, und 7 Millionen Dollar internationale Hilfsgelder fließen täglich ins Land. – Zudem wackelt die Heimatfront, fast überall in den Ländern der Koalition: Die Zustimmung der Bevölkerung zur Afghanistan-Mission sinkt, die Zahlen sind dramatisch. Ob in Kanada, Großbritanien, den Niederlanden oder Deutschland: Eine Mehrheit der Bürger hält den Einsatz inzwischen für einen Fehler.«

17 S.o. Anm. 14, S. 72.

18 JOSEF JOFFE: *Krieger, denk mal!* in: Die Zeit, 4.2.10, S. 1.

19 Vgl. ERIC LAURENT: *Die Kriege der Familie Bush*, Kap. 6, S. 120–152, bes. S. 143–145: »Zum Wohle der Welt«. HERFRIED MÜNKLER: *Die neuen Kriege*, 207–243: Militärische Interventionen und das Dilemma des Westens.

20 So Erzbischof Joseph Becker (Paderborn), anläßlich der Vereidigung der Rekruten Anfang 2010.

21 Vgl. E. DREWERMANN: *Das Lukas-Evangelium*, I 116–136: Lk 2,1–20: Die Geburt Jesu und die Anbetung der Hirten oder: Vom Frieden der Gnade.

22 Vgl. E. DREWERMANN: A. a. O., II 534–537.

23 Entsprechend dem Kriegsdrama von RANDALL WALLACE (Reg.): *Wir waren Helden*, USA 2002, mit Mel Gibson, Madelaine Stowe, Sam Elliott u. a. Der Film ist gewidmet den 400 Mann, die 1965 unter Colonel Moore in der Talebene von la Drang in eine Falle des Vietcong gerieten und aufgerieben wurden. Gezeigt werden Leute, die, ehe sie in den Krieg ziehen, in die Kirche gehen, bei Tisch beten und sich um ihre Familien sorgen. Frage: »Wie kann man Soldat und Vater sein?« Antwort: »Indem ich das eine gut mache, mache ich das andere besser.« – »Gott hat einen Plan für mich, aber ich hoffe, Waisen zu beschützen, nicht zu machen.« – »Also bitten wir Ihn: Behüte die jungen Männer. Ich bin Dein Werkzeug ... Und was unsere Gegner angeht: Höre ihre heidnischen Gebete nicht an und schick sie in die Hölle.« Frage eines Kindes an seinen Vater: »Was ist Krieg?« Antwort: »Krieg ist, was nicht vorkommen soll, aber das tut's. Da wollen in einem fremden Land Menschen anderen das Leben nehmen. Und es ist die Aufgabe von Soldaten, das zu verhindern.« Und Präsident Johnson sagt dazu: »Wir machen den Kommunisten klar, daß wir mit Waffengewalt nicht zu besiegen sind. Wir werden der zunehmenden Aggression widerstehen. Ich werde (General) Westmoreland geben, was er braucht. Wir setzen eine neue Technik (die Luftkavallerie) ein, aber wir kämpfen gegen einen Feind mit 20 Jahren Erfahrung im Gelände.« – Ansprache vor dem Ausrücken: »Wir begeben uns in das finstere Tal des Todes. Wir verlassen die Heimat. Wir tragen die Heimat immer in uns. Wir kämpfen gegen einen hartnäckigen Feind, der niemals aufgibt. Aber ich schwöre: Ich werde der erste sein, der das Schlachtfeld betritt, und der letzte, der es verläßt. Tod oder lebendig – wir werden alle gemeinsam zurückkommen.«

24 Vgl. ELI CLIFTON: *Der Krieg kehrt heim*, in: junge Welt 16./17.1.10: »Von Januar bis November 2009 begingen 147 aktive Soldaten Selbstmord, 20 mehr als im gleichen Vorjahreszeitraum. Die Zahl der Suizide unter Reservisten erhöhte sich im selben Zeitraum von 50 auf 71.« – CORDULA MEYER: *Dämonen im Kopf*, in: Der Spiegel, 12/2010, S. 129, schreibt: »Etwa jeder fünfte US-Uniformierte, der den Krieg am Hindukusch oder am Euphrat überlebt, quält sich mit traumatischen Neurosen. Schätzungsweise 300 000 US-Veteranen leiden an PTBS – an Posttraumatischer Belastungsstörung.«

25 ERICH MARIA REMARQUE: *Im Westen nichts Neues*, 84–85.

26 Der Koloß, vor 1812, Öl auf Leinwand, 116 x 195 cm, Prado, Madrid; vgl. JOSÉ GUDIOL: *Francisco Goya*, Nr. 30, S. 130. PAOLO LECALDANO: *Goya. Die Schrekken des Krieges*, 78.

27 Vgl. NAOMI KLEIN: *Die Schock-Strategie*, 19.

28 ILJA JEFIMOWITSCH REPIN: *Rückkehr in die Heimat*, 1878, Öl auf Leinwand, 50,8 x 34,2 cm, Tretjakow-Galerie, Moskau. In: JOACHIM UHLIZSCH: *Der Soldat in der bildenden Kunst*, Abb. 211, S. 255.

29 ROBERT MOORE – DOUGLAS GILLETTE: *König, Krieger, Magier, Liebhaber*, 111.

30 A. a. O., 111.

31 Vgl. LUCIANO GARIBALDI: *Das Jahrhundert der Kriege*, 116–121: Der Japanisch-Chinesische Krieg 1937–1938, S. 131. Vgl. ANNETTE BAUMEISTER (Buch): *John Rabe*, 3Sat 23.4.10. John Rabe war Leiter der Siemens-Werke in Nanking und rettete 200 000 Chinesen das Leben durch die Einrichtung einer Sicherheitszone, die er, ein überzeugter NSDAP-Mann und Verehrer des »Führers«, mit Hakenkreuz-Fahnen als Terrain des mit Japan verbündeten Deutschen Reiches markiert.

32 IVO FRENZEL: *Nietzsche*, 86, spricht von einer Kriegserkrankung im September 1870: »Ruhr und Rachendiphtherie«.

33 FRIEDRICH NIETZSCHE: *Also sprach Zarathustra*, 1. Teil: Vom Krieg und Kriegsvolke, S. 48–49.

34 Vgl. ERNST JÜNGER: *In Stahlgewittern*, 251–288: Die Große Schlacht, S. 261: »Im Vorgehen erfaßte uns ein berserkerhafter Grimm. Der übermächtige Wunsch zu töten beflügelte meine Schritte. Die Wut erpreßte mir bittere Tränen. – Der ungeheure Vernichtungswille, der über der Walstatt lastete, verdichtete sich in den Gehirnen und tauchte sie in rote Nebel ein.«

35 CARLOS CASTANEDA: *Reise nach Ixtlan*, Kap. 9: Die letzte Schlacht auf Erden, S. 90–91.

36 HANS JAKOB CHRISTOFFEL VON GRIMMELSHAUSEN: *Der abenteuerliche Simplicissimus*, 2. Buch, 27. Kap., S. 182–186: Wie es dem Profosen in der Schlacht bei Wittstock ergangen.

37 Vgl. LUISE WAGNER-ROOS: *Ein deutsches Trauma – Der Fall von Magdeburg*, in: Hans Christian Huf (Hg.): Mit Gottes Segen in die Hölle, 145: »Es war ein Tag, der die Welt veränderte. Am 20. Mai 1631 legte eine entfesselte Soldateska das protestantische Magdeburg ›für die katholische Sache‹ in Schutt und Asche. Dabei kam es zu einem Massaker, das Abscheu und Entsetzen in ganz Europa auslöste.«

38 Vgl. JEREMY SCAHILL: *Blackwater*, Kap. 2: Der kleine Prince, 31–49.

39 Vgl. EUGEN DREWERMANN: *Die Spirale der Angst*, 57–60: Das Prinzip des Territorialismus.

40 Vgl. WALTER KRICKEBERG: *Altmexikanische Kulturen*, 104–105; 209.

41 Vgl. Die Edda. Bd. 1: Heldendichtung, Nr. 15: Die Vogelweissagung, Strophe 8, S. 131: »Es schläft auf dem Berg / die Schlachtjungfrau; um sie lodert / der Linde Feind (sc. das Feuer, d. V.) / Yggs (sc. Odins, d. V.) Dorn stach sie: / Andre fällte / die Armbandgefn (sc. die Armbandgöttin Freyja, d. V.), / als er gebot.« Vgl. Nr. 17: Die Erweckung der Walküre, S. 139–142. Zu den Kampf-

spielen vgl. Das Nibelungenlied, 7. Abenteuer: Wie Gunther Brunhilden gewann, S. 111–133.

42 Vgl. TACITUS: *Annalen*, Buch XIV 35–37; S. 350–351; CASSIUS DIO: *Römische Geschichte*, Epitome des Buches 62, Bd. 5, S. 48–59. – Zur Gestalt der Amazone vgl. MANFRED HAMMES: *Die Amazonen*, 12–50, der die skythische Abstammung des Amazonen-Mythos hervorhebt.

43 Vgl. LUCIANO GARIBALDI: *Das Jahrhundert der Kriege*, 102–115: Der Spanische Bürgerkrieg 1936–1939, S. 103.

44 GABI KUBACH (Reg.): *Die Frau des Heimkehrers*, Buch: FELIX HUBY, Hauptdarstellerin: Christine Neubauer, Deutschland 2006.

I. Das blaue Licht

1 Vgl. STANLEY MILGRAM: *Das Milgram-Experiment*, 216: »Was haben wir nun gefunden? Nicht Aggression ... Etwas weitaus Gefährlicheres kommt ans Licht: Die Fähigkeit des Menschen, seine Menschlichkeit abzustreifen, ja geradezu die Unvermeidlichkeit, daß er dies tut, wenn er seine individuelle Persönlichkeit mit übergeordneten institutionalen Strukturen verbindet.«

2 Vgl. FRANK BRENDLE: *Offiziere im Unterricht*, in: junge Welt, 13./14.2.10, S. 4; MICHAEL SCHULZE VON GLASSER: *Werben fürs Sterben*, in: junge Welt, 27./28.3.10, S. 5; LENNY REIMANN: *Kriegspropaganda abgelehnt*, in: junge Welt, 3./4./5.4.10, S. 5: »Am 26. Februar hatte das Mainzer Bildungsministerium eine Kooperationsvereinbarung mit der Bundeswehr abgeschlossen und so die Einbindung von Jugendoffizieren in den Unterricht festgeschrieben. Der Vertrag sieht zudem die Möglichkeit vor, daß Offiziere die Aus- und Fortbildung von Referendaren und Lehrkräften mit bestreiten.«

3 Vgl. JOSHUA KEY mit LAWRENCE HILL: *Ich bin ein Deserteur*, 234; 241. Wie man Desertion in Deutschland beurteilte, dazu vgl. WOLFRAM WETTE – DETLEF VOGEL (Hg.): *Das letzte Tabu*, 54–57: Fortwirken der Schmähungen gegen Verräter nach 1945.

4 Vgl. E. DREWERMANN: *Atem des Lebens*, II 258–260.

5 OTTO GRIEBEL: *Drei Frontsoldaten*, 1923, Aquarell, Feder, Tusche, 49 x 57,5 cm, Museum für Geschichte der Stadt Dresden, in: JOACHIM UHLITZSCH: *Der Soldat in der bildenden Kunst*, Nr. 197, S. 243.

6 OTTO DIX: *Großstadt*, Triptychon, Mischtechnik auf Holz, 2 Flügel, 181 x 101 cm, Mittelteil 181 x 200 cm, 1928, Galerie der Stadt Stuttgart, in: RAINER BECK: *Otto Dix*. 1891–1969. Zeit, Leben, Werk, Nr. 221, S. 132–133.

7 Vgl. ROGER H. MARIJNISSEN: *Hieronymus Bosch*, 52–58: Der Heuwagen.

8 Vgl. RAINER BECK: *Otto Dix*, 127.

9 Vgl. RAMSEY CLARK: *Wüstensturm*, 82–89: Der dreckige Rest; 141: Nuklearer Fallout; 142–144: Die radioaktive Bedrohung. WILHELM DIETL: *Schwarzbuch Weißes Haus*, 244–246: Schwere gesundheitliche Schäden.

10 GEORGE GROSZ: *Sonnenfinsternis*, Öl auf Leinwand, 207,3 x 182,6 cm, 1926, Huntington (NY), Collection of the Heckscher Museum, in: PETER-KLAUS SCHUSTER (Hg.): *George Grosz*, S. 346.

11 PETER-KLAUS SCHUSTER (Hg.): *George Grosz*, 347.

12 WALTER SCHERF: *Lexikon der Zaubermärchen*, 26, sieht denn auch von Anfang an im Märchen »die große Vater-Sohn-Herausforderung« dargestellt, doch arbeitet er den familiären Hintergrund (die »Hexe«) an dieser Stelle nicht weiter durch.

13 Zur Gestalt der Hexe vgl. HANS JÜRGEN WOLF: *Hexenwahn und Exorzismus*, 19–40: Einführung und Standpunkt.

14 GEORGE GROSZ: *Grauer Tag.* Magistratsbeamter für Kriegsbeschädigungsfürsorge, Öl auf Leinwand, 115 x 80 cm, 1921, Berlin Nationalgalerie, in: PETER-KLAUS SCHUSTER: *George Grosz*, S. 336–337.

15 MARIANNE OSTERREICHER-MOLLWO (Bearb.): *Herder Lexikon Symbole*, 178–179: Wald, meint richtig: »Die Psychoanalyse sieht im W. oft ein Sinnbild des Unbewußten, eine Symbol-Beziehung, die sowohl in Traumbildern wie in realer Angst vor dem dunklen W. manifest werden kann; verschiedentlich wird er auch als ein Symbol der Frau gedeutet (bes. der bewaldete Hügel).«

16 Am deutlichsten wird diese Sehnsucht wohl in der altägyptischen Vorstellung von der Himmelsgöttin Nut, die wie die Sonne am Westhimmel, so auch den Verstorbenen in ihren Armen aufnimmt, um ihn – verjüngt – zu neuem, ewigem Leben zu gebären. Vgl. JAN ASSMANN: *Tod und Jenseits im Alten Ägypten*, 220–234: Nuttexte: Die Sarglegung als Heimkehr in den Mutterschoß.

17 Vgl. RICHARD VAN DÜLMEN (Hg.): *Hexenwelten*, 9: »In allen Kulturen der Welt hat es mehr oder weniger ausgeprägte Formen des Hexenglaubens gegeben.« MARIO JACOBY: *Die Hexe in Träumen, Komplexen und Märchen*, in: Das Böse im Märchen, 211, bemerkt: »Für jedes Kind spielt bekanntlich die Hexe eine wichtige Rolle. Jedesmal, wenn die an sich gut eingestellte wirkliche Mutter überfürsorglich ist und den Selbständigkeitsprozeß durch zu große Bindung hemmt, wird sie unbewußt als Hexe erlebt.«

18 Vgl. WALTER SCHERF: *Die Hexe im Zaubermärchen*, in: Richard van Dülmen (Hg.): Hexenwelten, 225: »Konfliktverarbeitung geschieht … auch, verbunden mit einer kräftigen Sohn-Vater-Abrechnung, in einem Märchentyp, der es zu besonderer Beliebtheit in den Kasernen des 19. Jahrhunderts gebracht hat und in deftig schwadronierenden Soldatenerzählungen überliefert ist: ›Das blaue Licht‹ (KHM 116, AT 562 …). Hauptthematik ist die fantasmatische Auseinandersetzung eines jungen Mannes mit der Vatergestalt des ihn angeblich ungerecht behandelnden Königs … Doch wer sich diesem Gang der Dinge, dem Zu-sich-selbst-Kommen der Identifikationsgestalt, heimlich in den Weg

zu stellen versucht, ist die Hexe ... wiederum bietet der Märchenerzähler seinen Zuhörern oder Lesern eine Hexengestalt an, um das Aufarbeiten der Ablösungskonflikte von dem verwöhnenden, aber unfrei machenden Anteil fehlgerichteter Mütterlichkeit zu ermöglichen.«

19 OTTO RANK: *Der Mythus von der Geburt des Helden*, 143, verwies darauf, daß »die extreme Form des Mythus den Vater nur als fremden Tyrannen, die Mutter dagegen als hilfreiches Säugetier kennt«.

20 Vgl. GEOFFREY GORER: *Die Amerikaner*, 53–54; 85–89.

21 Vgl. JOACHIM C. FEST: *Hitler*, 31–40, zu den Gestalten von Vater und Mutter; 50, zum Tod der Mutter am 21.12.1907; bes. 6. Buch, 2. Kapitel: Blick auf eine Unperson, S. 697–741.

22 Vgl. ALFRED ADLER: *Über den nervösen Charakter*, 163; 239.

23 Vgl. noch einmal JOACHIM C. FEST: *Hitler*, 1027–1042: Die Unfähigkeit zu überleben, bes. S. 1034: »Im Grunde betrachtete er die Größe als eine statuarische, vorzüglich in Denkmälern verwirklichte Kategorie, und es bedarf keiner umständlichen Deutungsversuche, um den psychopathischen Charakter darin zu erfassen: den naiven, puerilen Zug, der in diesen Vorstellungen wirksam ist ...«

24 ARNO GRUEN: *Verratene Liebe – Falsche Götter*, 86–87.

25 Vgl. WALTER SCHERF: *Lexikon der Zaubermärchen*, 512: Unlösbare Aufgaben.

26 Vgl. E. DREWERMANN: *Der Trommler*, 44–54.

27 Vgl. E. DREWERMANN: *Strukturen des Bösen*, III 194–153.

28 Zum Symbol des Gartens vgl. WOLFGANG TEICHERT: *Gärten*, 10–18: Vom Tod zum Leben.

29 Vgl. ERICH NEUMANN: *Die Große Mutter*, 176–180, mit bes. Bezug zur mexikanischen Mythologie; WILHELM LAIBLIN: *Das Urbild der Mutter*, in: Wilhelm Laiblin (Hg.): Märchenforschung und Tiefenpsychologie, 140: »Das erdhaft weibliche Prinzip tritt im mythischen Bilde einerseits sehr sinngemäß als *Tier* auf, das dem *Jäger* ...als dem uranisch-männlichen Prinzip gegenübertritt, andererseits ... als Wasserfrau«. » ...die Urmutter vereinigt in ihrem Schoße das ewige Gebären und das ewige Verschlingen des Lebens, ist ›Madonna‹ und ... Teuflin zugleich.«

30 Vgl. SIGMUND FREUD: *Die Traumdeutung*, Ges. Werke II/III 360. Vgl. ERICH NEUMANN: *Die Große Mutter*, 12. Kap.: Die Herrin der Pflanzen, 229–253, zu der Einheit von weiblicher Göttin und Baumsymbolik.

31 Vgl. MICHAEL KLOFT: *Wilhelm II. Der letzte Kaiser*, Spiegel TV 2009.

32 ERICH FROMM: *Psychoanalyse und Ethik*, in: Gesamtausgabe, II 86.

33 Vgl. ERICH NEUMANN: *Die Große Mutter*, 59: »Zum Reich des Erd-Wassers gehören nicht nur der Teich und der See, sondern auch die Quelle. Während beim Brunnen der Gefäß- und Elementarcharakter des Weiblichen noch deutlich ist ..., ist in der Quelle der aufsteigend durchbrechende Charakter des ›Geborenwerdens‹ ... stärker betont.« SIGMUND FREUD: *Aus der*

Geschichte einer infantilen Neurose, in: Ges. Werke, XII 136, meinte sogar: »Die Wiedergeburtsphantasie ist wahrscheinlich regelmäßig eine Milderung, sozusagen ein Euphemismus, für die Phantasie des inzestuösen Verkehrs mit der Mutter.« – K. HECKSCHER: *Brunnen*, in: Lutz Mackensen: Handwörterbuch des deutschen Märchens, I 341–347, verweist auf den Brunnen als »Eingangstor zum unterirdischen Zauberreiche« und »Sitz von Dämonen« chthonischer Eigenart (341).

34 Das Motiv von der Hexe und dem Licht findet sich auch bei HANS CHRISTIAN ANDERSEN: *Das Feuerzeug* (1835), in: Sämtliche Märchen und Geschichten, I 5–12. – SIBYLLE BIRKHÄUSER-OERI: *Die Mutter im Märchen*, 46, verweist auf die Zerstörungskraft unbewußt gelebter Mütterlichkeit; S. 219: »Dann darf die Mutter ihre Mütterlichkeit nicht mehr einfach nur unbewußt ausleben, sondern muß sich dieser Macht in ihr bewußt werden, was auch eine gewisse Distanzierung mit sich bringt. Das heißt, sie muß ihre eigene Mütterlichkeit aus ihrem Naturzustand erlösen.« HANS DIECKMANN: *Märchen und Symbole*, 79, beschreibt anhand orientalischer Märchen ganz analog »ein dynamisches Kräftespiel zwischen gutartiger, bewußter Mutterfigur und dämonischer, unbewußter Anima«. RUDOLF GEIGER: *Märchenkunde*, 347, meint richtig, man betrete hier »die Sphäre des Magischen«; WALTER SCHERF: *Lexikon der Zaubermärchen*, 29, sieht in der Erzählung vom magischen Feuerzeug »eine abgeleitete Märchenform, in der ein zentrales Motiv mit der Ausgangslage eines übertragenen Sohn-Vater-Konflikts verschmolzen wurde.« Doch gerade diese »Verschmelzung« der Auseinandersetzung mit Vater *und Mutter* ist das Entscheidende in der Grimmschen Geschichte.

35 Vgl. WARLAM SCHALAMOW: *Durch den Schnee*. Erzählungen aus Kolyma I, 196: »Besseres als Zeitungspapier läßt sich für Machorka nicht finden. Die Spuren der Druckerschwärze verderben ihr Aroma keineswegs, sie unterstreichen es sogar auf die beste Weise. Ich hielt das Papierstäbchen an die glühende Kohle im Ofen und steckte es an, zog gierig den widerlichen süßlichen Rauch ein.« ... »ich habe das Rauchen niemals aufgegeben. Es war ein schrecklicher Gedanke, mir aus eigenem Willen dieses einzige große Häftlingsvergnügen zu nehmen.«

36 Das »schwarze kleine Männlein« ist, wie in der Geschichte vom *Rumpelstilzchen* (KHM 55), nahe verwandt dem *Teufel*; es verkörpert den Schatten der zu klein gebliebenen Persönlichkeit; vgl. E. DREWERMANN: *Von der Macht des Geldes*, 17–71: Rumpelstilzchen, bes. S. 48–60.

37 Vgl. AARNE-THOMPSON, Nr. 561; vgl. Die Erzählungen aus den 1001 Nächten, IV 659–791: Die Geschichte von Âlâ ed-Dîn und der Wunderlampe.

38 Vgl. LEOPOLD SZONDI: *Triebpathologie*, I 106: »Das Ich dehnt sich dadurch aus, daß Triebstrebungen aus dem Unbewußten in das Bewußtsein hineindrängen. Dieser Ichvorgang heißt *Egodiastole*.«

39 SIGMUND FREUD: *Die Verneinung*, in: Ges. Werke, XIV 15, erklärte »die Verneinung« als zugehörig zum »Destruktionstrieb«.

40 Vgl. EUGEN DREWERMANN: *Brüderchen und Schwesterchen*, 82–86: Die Rettung der »Kinderfrau«.

41 Vgl. EUGEN DREWERMANN: *Schneewittchen*, 89–92: Strafen oder Verstehen – von einer Möglichkeit mehr als ein Märchen.

42 Vgl. R. PETSCH: *Gestalten und Umwelt im Märchen*, in: Lutz Mackensen: Handwörterbuch des deutschen Märchens, II 608: »Das ›Schicksal‹ des Helden ist nichts Unpersönliches, Begriffliches oder Unbestimmt-Dämonisches, sondern ist immer irgendwie durch jene peripherischen Gestalten der guten oder bösen Geister, der hilfreichen Tiere und der schrecklichen Räuber und Zauberer bestimmt. Zwischen ihnen steht der *Mensch*, der nicht Herr seines Schicksals, sondern gleichsam der Gegenstand ist, um den die beiden Hälften der ›anderen‹ Welt miteinander ringen.«

43 HANS CHRISTIAN ANDERSEN: *Das Feuerzeug*, in: Sämtliche Märchen und Geschichten, I 8, erzählt die Geschichte so, daß der Soldat der Hexe, als sie ihm nicht sagen will, was sie mit dem Feuerzeug machen will, mit dem Säbel den Kopf abschlägt.

44 Vgl. MARIANNE OESTERREICHER-MOLLWO: Herder Lexikon Symbole, 85: »Katze, ambivalentes Symboltier ... Im Mittelalter galten (vor allem schwarze) Katzen als Hexentiere, bes. der schwarze Kater als Sinnbild des Teufels.« MARIO JACOBY: *Die Hexe in Träumen, Komplexen und Märchen*, in: Das Böse im Märchen, 211, hält die »Hexenverbrennung« für eine »archetypische Voraussetzung des menschlichen Reifungsprozesses«. Das ist gewiß in den meisten Märchen der Fall, doch nicht so hier!

45 Geflügelte nackte Göttin des »Burney-Reliefs«, Anfang 2. Jt.; Sammlung Norman Colville, Terrakotta, Höhe 50 cm, Abb. in: ANDRÉ PARROT: *Assur*, Abb. 358, S. 287.

46 Vgl. WALTER SCHERF: *Lexikon der Zaubermärchen*, 29, der in dem Märchen den Ausdruck »eines übertragenen Sohn-Vater-Konflikts« erblickt. ROBERT MOORE – DOUGLAS GILLETTE: *König, Krieger, Magier, Liebhaber*, 73, heben hervor: »In vieler Hinsicht entspricht die Königsenergie der Vaterenergie. Nach unserer Erfahrung liegt der König zwar dem Vater-Archetyp zugrunde, er ist jedoch weitschichtiger und elementarer als der Vater.«

47 Vgl. E. DREWERMANN: *Aschenputtel*, 63–68: Die Tänzerin.

48 Vgl. OTTO RANK: *Das Inzestmotiv in Dichtung und Sage*, 164–188: Der Kampf zwischen Vater und Sohn. Zur Psychologie des Verwandtenmordes, S. 167–168: »In dieser Sage (sc. von Ortnit und Alberich, d. V.) erkennen wir leicht eine typische Knabenphantasie in ihrer Umarbeitung wieder. Es ist die Phantasie des Sohnes, der sich bei seiner ungetreuen Mutter an die Stelle des Vaters setzt und ihr ein Kind, wie er selbst ist, zeugt.« Vor allem die Rache am Vater

durch die Übernahme seiner Machtfülle gehört zu der Phantasie des Helden«; vgl. OTTO RANK: *Der Mythus von der Geburt des Helden*, 79–80.

49 Vgl. HOMER: *Ilias*, I 184: Brieséis war die Tochter des Briseus und bildete den Grund für die Zwietracht zwischen Achilleus und Agamemnon: sie war die Gattin des Mynes, den Achilleus mitsamt ihren Brüdern tötete (II 689 ff; XIX 295 ff.); doch Agamemnon beanspruchte sie für sich (I 320 ff.) und gab sie erst zurück, als der Krieg wegen Achills Fernbleiben vom Kampf sich zu Ungunsten der Achäer entwickelte (XIX 246 ff.).

50 Vgl. REGINA MÜHLHÄUSER: *Eroberungen*, 2010, die den Mythos von der »anständigen« Kriegsführung der Deutschen in Rußland gründlich widerlegt. – Vgl. auch JAN FRIEDMANN: *Schlagkraft statt Sühne*, in: Der Spiegel, 12/2010, 39–40.

51 FRANCISCO GOYA: *Ermordung einer jungen Mutter*, Öl auf Leinwand, 30,5 x 40 cm, etwa 1808–1812, Frankfurt, Städelsches Kunstinstitut; vgl. PAOLO LECALDANO: *Goya*. Die Schrecken des Krieges, Abb. 171, S. 185.

52 E. DREWERMANN: *Der Krieg und das Christentum*, 57–60: Das Prinzip des Territorialismus, 69–74: Rassenkämpfe.

53 Vgl. SIGMUND FREUD: *Fetischismus*, in: Ges. Werke, XIV 314–315: »So verdankt der Fuß oder Schuh seine Bevorzugung als Fetisch ... dem Umstand, daß die Neugierde des Knaben von unten, von den Beinen her nach dem weiblichen Genitale gespäht hat; Pelz und Samt fixieren ... den Anblick der Genitalbehaarung, auf den der ersehnte des weiblichen Gliedes hätte folgen sollen.« – Das Schuhmotiv erscheint auch in dem verwandten Soldatenmärchen *Der Stiefel von Büffelleder* (KHM 199) und *Die zertanzten Schuhe* (KHM 133).

54 Vgl. E. DREWERMANN: *Hänsel und Gretel*, 22–27: Der Zwiespalt von Außen und Innen oder: Der Zwang zum ständigen Lügen.

55 Vgl. E. DREWERMANN: *Aschenputtel*, 68–77: Die dreimalige Flucht.

56 Vgl. OTTO RANK: *Das Inzest-Motiv in Dichtung und Sage*, 368–413: Die Beziehungen zwischen Vater und Tochter.

57 Vgl. SIGMUND FREUD: *Massenpsychologie und Ich-Analyse*, in: Ges. Werke, XIII 113, der »Kameradschaft« als »die desexualisierte, sublimiert homosexuelle Liebe zum anderen Manne« interpretiert, »die sich an die gemeinsame Arbeit« knüpfte.

58 LAOTSE: *Tao te king*, Nr. 31, S. 71: »Waffen sind unheilvolle Geräte, / alle Wesen hassen sie wohl ... Menschen töten in großer Zahl, / das soll man beklagen mit Tränen des Mitleids. / Wer im Kampfe gesiegt, / der soll wie bei einer Trauerfeier weilen.«

II. Des Teufels rußiger Bruder

1 Vgl. ROLAND DE VAUX: *Das Alte Testament und seine Lebensordnungen*, II 319–321: Das Naziräat.

2 Zur Vorstellung des »Heiligen« Kriegs im AT vgl. ROLAND DE VAUX: A. a. O., II 69–81: Der Heilige Krieg.

3 Richtig meint RUDOLF GEIGER: *Märchenkunde*, 349: »Diese Soldaten (sc. *Der Bärenhäuter* und *Des Teufels rußiger Bruder*, d. V.) haben nichts mit Magie zu tun. Sie geraten nur aus dem Regen in die Traufe. Ihrer Not nimmt sich kein Heiliger an, sondern der Teufel.« Und S. 350: »Er muß sich in des Wortes voller Bedeutung mit dem Bösen handgreiflich auseinandersetzen. Konsequenteren Abstieg kann es vom Menschlichen her nicht mehr geben.« Doch dann vertut die Deutung ihre Pointe, indem sie den »Teufel« als verführerische Chaosmacht versteht und die Handlungsabfolge: Krieg – Hölle nicht als Bewußtwerdung begreift, sondern als ein zeitliches Nacheinander (miß)versteht.

4 In der Physik bezeichnet »*Hysteresis*« das verzögerte Eintreten einer Wirkung.

5 Vgl. E. DREWERMANN: *Der Teufel im Märchen*, in: Archiv für Religionspsychologie, 15. Bd., 1982, 93–128.

6 Vgl. GERARDUS VAN DER LEEUW: *Phänomenologie der Religion*, 78: »Die ganze Welt ist (sc. auf der Stufe des Animismus, d. V.) voller ›Geister‹.« Es »wird vom Menschen auf die Welt geschlossen«, und so »haben nicht nur er (sc. der Mensch, d. V.), sondern alle Gegenstände, die sich bewegen, eine Seele.«

7 Vgl. WALTER HIRSCHBERG (Hg.): *Wörterbuch der Völkerkunde*, 455–456: Trickster: »mythisches Wesen, das sich vor allem durch seinen widerspruchsvollen, zwiespältigen Charakter auszeichnet.«

8 Vgl. FRANK HERRMANN: *Anstellen zum Anplärren*: Der Drill der US-Marines, in: Rheinzeitung, 8.2.2010, S. 28.

9 RUDOLF GEIGER: *Märchenkunde*, 354, begründet den »Teufelspakt« nicht zu Unrecht damit, »daß Hans unter schlechten Herren in Kriegsläufen gedient hat«; »so hat er, wenn auch nur als deren Fußmarschierer und ohne eigenen Antrieb, Fahrten und Raubstücke der harten Burschen durchaus mitgemacht. Er war ihr unterster Genosse und gehörte zu ihnen. Womit er umging, das haftet ihm an: der Geruch des Schlechten.« S. 355: »Der Soldat hat keine Heimat ... Soldatentum läßt sich gleichsetzen mit einer rigoros harten Willensschulung. Die außerordentliche Stählung der Willenskräfte führt zu einer einseitigen Stärke in diesem Bereich, aber auch zur Schwäche in manchem übrigen Seelenhaften, vor allem zu einer Schwäche allem Gefühlten gegenüber.«

10 STANLEY MILGRAM: *Das Milgram-Experiment*, 208–211.

11 ERICH MARIA REMARQUE: *Im Westen nichts Neues*, 21–22.

12 STANLEY KUBRICK (Reg.): *Full Metal Jacket*, USA 1986.

13 FRANK HERRMANN: *Anstellen zum Anplärren*: Der Drill der US-Marines, in: Rheinzeitung, 8.2.2010, S. 28.

14 ERICH MARIA REMARQUE: *Im Westen nichts Neues*, 101–103.

15 Es ist die furchtbare Wahrheit des Satzes aus FJODOR MICHAILOWITSCH DOSTOJEWSKI: *Aufzeichnungen aus einem Totenhaus*, 1. Kap., S. 17: »Der Mensch ist ein Wesen, das sich an alles gewöhnt.«

16 CARL GUSTAV JUNG: *Gut und Böse in der Analytischen Psychologie* (1959), in: Ges. Werke, X 497–510, S. 500–501: »Als Therapeut kann ich das Problem des Guten und Bösen im konkreten Fall nicht theologisch oder philosophisch angehen, sondern nur empirisch damit umgehen. Wenn ich empirisch eingestellt bin, so heißt das aber nicht, daß ich Gut und Böse *an sich* relativiere. Ich sehe genau: das ist böse – aber das Paradoxe ist ja, daß es bei diesem Menschen, in dieser konkreten Situation, auf dieser bestimmten Stufe seines Reifungsweges gerade gut sein kann. Andererseits gilt: das Gute im falschen Moment, an unrichtiger Stelle, wird das Verkehrteste.«

17 Zum Zusammenhang von Trauma und Verdrängung vgl. SIGMUND FREUD: *Der Mann Moses und die monotheistische Religion*, in: Ges. Werke, XVI 185: »Frühes Trauma – Abwehr – Latenz – Ausbruch der neurotischen Erkrankung – teilweise Wiederkehr des Verdrängten: so lautet die Formel.« Zur Neurologie des Traumas vgl. E. DREWERMANN: *Atem des Lebens*, II 258–260.

18 CORDULA MEYER: *Dämonen im Kopf*, in: Der Spiegel, 12/2010, 129.

19 A. a. O., 130.

20 A. a. O., 129.

21 Vgl. zu den Möglichkeiten heutiger neurologischer Einsichten zur Manipulation von Menschen E. DREWERMANN: *Atem des Lebens*, I 90–95: Der Hirnstamm und die Praxis der Folter.

22 ERICH KÄSTNER: *Lärm im Spiegel*, 8–9.

23 Vgl. PHILIP ZIMBARDO: *The Lucifer Effect*, Chapter 14: Abu Ghraib's Abuses and Tortures: Understanding and Personalizing Its Horrors, 324–379; Chapter 15: Putting the System on Trial: Command Complicity, 380–443.

24 ERICH KÄSTNER: *Gesang zwischen den Stühlen*, 97–98.

25 ERICH KÄSTNER: *Herz auf Taille*, 114–115.

26 KURT TUCHOLSKY: *Gedichte*, 429–430.

27 Vgl. KURT TUCHOLSKY: *Les Abattoirs* (1925), in: Zwischen Gestern und Morgen, 185–189. – Den Satz: »Soldaten sind Mörder« auszusprechen wird in Deutschland als Straftatbestand geahndet; als Zitat von Tucholsky gekennzeichnet, fällt er unter die künstlerische »Meinungsfreiheit«.

28 Vgl. WALTER KRICKEBERG: *Altmexikanische Kulturen*, 140: »*Gold* und *Silber* hieß bei den Azteken gelber und weißer ›Götterkot‹ *(teocuitlatl)*. Sie galten also als Ausscheidungen des Sonnen- und Mondgottes, denn ›Gott‹ *(teotl)*

bedeutete in erster Linie ein himmlisches Wesen, während die Namen von Erd- und Unterweltsgöttern gewöhnlich mit dem Wort *tecutli* ›Herr‹ enden.«

29 HAL ASHBY (Reg.): *Coming home* – Sie kehren heim, USA 1978. – Eine ähnliche Thematik beschreibt der Film von ANDREAS SENN (Reg.): *Willkommen zu Hause*, Deutschland 2009, – die Geschichte des deutschen Soldaten Ben Winter, der nach seiner »Friedensmission« in Afghanistan im normalen Leben nicht mehr zurechtkommt.

30 WOLFGANG BORCHERT: *Das Gesamtwerk*, 374.

31 Vgl. EMMANUEL TODD: *Weltmacht USA*, Kap. 3: Die imperiale Dimension, 83–106. Zu den Methoden der Wühlarbeit von NATO und CIA vgl. DANIELE GANSER: *NATO-Geheimarmeen in Europa*, 377–382: Schlußfolgerung: »Die destruktive Spirale von Manipulation, Angst und Gewalt endete nicht mit dem Zerfall der Sowjetunion und der Entdeckung der Geheimarmeen im Jahre 1990, sondern gewann ganz im Gegenteil an Eigendynamik.« (381)

32 PAOLO U. VITTORIO TAVIANI (Reg.): *Mein Vater, mein Herr*, Italien 1977.

33 Vgl. CARL GUSTAV JUNG: *Mysterium Coniunctionis*, in: Ges. Werke, XIV 2, 138: »Die Krönung, Apotheose und Hochzeit bedeuten die auf höchster Stufe möglich gewordene Gleichsetzung und Gleichberechtigung von Bewußtsein und Unbewußtem, eine erlösende coincidentia oppositorum (sc. Einheit der Gegensätze, d. V.).«

34 Vgl. E. DREWERMANN: *Der goldene Vogel*, 38–39.

35 Vgl. a. a. O., 36–39: Der arme König. – Zum Motiv »Der König stirbt« (Eugène Ionesco) vgl. CARL GUSTAV JUNG: *Über die Archetypen des kollektiven Unbewußten*, in: Ges. Werke, IX 1, 43–44.

III. Der Bärenhäuter

1 Vgl. KATJA RIDDERBUSCH: *»Ich will einfach nur einen Job«*, in: Welt Kompakt, 17.12.2009, S. 7: »Schlechte wirtschaftliche Zeiten sind gute Zeiten für die Armee. Das US-Heer habe 2009 sein Rekrutierungsziel übertroffen, meldete das Pentagon. Doch beim genaueren Hinschauen ist der Trend nicht ganz so eindeutig. Denn die US-Armee übertraf ihr Rekrutierungsziel nicht in erster Linie, weil sich mehr Rekruten eingeschrieben (sc. haben, d. V.), sondern weil sie die Zielvorgabe senkte: Von 80 000 in den Vorjahren auf 65 000 im Jahr 2009. – Tatsache ist dennoch: Mit der anschwellenden Rezession ist die Zahl der Armee-Einschreibungen in einigen US-Bundesstaaten gestiegen. Im Süden zum Beispiel, wo die Arbeitslosigkeit über dem nationalen Durchschnitt liegt und der Patriotismus traditionell größer ist als in anderen Regionen.« Immerhin: die Einschreibeprämie liegt – im Erfolgsfall – bei durchschnittlich 13 300 Dollar.

2 Vgl. LION FEUCHTWANGER: *Die Füchse im Weinberg.* 2. Teil: Die Allianz, 3. Kap.: Eine gewonnene Schlacht, S. 145–239. Geschildert wird der Vertrag zwischen Frankreich und den amerikanischen Kolonisten zur Schwächung Englands – und was er Mensch und Vieh kostete.

3 HANNSFERDINAND DÖBLER: *Die Germanen*, 80.

4 A. a. O., 80. – Zur Tierverwandlung vgl. JAN DE VRIES: *Altgermanische Religionsgeschichte*, II 61: »Dem Kriegsgott (sc. Ygyr, der Schreckliche, d. V.) sind Wolf und Rabe geweiht ... und das besondere Verhältnis zu Odin wird schon dadurch ausgesprochen, daß die ihm geweihten Krieger *ulfhednir* oder Wolfspelze heißen.«

5 WALTER KRICKEBERG: *Altmexikanische Kulturen*, 104.

6 A. a. O., S. 105.

7 Vgl. WALTER GRÖLL – HEINZ TEUFEL: *Lüneburger Heide*, 18–33: Eine kurze Landesgeschichte.

8 Vgl. FRANÇOIS BERTEMES – WOLFGANG SCHLOSSER: *Der Kreisgraben von Goseck und seine astronomischen Bezüge*, in: Harald Meller (Hg.): Der geschmiedete Himmel, 48–51.

9 Vgl. WOLF KUBACH: *Der Weg ins Totenreich – Bestattungs- und Beigabensitten*, in: Albrecht Jockenhövel – Wolf Kubach (Hg.): Bronzezeit in Deutschland, 48–53; GÜNTHER KEHNSCHERPER: *Hünengrab und Bannkreis*, 130.

10 Vgl. HANNSFERDINAND DÖBLER: *Die Germanen*, 215.

11 Zum Zusammenhang von Jagd und Krieg vgl. E. DREWERMANN: *Der Krieg und das Christentum*, 46–49.

12 Vgl. HANNSFERDINAND DÖBLER: *Die Germanen*, 215.

13 Vgl. JAN DE VRIES: *Altgermanische Religionsgeschichte*, II 63–64: § 383: Sleipnir; 255–257: § 501: Loki.

14 Vgl. MAGNUS MAGNUSSON: *Der Hammer des Nordens*, 78.

15 Vgl. aber ERIKA SIMON: *Die Götter der Griechen*, 282: »Es ist kein Wunder, wenn diese Dämonen (sc. Satyrn und Silenen, d. V.) mit den Mähnen, Ohren und Schwänzen, zuweilen auch mit den Hufen von Pferden das Gefolge des Gottes der Weininseln bilden.« Daneben steht der Bocksgott Pan, »der seit der Schlacht von Marathon (sc. 490 v. Chr., d. V.) in Athen verehrt wurde«. A. a. O., 175–176.

16 Vgl. HANNSFERDINAND DÖBLER: *Die Germanen*, 136, Abb. 2.

17 Vgl. JÁNOS GULYA: *Sibirische Märchen*, 26–36: Die Mos-Frau.

18 Zu den Schuldgefühlen der Tiertötung im Zusammenhang mit dem Erlegen von Bären vgl. E. DREWERMANN: *Strukturen des Bösen*, II 198–202. – Zur Gestalt der Artemis Brauronia vgl. ERIKA SIMON: *Die Götter der Griechen*, 150: »Wir kennen Artemis, die Herrin der Tiere, aus vielen Kulten und Mythen als deren Schützerin und Rächerin. Ihr Heiligtum von Brauron an der attischen Ostküste soll nach der Gründungssage als Sühne für die Tötung eines Bären errichtet worden sein. Die attischen Mädchen, die der Göttin dort

im Alter von fünf bis zehn Jahren dienten, wurden daher Bärinnen, Arktoi, genannt ... In den kleinen attischen ›Bärinnen‹ lebte steinzeitliche Überlieferung fort.«

19 Zum Begriff des »Hintergängers« vgl. LEOPOLD SZONDI: *Triebpathologie*, 1. Bd., 27.

20 Vgl. z. B. HEINRICH MISSALLA: *Wie der Krieg zur Schule Gottes wurde*, 92–98: Hirtenbrief (von Hitlers Feldbischof Rarkowski) zur Fastenzeit 1943.

21 So nennen im Märchen von *Schneewittchen* (KHM 53) die Zwerge die Krämerfrau, die das Mädchen mit dem Schnürriemen erstickt hat, »die gottlose Königin«; und als »gottlose Stiefmutter« wird sie am Ende zu dem Fest eingeladen, bei dem sie in eisernen, rotglühenden Pantoffeln sich zu Tode tanzen muß.

22 Vgl. HANNSFERDINAND DÖBLER: *Die Germanen*, 136, Abb. 1.

23 HERMANN LÖNS: *Der Wehrwolf*, 1910. – Am 8. April 1945 noch notierte JOSEPH GOEBBELS in seinem Tagebuch, daß er einen »Leitartikel unter der Überschrift ›Widerstand um jeden Preis‹« verfaßt habe. »In diesem Leitartikel spreche ich eine radikale Sprache, so wie in meinem Aufruf zum ›Werwolf‹.« In: *Tagebücher 1945*, S. 527.

24 Vgl. JOSEPH VON GÖRRES: *Die dämonische Metamorphose*, in: Klaus Völker (Hg.): Von Werwölfen und anderen Tiermenschen, 312–324.

25 ALEXANDRE DUMAS: *Der Werwolf*, in: Dumas' Werke, VII 203–327; die Novelle ist nacherzählt in der Fassung des Hörspiels des Tandem-Verlages 19633, die vom Original an manchen Stellen abweicht; bei Dumas wird am Ende die Haut des Wolfs gefunden, ohne seinen Körper; denn so hatte Thibaut gebetet: »Mein Gott, nimm mein Leben, ich gebe es dir mit Freuden, wenn es die Entschlafene (sc. Agnelette, d. v.) wieder ins Dasein zurückzurufen vermag!« So glaubt man, Gott habe Erbarmen mit dem bußfertigen Sünder gehabt und ihn gerettet. Tatsächlich sieht man am Todestag Agnelettes einen Prämonstratensermönch aus dem Kloster Bourg-Fontaine alljährlich ihr Grab besuchen ... In: Werke, VII 327.

26 Vgl. LEE DONG SOUK – JA JAE YOUNG (Red.): *Comfort Girls*, WDR III, 17.9.1995. Vgl. zu diesem Thema auch CHRISTIAN ZENTNER: *Illustrierte Geschichte des Ersten Weltkriegs*, 306–307: Die feldgraue Brunst; nach MAGNUS HIRSCHFELD: *Sittengeschichte des Weltkrieges*, Leipzig – Wien 1930. – Wie die Rote Armee 1945 im Großraum Berlin sich an allen Mädchen und Frauen verging, derer man habhaft werden konnte, dazu vgl. HELKE SANDER (Reg.): *Befreier und Befreite*. Zweiteilige Dokumentation, WDR 24. 5. 1995; 25. 5. 1995. Vgl. auch MAX FÄRBERBÖCK (Reg.): *Anonyma – Eine Frau in Berlin*, Deutschland 2008. Ebenso GABRIELE KÖPP: *Warum war ich bloß ein Mädchen?*, München 2010; sie war 15 Jahre alt, als sie 14 Tage lang vergewaltigt wurde. – Den Mythos von der »sauberen« Großdeutschen Wehr-

macht widerlegt die Studie von REGINA MÜHLHÄUSER: *Eroberungen*, Hamburg 2010.

33 Vgl. JOHANNES BRINKTRINE: *Die Lehre von den heiligen Sakramenten der katholischen Kirche*, 1. Bd., 175: »Während die Taufe auch dem nicht genügend disponierten Empfänger den Charakter (sc. der Teilhabe an Christus, d. V.) einprägt, tritt die Tilgung der Erbsünde und der persönlichen Sünden sowie auch die ... positive Wirkung der inneren Heiligkeit und Gerechtigkeit ... nur bei dem genügend disponierten Empfänger ein.«

34 Vgl. E. DREWERMANN: *Atem des Lebens*, II 247–248.

35 Vgl. ERIKA SIMON: *Die Götter der Griechen*, 229–254: Aphrodite; 255–268: Ares; bes. 260–261: »Da sich die Verbindung von Ares und Aphrodite auf thebanischem Boden vollzog, ist verständlich, daß gerade böotische Dichter mehrfach Aphrodite und Ares als Ehepaar geschildert haben. In der Theogonie des Hesiod (934 ff.) gebiert Aphrodite als Gattin des Ares die Kriegsdämonen Deimos und Phobos (Schrecken und Furcht, d. V.), aber auch die Harmonia.« »Wir dürfen ... die Kulturverbindungen zwischen der orientalischen Göttin und dem hellenischen Kriegsgott in die mykenische Zeit hinaufdatieren.«

36 Vgl. E. DREWERMANN: *Brüderchen und Schwesterchen*, 82–86.

37 Vgl. E. DREWERMANN: *Schneewittchen*, 87–92: Strafen oder Verstehen – von einer Möglichkeit mehr als ein Märchen.

38 Vgl. E. DREWERMANN: *Aschenputtel*, 87–88.

39 Vgl. demgegenüber bereits ARTHUR SCHOPENHAUER: *Parerga und Paralipomena*, 2. Bd., in: Sämtliche Werke, VI 325–330: § 13: Über den Selbstmord.

Epilog

1 BERNHARD SCHLINK: *Die Heimkehr*, 206.

2 Vgl. AISCHYLOS: *Die Orestie*: Agamemnon, übers. v. Peter Stein; Klytaimnestra: S. 30: »Das Gute siege, klar und unzweideutig. / Ich wünsche mir nichts sehnlicher.« S. 43: »Was ist süßer für eine Frau, / als den Tag zu erleben, / an dem sie dem Mann das Tor öffnen darf, dem Mann, den ein Gott / aus dem Krieg heil nach Hause führt.« S. 54: Schon die Einsamkeit und Leere im Haus / ist für eine von ihrem Mann getrennte Frau / nicht gut und unerträglich. / Dann die üblen, schrecklichen Gerüchte, die sie hören muß. / Einer kommt / und noch ein anderer kommt, / bringt Leidensnachricht, / eine schlimmer als die andere, / und schreit ach und weh im Haus ... Und wäre er so oft gestorben, / wie er totgesagt wurde, / es hätten drei Gräber / nicht für ihn genügt.« Die Ermordung Agamemnons schildert Kassandra: S. 65: »Was zeigt sich da? Was sehe ich? / Ein Fischnetz des Todes? Das Netz des Hades? / Aber nein, das Fangnetz ist sie selbst – die ihn im Bett umarmte, umgarnt ihn

für den Mord. / Bettgenossin, Mordgenossin, / Umarmung im Bett, Umarmung zum Tod.«

3 JOSEF MARTIN BAUER: *So weit die Füße tragen*, 361–362.
4 MASAKI KOBYASHI: *Barfuß durch die Hölle*, Japan 1959–1961.
5 BORIS PASTERNAK: *Doktor Schiwago*, Wieder in Warykino, XVI, S. 538.
6 A.a.O., 541–542.
7 A.a.O., XVII, S. 545.
8 A.a.O., Ende, XVI, S. 589.
9 Schiwagos Gedichte, S. 628–629.
10 A.a.O., S. 632.

Bibliographie

1. Zeitgeschichte

ANNETTE BAUMEISTER (Buch): *John Rabe – Der gute Deutsche von Nanking*, 3Sat 23. 4. 2010.

RALF BESTE, JÜRGEN DAHLKAMP, ULRIKE DEMMER, MATTHIAS GEBAUER, SUSANNE KOELBE, DIRK KURBJUWEIT, HANS JÜRGEN SCHLAM, HOLGER STRAK, GEBOR STEINGART, ALEXANDER SZANDAR: *Das Ende der Unschuld.* Afghanistan, in: Der Spiegel, 38/2009, 72–84

FRANK BRENDLE: *Offiziere im Unterricht.* Bundeswehr intensiviert Werbung. Soldaten und Wehrdienstberater indoktrinieren Schüler. Gewerkschaften und Jugendverbände rufen zum Widerstand, in: junge Welt, 13./14.2.2010, S. 4

DANIEL BRÖSSLER – PETER BLECHSCHMIDT: *Westerwelle: In Afghanistan herrscht Bürgerkrieg.* Minister bewertet Lage neu, um Soldaten vor Strafverfolgung zu schützen / Oberst Klein übernimmt Verantwortung, in: Süddeutsche Zeitung, 11. Febr. 2010, S. 1

NOAM CHOMSKY: *Profit Over People.* Neoliberalism and Global Order, New York 1999; Rogue States. The Rule of Force in World Affairs, Cambridge (Mass.) 2000; dt.: Profit Over People. War Against People. Neoliberalismus und globale Weltverantwortung, Menschenrechte und Schurkenstaaten, aus dem Amerikanischen von Michael Haupt, München (Piper 4652) 2006

RAMSEY CLARK: The fire this time, 1992; dt.: Wüstensturm. US-Kriegsverbrechen am Golf. Aus dem amerikanischen Englisch von Klaus Sticker u. Sebastian Vogel. Mit einem Vorw. v. Alfred Mechtersheimer, Göttingen 1993

ELI CLIFTON: *Der Krieg kehrt heim.* USA: Suizide von Exsoldaten nach Kriegseinsätzen in Irak und Afghanistan, in: junge Welt 16./17.1.10

WILHELM DIETL: *Schwarzbuch Weißes Haus.* Außenpolitik mit dem Sturmgewehr, Erftstadt 2004

JUTTA DITFURTH: *Neue Kriegspartei.* Der Weg der Grünen in die NATO, in: junge Welt, 26.3.2007, Thema, S. 10–11

MARCO EVERS, UWE KLUSSMANN, CHRISTIAN NEEF, GABOR STEINGART: *Pakt mit dem Teufel*, in: Der Spiegel, 4/2010, 78–88

DANIELE GANSER: *NATO-Geheimarmeen in Europa*. Inszenierter Terror und verdeckte Kriegsführung (2005), aus dem Englischen v. Carsten Roth, Zürich 2008

RÜDIGER GÖBEL: *SPD hält Stellung*. Noch mehr Soldaten an die Front: Sozialdemokraten unterstützen Afghanistan-Mandat der Merkel-Regierung. Linke und Friedensbewegung fordern Abzug, in: junge Welt, 17. Febr. 2010, S. 1

KONSTANTIN VON HAMMERSTEIN, HANS HOYNG, HANS-JÜRGEN SCHLAMP, ALEXANDER SZANDAR: *Das Afghanistan-Abenteuer*, in: Der Spiegel, 47/2006, 19–30

LÜHR HENKEN: *Rüstungspolitik*, in: Gabriele Gillen – Walter van Rossum (Hg.): Schwarzbuch Deutschland. Das Handbuch der vermißten Informationen, Reinbek 2009, 488–496

FRANK HERRMANN: *Anstellen zum Anplärren*: Der Drill der US-Marines. Quälerei bei der militärischen Ausbildung hat Methode – Schleiferin und Feldwebel Jesabel Hamlet: Wer Marinesoldat werden will, wird gebrochen und neu zusammengesetzt, in: Rheinzeitung, 8.2.2010, S. 28

JOSEF JOFFE: *Krieger, denk mal!*, in: Die Zeit, Nr. 6, 4.2.10, S. 1

JOSHUA KEY mit LAWRENCE HILL: *A Deserter's Tale*. The Story of an Ordinary Soldier Who Walked Away from the War in Iraq, New York 2007; dt.: Ich bin ein Deserteur. Meine Flucht als Soldat im Irakkrieg und meine Flucht aus der Armee, übers. v. Anne Emmert, Hamburg 2007

NAOMI KLEIN: *The Shock Doctrine*. The Rise of Disaster Capitalism, New York – Toronto 2007; dt.: Die Schock-Strategie. Der Aufstieg des Katastrophen-Kapitalismus, aus dem Engl. v. Hartmut Schickert, Michael Bischoff u. Karl Heinz Siber, Frankfurt/M 2007

ERIC LAURENT: *La Guerre des Bush. Les secrets inavouables d'un conflit*, Paris 2003; dt.: Die Kriege der Familie Bush. Die wahren Hintergründe des Irak-Konflikts, aus dem Franz. v. Karin Balzer, Karola Bartsch, Christiane Krieger u. Udo Rennert, Frankfurt/M 2003

HEINZ LOQUAI: *Der Kosovo-Konflikt – Wege in einen vermeidbaren Krieg*. Die Zeit von Ende 1997 bis März 1999, Baden-Baden 2000

CORDULA MEYER: *Dämonen im Kopf*, in: Der Spiegel, 12/2010, 128–131

HERFRIED MÜNKLER: *Die neuen Kriege*, Reinbek 2002

WERNER PIRKER: *Krieg in Europa*. Vor zehn Jahren begann die NATO, Serbiens Lebensgrundlagen zu bombardieren. Nach der Besetzung des Kosovo wurde die nichtalbanische Bevölkerung vertrieben, in: junge Welt, 24.3.2009, S. 3

LENNY REIMANN: *Kriegspropaganda abgelehnt*. Rheinland-Pfalz: Protest gegen Kooperation zwischen Bundeswehr und Schulen, in: junge Welt, 3./4./5.4.2010, S. 5

KATJA RIDDERBUSCH: *»Ich will einfach nur einen Job«*. Trotz zweier Kriege hat die US-Armee regen Zulauf – Viele treibt die Not, in: Welt Kompakt, 17.12.2009, S. 7

RAINER RUPP: *Alle Signale auf Krieg.* Friedensnobelpreisträger Obama unterschreibt Rekord-Militärhaushalt, in: junge Welt, 30./31. Okt./1. Nov. 2009, S. 1

JEREMY SCAHILL: *Blackwater.* The Rise of the World's Most Powerful Mercenary Army, New York 2007; dt.: Blackwater. Der Aufstieg der mächtigsten Privatarmee der Welt, aus dem Englischen von Bernhard Jendricke und Rita Seuß, München 2008

MICHAEL SCHULZE VON GLASSER: *Werben fürs Sterben.* Berlin: Exoffizier bei Berufsorientierung an Gymnasium. Mehr als 100 Schüler und Kriegsgegner demonstrierten gegen den Auftritt, in: junge Welt, 27./28.3.2010, S. 5

EMMANUEL TODD: *Après l'empire.* Essai sur la décomposition du système américain, Paris 2002; dt.: Weltmacht USA. Ein Nachruf; aus dem Franz. v. Ursel Schäfer und Enrico Heinemann, München – Zürich 2003

JÜRGEN WAGNER: *Außenpolitik*, in: Gabriele Gillen – Walter van Rossum (Hg.): Schwarzbuch Deutschland. Das Handbuch der vermißten Informationen, Reinbek 2009, 77–91

2. Geschichte, Religionsgeschichte, Kulturgeschichte

JAN ASSMANN: *Tod und Jenseits im Alten Ägypten*, München 2001

FRANÇOIS BERTEMES – WOLFGANG SCHLOSSER: *Der Kreisgraben von Goseck*, in: Harald Meller (Hg.): Der geschmiedete Himmel. Die weite Welt im Herzen Europas vor 3600 Jahren, 2004, 48–51

CASSIUS DIO: *Römische Geschichte*, übers. v. Otto Veh, eingel. v. Gerhard Wirth, 6 Bde., Zürich – München (Die Bibliothek der Alten Welt, Griechische Reihe) 1985–1987

HANNSFERDINAND DÖBLER: *Die Germanen.* Legende und Wirklichkeit von A–Z. Lexikon zur europäischen Frühgeschichte, (München 1975) München 2000

RICHARD VAN DÜLMEN (Hg.): *Hexenwelten.* Magie und Imagination vom 16.–20. Jahrhundert. Ausstellung in der Stadtgalerie Saarbrücken 1. Mai bis 30. Juni 1987, Frankfurt/M (Fischer 4375) 1987

JOACHIM C. FEST: *Hitler.* Eine Biographie, Frankfurt/M – Berlin – Wien 1973

JAN FRIEDMANN: *Schlagkraft statt Sühne.* Eine neue Studie untersucht die sexuellen Übergriffe deutscher Soldaten während des Krieges gegen die Sowjetunion – und zerstört die Legende von der sauberen Wehrmacht, in: Der Spiegel, 12/2010, 39–40

JÖRG FRIEDRICH: *Der Brand.* Deutschland im Bombenkrieg 1940–1945, München 2002

JÖRG FRIEDRICH: *Yalu.* An den Ufern des dritten Weltkriegs, Berlin 2007
LUCIANO GARIBALDI: *Un secolo di guerre*, Vercelli 2001; dt.: Das Jahrhundert der Kriege, übers. v. Barbara Jax u. Susanne Kattenbeck, Köln (Karl Müller Verlag) o. J.
JOSEPH GOEBBELS: *Tagebücher 1945.* Die letzten Aufzeichnungen, eingef. v. Rolf Hochhuth, Redaktion: P. Stadelmeyer, Hamburg 1977
WALTER GRÖLL – HEINZ TEUFEL: *Lüneburger Heide*, Hamburg 1994
MANFRED HAMMES: *Die Amazonen.* Vom Mutterrecht und der Erfindung des gebärenden Mannes, Frankfurt/M (Fischer 3043) 1981
WALTER HIRSCHBERG (Hg.): *Wörterbuch der Völkerkunde*, Stuttgart (Kröner 205) 1965
MAGNUS HIRSCHFELD: *Sittengeschichte des Weltkrieges*, Leipzig - Wien 1930
JOHANNES B. HIRSCHMANN S. J.: *Ja zu Gott im Dienst an der Welt.* Vorträge, Aufsätze, Predigten, mit einer Einleitung von Wolfgang Rhein, hg. v. Johannes Beutler SJ u. a., Würzburg 1984
GÜNTHER KEHNSCHERPER: *Hünengrab und Bannkreis.* Von der Eiszeit an – Spuren früher Besiedlung im Ostseegebiet, Leipzig - Jena - Berlin ²1990
MICHAEL KLOFT: *Wilhelm II.* Der letzte Kaiser, Spiegel TV 2009
HELMUT KRAMER – WOLFGANG WETTE: *Recht ist, was den Waffen nützt.* Justiz und Pazifismus im 20. Jahrhundert, mit einem Vorwort von Hans-Jochen Vogel, Berlin 2007
WALTER KRICKEBERG: *Altmexikanische Kulturen.* Anhang: Gerdt Kutscher: Zur Kunst Altmexikos, Berlin 1975
GERARDUS VAN DER LEEUW: *Phänomenologie der Religion*, Tübingen (Neue Theologische Grundrisse) (1956) ²(durchges. u. erw.) 1977
MAGNUS MAGNUSSON (Text) - WERNER FORMAN (Bilder): *Hammer of the North*, London 1976; dt.: Der Hammer des Nordens. Mythen, Sagas und Heldenlieder der Wikinger, übers. v. Ursula Stadler, Freiburg 1977
HEINRICH MISSALLA: *Wie der Krieg zur Schule Gottes wurde.* Hitlers Feldbischof Rarkowski. Eine notwendige Erinnerung, Oberursel 1997
REGINA MÜHLHÄUSER: *Eroberungen.* Sexuelle Gewalttaten und intime Beziehungen deutscher Soldaten in der Sowjetunion 1941–1945, Hamburg 2010
ANDRÉ PARROT: *Archéologie mesopotamienne I u. II.*, Paris 1961; dt.: Assur. Die mesopotamische Kunst vom XIII. vorchristlichen Jahrhundert bis zum Tode Alexanders des Großen, (München 1961) ²(durchges. u. um ein Supplement erw.) 1972
ERIKA SIMON: *Die Götter der Griechen.* Aufnahmen von Max Hirmer u. a., München (1969) ³1985
LEE DONG SOUK – JA JAE YOUNG (Red.): Comfort Girls. Die Zwangsprostituierten der japanischen Armee, MBC Seoul, dt. Bearbeitung von E. Boddin, WDR III 17.9.1995

TACITUS: *Annalen*, ed. Carl Hoffmann, in: Annalen. Historien. Dialog, Wiesbaden (Vollmer Verlag) o. J.

ROLAND DE VAUX: *Lex Institutions de l' Ancien Testament*, Paris 1958/1960; dt.: Das Alte Testament und seine Lebensordnungen, 1. Bd.: Fortleben des Nomadentums. Gestalt des Familienlebens. Einrichtungen und Gesetze des Volkes, übers. v. Lothar Hollerbach, Freiburg [2](durchges.) 1964; 2. Bd.: Heer und Kriegswesen. Die religiösen Lebensordnungen, übers. v. Ulrich Schütz, Freiburg 1962

JAN DE VRIES: *Altgermanische Religionsgeschichte*, 2 Bde., Berlin (Grundriß der germanischen Philologie 12/1) 1956; [3](unverändert) 1970

LUISE WAGNER-ROOS: *Ein deutsches Trauma – Der Fall von Magdeburg*, in: Hans-Christian Huf (Hg.): Mit Gottes Segen in die Hölle. Der Dreißigjährige Krieg, München 2003, 142–164

LUISE WAGNER-ROOS und REINHARD BARTH: *Es war ein Hauen und Stechen – Das Inferno der Schlachten*, in: Hans-Christian Huf (Hg.): Mit Gottes Segen in die Hölle. Der Dreißigjährige Krieg, München 2003, 228–253

WOLFRAM WETTE und DETLEF VOGEL (Hg.): *Das letzte Tabu*. NS-Militärjustiz und Kriegsverrat, mit einem Vorwort von Manfred Messerschmidt, Berlin 2007

HANS-JÜRGEN WOLF: *Hexenwahn und Exorzismus*. Ein Beitrag zur Kulturgeschichte, Kriftl (Ts.) 1980

CHRISTIAN ZENTNER: *Illustrierte Geschichte des Ersten Weltkriegs*, München 1980

3. Belletristik, Malerei, Film

AISCHYLOS: *Die Orestie*, übers. v. Peter Stein, hg. v. Bernd Seidensticker, München 1997

HAL ASHBY (Reg.): *Coming home – Sie kehren heim*, USA 1978, Buch: Waldo Salt, Robert C. Jones; Darsteller: Jane Fonda, Jon Voight

JOSEF MARTIN BAUER: *So weit die Füße tragen*, (München 1955) Frankfurt/M – Hamburg (Fischer 326) 1960

RAINER BECK: *Otto Dix*. 1891–1969. Zeit, Leben, Werk, Konstanz 1993

WOLFGANG BORCHERT: *Das Gesamtwerk*, hg. v. Michael Töteberg unter Mitarbeit von Irmgard Schindler, Reinbek (1947) 2007

CARLOS CASTANEDA: *Journey to Ixtlan*, New York 1972; dt.: Reise nach Ixtlan. Die Lehre des Don Juan, aus dem Amerik. v. Nils Lindquist, Frankfurt/M (Fischer 1809) 1975

Die Chronik des Films. In Zusammenarbeit mit dem Deutschen Institut für Filmkunde, Frankfurt/M, Gütersloh – München 1994

FJODOR MICHAILOWITSCH DOSTOJEWSKI: *Sapiski iz mjortvogo doma*, Petersburg 1861/62; dt.: Aufzeichnungen aus einem Totenhaus, aus dem Russ. v. Gregor Jarcho, mit einem Essay von Helmut Gollwitzer, Reinbek (rororo klassiker 122–124) 1963

ALEXANDRE DUMAS: *Der Werwolf*, in: Dumas' Werke, Bd. 7, in neuer Übertragung und Bearbeitung v. Friedrich Wencker, Hamburg (Gutenberg-Verl.) o. J. (1927), 203–327. Hörspiel-Fassung in: Gruselkabinett, Hörbuch des Tandem-Verlags 19633

Die Edda. 1. Bd.: Heldendichtung, übertragen von Felix Genzmer, Einleitungen und Anmerkungen von Andreas Heusler und Felix Genzmer, Düsseldorf – Köln (Thule. Altnordische Dichtung und Prosa, hg. v. Felix Niedner u. Gustav Neckel, Bd. 1) 1963, [3](rev.) 1972

Ende und Anfang – Verweigerung und Widerstand. Texte und Fotos einer Ausstellung des Antikriegsmuseums der Friedensbibliothek der Evangelischen Kirche in Berlin-Brandenburg, 10249 Berlin, Friedensstr. 1, 1998

MAX FÄRBERBÖCK (Reg.): *Anonyma – Eine Frau in Berlin*, BRD 2008, Hauptrolle: Nina Hoss

KURT FASSMANN (Hg.): *Gedichte gegen den Krieg*, (München 1961) Frankfurt (2001-Verlag) 1975

LION FEUCHTWANGER: *Die Füchse im Weinberg*. 1. Teil: Waffen für Amerika; 2. Teil: Die Allianz; 3. Teil: Der Preis, Weimar – Berlin 1947–1948; Frankfurt/M (Fischer 2545–2547) 1983

HANS JAKOB CHRISTOFFEL VON GRIMMELSHAUSEN: *Der abenteuerliche Simplicissimus*. Vollständige Ausgabe. Mit einem Nachwort von Alfred Kelletat und den 22 Abbildungen der ersten Gesamtausgabe von 1683/84, Düsseldorf – Zürich 2003

JOSÉ GUDIOL: *Francisco Goya*, übers. aus dem Engl. v. Susanne B. Milczewsky u. Herbert Frank, Köln 1968

WERNER HERZOG (Reg.): *Nosferatu – Phantom der Nacht*, Deutschland 1978, in der Hauptrolle: Klaus Kinski

HOMER: *Ilias*, in der neuen Übersetzung von Roland Hampe, Stuttgart (reclam) 1979

HOMER: *Odyssee*, übers. v. Roland Hampe, Stuttgart 1979

EUGÈNE IONESCO: *Le roi se meurt*, Paris 1963; dt.: Der König stirbt, übers. v. C. Bremer u. H. R. Stauffacher, in: Theaterstücke, Bd. 3, Darmstadt – Berlin – Neuwied 1964

ERNST JÜNGER: *In Stahlgewittern* (Hannover 1920), Stuttgart 1978

ERICH KÄSTNER: *Herz auf Taille* (1928), (Zürich 1985) München (dtv 11003) 1999, mit Zeichnungen von Erich Ohser

ERICH KÄSTNER: *Lärm im Spiegel* (1929), mit Zeichnungen von Rudolf Grossmann, (Zürich 1985) München (dtv 11004) 1988

ERICH KÄSTNER: *Gesang zwischen den Stühlen* (Berlin 1932), (Zürich 1985) München (dtv 11007) 1989, mit Zeichnungen von Erich Ohser

MASAKI KOBAYASHI (Reg.): *Ningen no Joken*, dt.: Barfuß durch die Hölle, Japan 1959–1961, Hauptrolle Tatsuya Nakadai

GABI KUBACH (Reg.): *Die Frau des Heimkehrers*. Buch: Felix Huby, Hauptdarstellerin: Christine Neubauer, Deutschland (ARD Degeto) 2006

STANLEY KUBRICK (Reg.): *Wege zum Ruhm*, USA 1957, Hauptrolle: Kirk Douglas

STANLEY KUBRICK (Reg.): *Full Metal Jacket*, USA 1986

PAOLO LECALDANO: *Goya*. Die Schrecken des Krieges, aus dem Italienischen von Ursula Knöller-Seyffarth, (Mailand 1975) München 1976, Vorw. v. Rudolf Hagelstange

GAVINO LEDDA: *Padre padrone*. L'educazione di un pastore (1975); dt.: Padre Padrone, aus dem Italienischen von Heinz Riedt, mit einem Nachwort von Richard Schwaderer und einem Essay von Gavino Ledda, (Düsseldorf – Zürich 2001) München (dtv 13121) 2003

HERMANN LÖNS: *Der Wehrwolf*. EIne Bauernchronik, Jena 1910

ROGER H. MARIJNISSEN: *Hieronymus Bosch*. Das vollständige Werk, unter Mitwirkung von Peter Ruyffelaere, übers. v. Hugo Beyer, Köln 1999

Das Nibelungenlied. Mittelhochdeutsch und Neuhochdeutsch. Auf Grund der Übersetzung von Karl Simrock bearbeitet von Andreas Heusler, Berlin – Darmstadt (Tempel-Verlag) o. J.

BORIS PASTERNAK: *Doktor Schiwago*, Mailand 1957; dt.: *Doktor Schiwago*, aus dem Russ. v. Reinhold von Walter, Frankfurt/M 1958

ERICH MARIA REMARQUE: *Im Westen nichts Neues* (1929), Frankfurt/M – Berlin – Wien (Ullstein 56) 1979

WARLAM SCHALAMOW: *Sobranie sočinenij v šesti tomach*, Tom 1: Rasskazy tridcatych godov. Kolymskie rasskazy, Moskau 2004; dt.: Durch den Schnee. Erzählungen aus Kolyma I, aus dem Russ. v. Gabriele Leupold, hg. u. mit Nachw. vers. v. Franzika Thun-Hohenstein, Berlin 2007

BERNHARD SCHLINK: *Die Heimkehr*, Zürich (detebe 23722) 2006

PETER-KLAUS SCHUSTER: *George Grosz*. Berlin – New York, Nationalgalerie Berlin 1995

ROBERT STEMMLE (Reg.): *Berliner Ballade*, Berlin 1948

ANDREAS SENN (Reg.): *Willkommen zu Hause*, Deutschland 2009, Hauptrolle: Ken Duken

EUGÈNE SUE: *Les Mystères de Paris*, Paris 1842–1843; dt.: *Die Geheimnisse von Paris*, übers. v. N. O. Scarpi (= F Bondi) Zürich 1944

PAOLO UND VITTORIO TAVIANI (Reg.): *Mein Vater, mein Herr*, Italien 1977

KURT TUCHOLSKY: *Zwischen Gestern und Morgen*. Eine Auswahl aus seinen Schriften und Gedichten, hg. v. Mary Gerold-Tucholsky, Reinbek (rororo 50) 1952

KURT TUCHOLSKY: *Gedichte*, hg. v. Mary Gerold-Tucholsky, Reinbek (rororo 13210) 1983

JOACHIM UHLITZSCH: *Der Soldat in der bildenden Kunst.* 15. bis 20. Jahrhundert, Berlin Ost (Militärverlag der DDR) 1987

RANDALL WALLACE (Reg.): *Wir waren Helden*, USA 2002, mit Mel Gibson

4. Psychoanalyse, Märchen, Symbolbedeutung, Philosophie

AARNE-THOMPSON (AT): *Stith Thompson: The Types of the Folk-Tale.* A. Classification and Bibliography. Antti Aarnes Verzeichnis der Märchentypen translatet and enlarged, Helsinki 1928

ALFRED ADLER: *Über den nervösen Charakter.* Grundzüge einer vergleichenden Individual-Psychologie und Psychotherapie ([1]1912), Frankfurt/M (Fischer 6174) 1972, eingel. v. W. Metzger

HANS CHRISTIAN ANDERSEN: *Sämtliche Märchen und Geschichten*, 2 Bde., aus dem Dänischen v. Eva-Maria Blühm, mit einem Essay hg. v. Leopold Magon, neu durchges. u. erg. v. Gisela Perlet, (Leipzig 1953) Leipzig – Weimar 1982

FRANÇOIS BERTEMES – WOLFHARD SCHLOSSER: *Der Kreisgraben von Goseck und seine astronomischen Bezüge*, in: Harald Meller (Hg.): Der geschmiedete Himmel. Die weite Welt im Herzen Europas vor 3600 Jahren, Stuttgart 2004, 48–51

SIBYLLE BIRKHÄUSER-OERI: *Die Mutter im Märchen.* Deutung der Problematik des Mütterlichen und des Mutterkomplexes am Beispiel bekannter Märchen, hg. v. Marie-Louise von Franz, Fellbach-Oeffingen (psychologisch gesehen 28/29) 1977

JOHANNES BRINKTRINE: *Die Lehre von den heiligen Sakramenten der katholischen Kirche*, 1. Bd.: Allgemeine Sakramentenlehre, Taufe, Firmung und Eucharistie, Paderborn 1961

HANS DIECKMANN: *Märchen und Symbole.* Tiefenpsychologische Deutung orientalischer Märchen, Stuttgart (psychologisch gesehen 31) 1977

EUGEN DREWERMANN: *Strukturen des Bösen.* Die jahwistische Urgeschichte in exegetischer, psychoanalytischer und philosophischer Sicht, 3 Bde., Paderborn 1976–1978

EUGEN DREWERMANN: *Der Teufel im Märchen*, in: Archiv für Religionspsychologie, hg. v. Wilhelm Keilbach u. Kurt Krenn, Bd. 15, Göttingen 1982, 93–128

EUGEN DREWERMANN: *Der Krieg und das Christentum.* Von der Ohnmacht und Notwendigkeit des Religiösen, Regensburg 1982; 5. Aufl. unter dem Titel: Die Spirale der Angst. Der Krieg und das Christentum. Mit vier Reden gegen den Krieg am Golf, Freiburg – Basel – Wien (Herder 4003) 1991

EUGEN DREWERMANN: *Der goldene Vogel.* Grimms Märchen tiefenpsychologisch gedeutet, Solothurn – Düsseldorf (1982) [9]1993

EUGEN DREWERMANN: *Der Trommler.* Grimms Märchen tiefenpsychologisch gedeutet, Olten – Freiburg 1987 (⁴1992)
EUGEN DREWERMANN: *Brüderchen und Schwesterchen.* Grimms Märchen tiefenpsychologisch gedeutet, Olten 1990
EUGEN DREWERMANN: *Aschenputtel.* Grimms Märchen tiefenpsychologisch gedeutet, Solothurn – Düsseldorf 1993
EUGEN DREWERMANN: *Schneewittchen.* Grimms Märchen tiefenpsychologisch gedeutet, Zürich – Düsseldorf 1997
EUGEN DREWERMANN: *Hänsel und Gretel.* Grimms Märchen tiefenpsychologisch gedeutet, Zürich – Düsseldorf 1997
EUGEN DREWERMANN: *Atem des Lebens. Die moderne Neurologie und die Frage nach Gott,* 1. Bd.: Das Gehirn. Grundlagen und Erkenntnisse der Hirnforschung; Bd. 2: Die Seele. Zwischen Angst und Vertrauen, Düsseldorf (Glauben in Freiheit, Bd. 3: Religion und Naturwissenschaft, 4. Teil) 2006; 2007
EUGEN DREWERMANN: *Von der Macht des Geldes oder Märchen zur Ökonomie,* Düsseldorf 2007
EUGEN DREWERMANN: *Das Lukas-Evangelium. Bilder erinnerter Zukunft,* 2 Bde., Düsseldorf 2009–2010
Die Erzählungen aus den Tausendundein Nächten. Vollständige deutsche Ausgabe in 12 Bden., zum ersten Mal nach dem arabischen Urtext der Calcuttaer Ausgabe aus dem Jahre 1839 übertragen von Enno Littmann, (Wiesbaden 1953) Frankfurt (insel 224) 1976
IVO FRENZEL: *Friedrich Nietzsche in Selbstzeugnissen und Bilddokumenten,* Reinbek (rm 115) 1966
SIGMUND FREUD: *Die Traumdeutung* (1900), in: Gesammelte Werke, Bd. 2–3, London 1942, 1–642
SIGMUND FREUD: *Vorlesungen zur Einführung in die Psychoanalyse* (1917), in: Gesammelte Werke, Bd. 11, London 1940
SIGMUND FREUD: *Aus der Geschichte einer infantilen Neurose* (1918), in: Gesammelte Werke, Bd. 12, London 1947, 27–157
SIGMUND FREUD: *Massenpsychologie und Ich-Analyse* (1921), in: Gesammelte Werke, Bd. 13, London 1940, 71–161
SIGMUND FREUD: *Die Verneinung* (1925), in: Gesammelte Werke, Bd. 14, London 1948, 9–15
SIGMUND FREUD: *Fetischismus* (1927), in: Gesammelte Werke, Bd. 14, London 1948, 309–317
SIGMUND FREUD: *Der Mann Moses und die monotheistische Religion* (1937), in: Gesammelte Werke, Bd. 16, London 1950, 101–246
ERICH FROMM: *Man for Himself.* An Inquiry into the Psychology of Ethics, 1947; dt.: *Psychoanalyse und Ethik.* Bausteine zu einer humanistischen Charakterologie, übers. v. Paul Stapf u. Ignaz Mühsam, überarb. v. Rainer Funk, in: Gesamtausgabe, Bd. 2, Stuttgart 1980, 1–157

RUDOLF GEIGER: *Märchenkunde.* Mensch und Schicksal im Spiegel der Grimmschen Märchen, Stuttgart 1982

JOSEPH VON GÖRRES: *Die dämonische Metamorphose,* in: Klaus Völker (Hg.): Von Werwölfen und anderen Tiermenschen. Dichtungen und Dokumente, (München 1972) München (dtv 1308) 1977, 312–324

GEOFFREY GORER: *The Americans,* aus dem Amerik. v. Harry Kahn, (Zürich 1949), Reinbek (rde 9) 1956

BRÜDER GRIMM: *Kinder- und Hausmärchen.* Ausgabe letzter Hand mit Originalanmerkungen der Brüder Grimm, mit einem Anhang sämtlicher, nicht in allen Auflagen veröffentlichter Märchen und Herkunftsnachweisen hg. v. Heinz Rölleke, 3 Bde., Stuttgart (reclam 3191, 3192, 3193) 1980

ARNO GRUEN: *Verratene Liebe – Falsche Götter,* (Stuttgart 2003) München (dtv 34342) 2006

JÁNOS GULYA: *Sibirische Märchen,* 1. Bd.: Wogulen und Ostjaken, aus dem Ungarischen übertr. v. Ruth Futaky, Düsseldorf – Köln 1968

K. HECKSCHER: *Brunnen,* in: Lutz Mackensen: Handwörterbuch des deutschen Märchens, 1. Bd., Berlin – Leipzig 1930–1933, 341–347

HESIOD: *Theogonie,* in: Sämtliche Gedichte. Theogonie, Erga, Frauenkataloge, übers. u. erl. v. Walter Marg, Zürich – Stuttgart 1970, 27–81; Erläuterungen: S. 83–303

MARIO JACOBY: *Die Hexe in Träumen, Komplexen und Märchen.* Das dunkle Weibliche in der Psychotherapie, in: Mario Jacoby – Verena Kast – Ingrid Riedel: Das Böse im Märchen, Fellbach (psychologisch gesehen 33) 2(erg.) 1980, 195–212

CARL GUSTAV JUNG: *Über die Archetypen des kollektiven Unbewußten* (1935/1959), in: Gesammelte Werke, IX 1, Olten 1976, 11–51

CARL GUSTAV JUNG: *Gut und Böse in der analytischen Psychologie* (1959), in: Gesammelte Werke, Bd. 10: Zivilisation im Übergang, Olten 1974, 497–510

CARL GUSTAV JUNG: *Mysterium Coniunctionis.* Untersuchungen über die Trennung und Zusammensetzung der seelischen Gegensätze in der Alchemie, unter Mitarbeit von Marie-Louise von Franz, 2 Halbbände, Gesammelte Werke, XIV 1–2, Olten 1971, Ergänzungsband, XIV 3: Aurora consurgens, v. M. L. von Franz, Olten 1971

GABRIELE KÖPP: *Warum war ich bloß ein Mädchen?* München 2010

WOLF KUBACH: *Der Weg ins Totenreich – Bestattungs- und Beigabensitten,* in: Albrecht Jockenhövel – Wolf Kubach (Hg.): Bronzezeit in Deutschland, Stuttgart 1994, 48–53

WILHELM LAIBLIN: *Das Urbild der Mutter* (1936), in: Wilhelm Laiblin (Hg.): Märchenforschung und Tiefenpsychologie, Darmstadt (Wege der Forschung 102) 1975

LAOTSE: *Tao te king.* Das Buch des Alten vom Sinn und Leben, aus dem Chinesischen übertr. u. erl. v. Richard Wilhelm (1910), Köln (1957) 1972

LUTZ MACKENSEN (Hg.): *Handwörterbuch des deutschen Märchens*, 1. Bd., hg. unter bes. Mitwirkung von Johannes Bolte, Berlin – Leipzig 1930/1933; 2. Bd., Berlin 1934/1940

STANLEY MILGRAM: *Obedience to Authority.* An Experiment View, New York 1974; dt.: Das Milgram-Experiment. Zur Gehorsamsbereitschaft gegenüber Autorität, deutsch von Roland Fleissner, Reinbek (rororo 17479) 1982

ROBERT MOORE – DOUGLAS GILLETTE: *King, Warrior, Magician, Lover.* Rediscovering the Archetypes of the Mature Masculine, New York 1990; dt.: *König, Krieger, Magier, Liebhaber. Die Stärken des Mannes*, aus dem Amerik. v. Thomas Poppe, München 1992

ERICH NEUMANN: *Die Große Mutter.* Eine Phänomenologie der weiblichen Gestaltungen des Unbewußten, (Zürich 1956), Olten – Freiburg 1974

FRIEDRICH NIETZSCHE: *Also sprach Zarathustra.* Ein Buch für alle und keinen (1.–3. Teil: 1883–1884; 4. Teil: 1885), mit einem Nachwort von Walter Gebhard, Stuttgart (Kröner 71) 1988

MARIANNE OESTERREICHER MOLLWO (Bearb.): Herder Lexikon Symbole mit über 1000 Stichwörtern sowie 450 Abbildungen, Freiburg – Basel – Wien 1978

R. PETSCH: *Gestalten und Umwelt im Märchen*, in: Lutz Mackensen: Handwörterbuch des deutschen Märchens, 2. Bd., Berlin – Leipzig 1934/1940, 606–612

OTTO RANK: *Das Inzest-Motiv in Dichtung und Sage.* Grundzüge einer Psychologie des dichterischen Schaffens, Leipzig – Wien 1912

OTTO RANK: *Der Mythus von der Geburt des Helden.* Versuch einer psychologischen Mythendeutung, Leipzig – Wien ^{2}(wesentlich vermehrt) 1922

HELKE SANDER (Reg.): *Befreier und Befreite.* Zweiteilige Dokumentation, WDR 24.5.1995; 25.5.1995

WALTER SCHERF: *Lexikon der Zaubermärchen*, Stuttgart (Kröner 472) 1982

WALTER SCHERF: *Die Hexe im Zaubermärchen*, in: Richard van Dülmen (Hg.): Hexenwelten. Magie und Imagination vom 16.–20. Jahrhundert. Ausstellung in der Stadtgalerie Saarbrücken 1. Mai bis 30. Juni 1987, Frankfurt/M (Fischer 4375) 1987, 219–252

ARTHUR SCHOPENHAUER: *Preisschrift über die Grundlage der Moral, nicht* gekrönt von der Königlich Dänischen Societät der Wissenschaften, zu Kopenhagen, am 30.1.1840, in: Sämtliche Werke, hg. v. Arthur Hübscher, Bd. 4: Schriften zur Naturphilosophie und zur Ethik, Wiesbaden 1972, 103–276

ARTHUR SCHOPENHAUER: *Parerga und Paralipomena*, 2 Bde. (1850), in: Sämtliche Werke, hg. v. Arthur Hübscher, Bd. 5 und 6, Wiesbaden 1946–1947

LEOPOLD SZONDI: *Triebpathologie.* 1. Bd.: Elemente der exakten Triebpsychologie und Triebpsychiatrie, Bern 1952

WOLFGANG TEICHERT: *Gärten.* Paradiesische Kulturen, Zürich 1986

PHILIP ZIMBARDO: *The Lucifer Effect.* How Good People Turn Evil, London – Sydney – Auckland – Johannesburg 2007